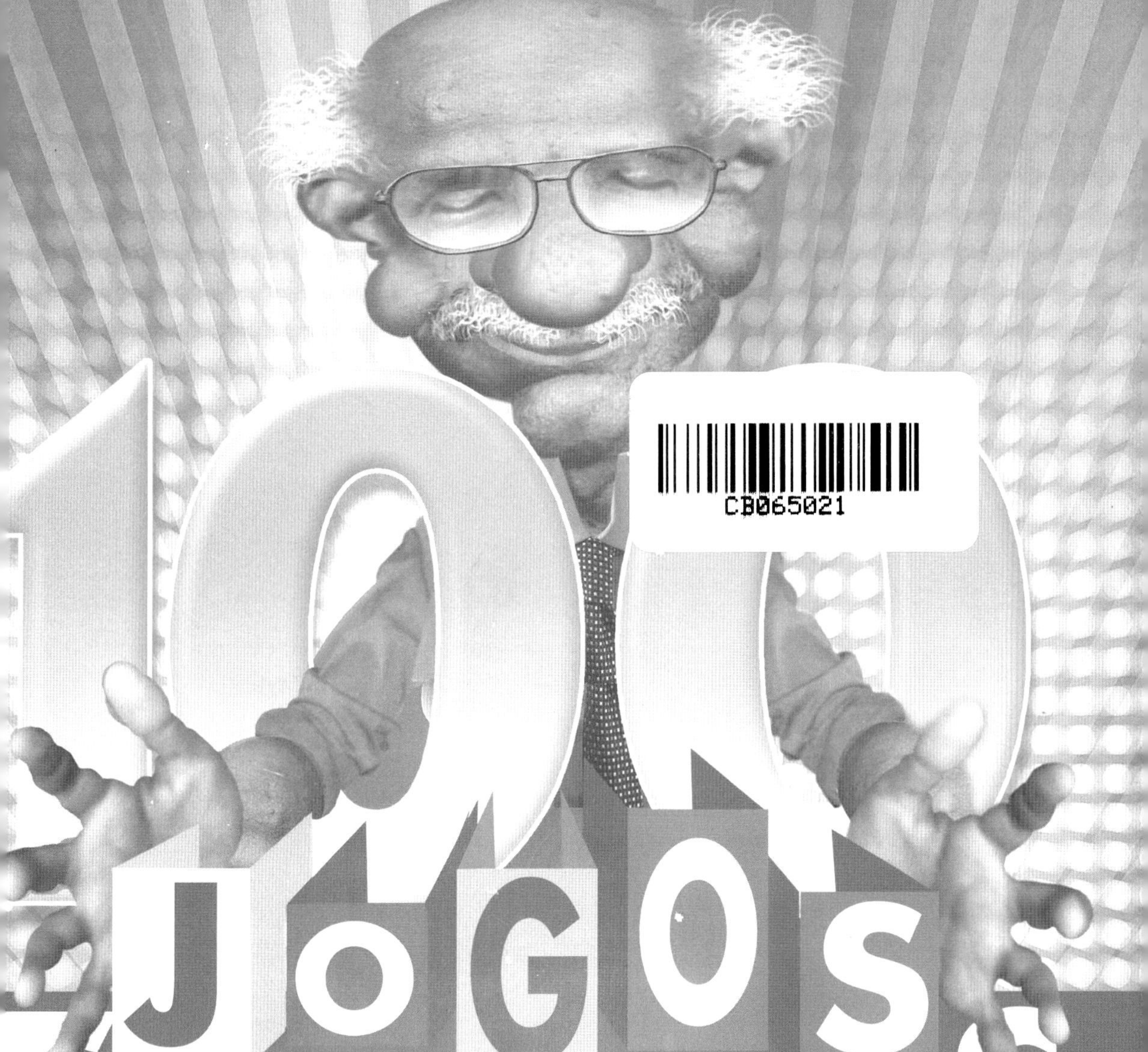

100 JOGOS FAVORITOS de Thiagi

100
JOGOS
FAVORITOS
de Thiagi
Sivasailam
Thiagarajan
QUALITYMARK

Direção Editorial
SAIDUL RAHMAN MAHOMED editor@qualitymark.com.br

Produção Editorial
EQUIPE QUALITYMARK

Capa
ARTES & ARTISTAS

Editoração Eletrônica
MS EDITORAÇÃO

Tradução
JEFFERSON AZEVEDO

1ª Reimpressão: 2014

CIP-Brasil. Catalogação-na-fonte
Sindicato Nacional dos Editores de Livros, RJ

T364c

Thiagarajan, Sivasailam

100 jogos favoritos de Thiagi / Sivasailam "Thiagi" Thiagarajan ; [tradução Jefferson Azevedo]. – Rio de Janeiro : Qualitymark Editora, 2014.

392 p. : il. ; 25 cm.

tradução de: Thiagi's 100 favorite games

ISBN 978-85-7303-825-5

1. Pessoal – Treinamento. 2. Jogos (Administração). 3. Jogos educativos. I. Título.

08-3242.

CDD: 658.3124
CDU: 658.310.845

2014
IMPRESSO NO BRASIL

Qualitymark Editora Ltda.
Rua Teixeira Júnior, 441 – São Cristovão
20921-405 – Rio de Janeiro – RJ
Tel.: (21) 3295-9800

QualityPhone: 0800-0263311
www.qualitymark.com.br
E-mail: quality@qualitymark.com.br
Fax: (21) 3295-9824

Sobre este Livro

Por que este tópico é importante?

Embora os jogos de treinamento sejam conhecidos por nós há muito tempo, há um crescimento recente no entusiasmo das pessoas sobre seus poderes e potenciais. Mesmo quando você desconta drasticamente a propaganda em demasia e os exageros, é preciso concordar que a simulação, os jogos e as atividades similares estão se tornando metodologias preponderantes no ensino e no treinamento. As alegações sobre o poder das simulações e dos jogos são suportadas por pesquisas atuais sobre a natureza da inteligência e dos processos cognitivos. A nova geração de participantes demanda estratégias interativas na sala de aula. No local de trabalho, os jogos de treinamento fornecem o meio ideal para explorar o trabalho em equipe, a globalização, o aumento da diversidade, as rápidas mudanças, e outras tendências afins. Este livro apresenta uma série de atividades testadas no campo de um autor competente que vem pesquisando, concebendo e facilitando jogos e atividades de treinamento mundo afora durante as últimas quatro décadas.

O que você pode obter com este livro?

Em uma única sentença, você aumentará a eficiência motivacional e instrucional de suas sessões de treinamento. Mais especificamente, você utilizará com mais confiança atividades e jogos testados para fins de treinamento que agradam a participantes em diferentes níveis na organização e que fornecem experiências práticas com princípios e procedimentos referentes ao ambiente de trabalho. As atividades (que são baseadas em regras confirmadas de aprendizado e nos princípios da ciência cognitiva) irão desafiar e intrigar seus participantes em um nível ideal e garantir a aplicação de novas habilidades e conhecimento ao local de trabalho.

Como este livro é organizado?

O livro é organizado em 11 seções convenientes que abordam tópicos de treinamento corporativo freqüentemente ensinados, tais como comunicação, trabalho em equipe, liderança, diversidade e pensamento crítico. Cada seção contém diversas atividades e jogos prontos para uso. As instruções para cada atividade são apresentadas em um formato consistente, de fácil utilização, que especifica o propósito, o número de participantes, o requisito de tempo, as contribuições, a preparação, as instruções graduais para a condução das atividades e as sugestões para o relato das tarefas. Após a descrição de cada atividade são fornecidas imediatamente amostras reproduzíveis de folhetos e de materiais para os jogos.

Em memória de
P. Kandaswamy
Meu aluno, meu amigo e meu parceiro

Agradecimentos

Quero agradecer a várias pessoas cujos comentários positivos têm incentivado meu comportamento neurótico de criar uma atividade de treinamento nova todo dia:

- Facilitadores, treinadores e criadores do mundo inteiro que espalham meus jogos:

  Marie Jasinski, Austrália.

  Samuel van der Bergh, Suíça.

  David Gouthro, Canadá.

  V. Thanikachalam, Índia.

  Willy Kriz, Áustria.

  Pieter van der Hijden, Holanda

  Fred Percival, Reino Unido.

  Bruno Hourst, França.

  Frances Seaw, Malásia.

  Nina Nemicheva, Rússia.

  Frances Kemmerer, minha parceira de jogos, patrona e modelo (esteja ela onde estiver).

- Mais de 6.000 pessoas que lêem minha *newsletter* online regularmente.
- Dezenas de milhares de visitantes que fizeram www.thiagi.com o site número um para jogos de treinamento.
- Raja Thiagarajan, por ser meu programador e *web master* desde que tinha sete anos de idade.
- Matthew Richter, por gerar renda suficiente para que eu possa escrever livros sem me preocupar com as prestações da casa.
- Meus especiais amigos da Jossey-Bass/Pfeiffer: Kathleen Dolan Davis, Martin Delahoussaye e Dawn Kilgore.
- Meu amorzinho, Lucy.
- Outros membros de minha maravilhosa família: Julie, Jason, Matt, Kat e Lia.

Sumário

Introdução

Já que considero minha vida como sendo um jogo, é mais do que apropriado que eu comece este livro com uma história condensada da minha vida.

A História da Minha Vida

Como qualquer outra criança tamil, cresci brincando de todos os tipos de jogos populares (tirando que eu não podia jogar bolinha de gude com as crianças de rua). Meu jogo favorito era "Cabras e Tigre". Sempre que eu escolhia jogar com as cabras, todas as minhas quinze cabras eram rapidamente devoradas pelo único tigre do lado oposto. Sempre que escolhia ser o tigre, eu era rapidamente pego em uma armadilha pelas cabras do oponente. Eu também conseguia perder em vários outros jogos. As coisas atingiram proporções de crise quando eu tinha sete anos e meu tio me ensinou a jogar damas. Perder repetidamente neste jogo me criou um complexo de inferioridade. Em total desespero, sugeri mudanças nas regras do jogo. Com essas mudanças de regra, consegui ganhar mais da metade das vezes. Foi, então, que percebi que era melhor ser um criador de jogos do que um jogador.

Doze anos mais tarde, fiz uma importante relação entre jogos e aprendizagem. Na época, eu estava tentando ensinar Física a uma turma de ensino médio de cinqüenta adolescentes que não estavam muito empolgados com o ciclo de Otto de um motor de combustão interna. Em desespero, organizei os alunos em equipes e anunciei uma competição para ver qual equipe traria um carburador na próxima aula.

Um dos alunos perguntou: "Professor, o que é um carburador?"

Sugeri que ele recorresse ao livro de Física. Todos os alunos correram para o livro, revisaram o conteúdo, e estudaram os diagramas com ávido interesse. Como esperado, três equipes trouxeram carburadores para a aula no dia seguinte: um de uma mecânica, um do carro abandonado da família, e um de alguma origem misteriosa. Criei um jogo que envolvia desmontar o carburador, identificar cada peça e montar tudo de novo. Os jogadores ganhavam pontos por sua destreza física e seus talentos cognitivos. Continuei simplificando meu elaborado sistema de pontuação, recompensando os jogadores-alunos pela capacidade de raciocínio mais complexo. A maioria dos jogadores trapaceava, mas todos passaram muito tempo aprendendo lições de Física.

Avancemos três décadas: em 21 de março de 1998 comecei a criar um jogo de treinamento novo todo dia (prestando atenção para que o jogo de cada dia fosse de um tipo diferente dos que eu havia criado nos três dias anteriores). Através deste exercício, aprendi sobre tipos diferentes de atividades de treinamento interativas e comecei a publicar uma *newsletter* online mensal sobre jogos de treinamento.

Agora, conduzo *workshops* públicos e *in-house* sobre como criar jogos de treinamento. Toda a minha participação em conferências profissionais envolve conduzir sessões interativas. Crio jogos e simulações para clientes corporativos e organizações sem fins lucrativos. Diversifiquei minhas atividades para incluir jogos online e cursos de *e-learning* integrados com jogos e simulações.

Previsão sobre o próximo segmento da vida-jogo: meu epitáfio diz: "ele nunca trabalhou um único dia de sua vida".

A Origem Deste Livro

Permita-me retroceder a autobiografia aos dias atuais. Recentemente, quando meu amigo Martin Delahoussaye, um editor da Pfeiffer, sugeriu que eu deveria publicar uma coleção dos meus jogos favoritos, eu tentei desencorajá-lo, dizendo que tinha centenas de favoritos. Mas Martin persistiu e tive o desagradável trabalho de escolher entre meus filhos. Com as opiniões dos meus amigos mais objetivos, eventualmente escolhi os 100 jogos de treinamento que estão incluídos neste livro.

O que são Jogos e Atividades?

Tecnicamente, este livro não contém 100 jogos. Ele contém 100 atividades de treinamento.

Um jogo possui quatro características que o definem: conflito, controle, encerramento e engenhosidade.

O *conflito* surge quando os jogadores têm um objetivo a atingir e vários obstáculos que os impedem de atingi-lo. O conflito ocorre com freqüência sob a forma de competição entre jogadores ou equipes. Mas também podem existir jogos de cooperação nos quais o conflito está representado por recordes anteriores, limites de tempo curtos e recursos limitados.

O *controle* se refere às regras do jogo que especificam como é cada turno, como são os movimentos e como se ganham pontos. Algumas regras podem ser explícitas (exemplo: *não se pode mudar o símbolo de "X" para "O" no meio do jogo)* enquanto outras podem ser implícitas (exemplo: *nunca se deve jogar atirar um jogo na mesa deliberadamente*).

O *encerramento* se refere a uma regra especial (chamada *regra de encerramento*) que especifica quando e como o jogo termina. As regras de encerramento envolvem limites de tempo, pontuações-alvo ou eliminação. Elas determinam quem ganha o jogo.

Engenhosidade se refere à característica de um jogo que faz com que as pessoas digam: "é só um jogo". Este termo se refere às ineficiências embutidas em um jogo.

Uma *atividade* é um evento no qual uma pessoa participa. Atividades de treinamento se referem tanto a comportamentos físicos quanto a processos mentais escondidos relacionados à realização de objetivos de aprendizagem. De acordo com esta definição, todos os jogos são atividades. Porém, diversos tipos de atividades de treinamento não são jogos. Este livro contém 100 atividades de treinamento, algumas das quais são jogos, enquanto outras não.

Este Livro Está Organizado em Seções

Os jogos e atividades de treinamento neste livro estão organizados em onze seções convenientes. Três seções são relacionadas ao posicionamento e à função das atividades durante uma seção de treinamento:

Aberturas

O livro começa, apropriadamente, com uma seção que contém atividades de abertura (algumas vezes chamadas de *quebra-gelo*). O critério que uso para criar, selecionar e conduzir estas atividades de abertura é de que a atividade deve ser relacionada ao objetivo de treinamento e ao conteúdo. Como a maioria dos participantes, odeio quebra-gelos irrelevantes que oferecem "diversão" e acabam desperdiçando tempo. As oito atividades na seção de abertura do livro exploram tópicos e ajudam os participantes a atingirem objetivos relacionados a estabelecer expectativas, a identificar o nível atual de experiência dos participantes, a explorar áreas de aplicação em potencial, a definir os tópicos de treinamento, a identificar as atitudes dos participantes quanto ao tópico, a encorajar colaboração, a familiarizar os participantes entre si, a oferecer uma prévia da sessão de treinamento e a encorajar interação entre os participantes.

Encerramentos

Do mesmo modo, o livro apropriadamente termina com uma seção que inclui atividades de encerramento. As cinco atividades na seção final do livro exploram tópicos e ajudam os participantes a atingir objetivos relacionados a melhorar a auto-imagem dos participantes, a imaginar a aplicação bem-sucedida das habilidades e seu impacto em potencial, a planejar aplicações e a identificar os destaques pessoais na sessão.

Revisão

Um tipo especial de atividades de encerramento envolve revisar o conteúdo do treinamento. Estas atividades de revisão também podem ser aplicadas antes e durante a sessão de treinamento, para reforçar as indicações de leitura e as apresentações. As nove atividades nesta seção (que precede a seção final de encerramentos) tratam dos objetivos que estão relacionados à demonstração do domínio do conteúdo de treinamento ao se responder perguntas.

As outras seções deste livro estão organizadas de acordo com áreas de tópicos populares em treinamento corporativo.

Comunicação

Habilidades e conhecimentos associados a comunicação oferecem a fundação de todo o desempenho no ambiente de trabalho. As onze atividades nesta seção exploram tópicos e ajudam os participantes a atingir objetivos relacionados a identificar e utilizar diferentes modos de comunicação, a solucionar problemas de comunicação, a aplicar as melhores práticas de apresentações e narrativas, a identificar o humor em situações cotidianas, a falar sobre você, a aumentar a flexibilidade da comunicação, a aumentar a carga de sentido comunicado, a resumir mensagens, a colaborar espontaneamente, a assumir os riscos apropriados e a usar linguagem simples.

Vendas e Marketing

Todas as pessoas são mercadores vendendo coisas diferentes, desde mercadorias ou serviços a idéias. As seis atividades nesta seção exploram tópicos e ajudam os participantes a atingir objetivos relacionados a criar frases de missão de trabalho, a aplicar práticas de venda eficazes, a melhorar o relacionamento com os fornecedores, funcionários e clientes, a influenciar e persuadir outras pessoas, a responder perguntas hostis com honestidade e a canalizar a atenção para os usuários finais e os clientes.

Trabalho em Equipe

A maior parte do trabalho corporativo é cada vez mais realizada em equipes. As quinze atividades nesta seção exploram tópicos e ajudam os participantes a atingir objetivos relacionados a reconhecer os estágios de desenvolvimento de uma equipe, a aplicar princípios de trabalho em equipe, a garantir a participação efetiva de todos os membros de uma equipe, a lidar com mudanças na equipe, a esclarecer as funções e responsabilidades dos membros da equipe, a aumentar a confiança, a se portar de uma maneira socialmente responsável, a mediar e gerenciar conflitos, a negociar de modo eficiente, a encorajar soluções em que todos saem ganhando, a aumentar a eficácia de equipes virtuais e a se valer da sabedoria das massas.

Liderança

O conceito de liderança vem passando por mudanças críticas e tem-se tornado mais flexível. As nove atividades nesta seção exploram tópicos e ajudam os participantes a atingir objetivos relacionados a identificar conceitos de liderança através de um questionário, a analisar conselhos de liderança, a identificar as características de líderes e facilitadores eficientes, a explorar aplicações de princípios de liderança no cotidiano, a tomar a responsabilidade para você quando apropriado, a especificar objetivos de desempenho e a delegar atribuições e responsabilidades.

Diversidade

A crescente diversidade no ambiente de trabalho corporativo apresenta desafios e oportunidades interessantes. As seis atividades nesta seção ajudam os participantes a atingir objetivos relacionados a identificar e a incorporar conceitos que dizem respeito à diversidade, a estimular a diversidade em grupos de trabalho, a encorajar um exame consciente das diferenças, a explorar as causas e conseqüências de estereótipos e à experiência da dor de ser excluído.

Resolução de Problemas

Todo trabalho envolve resolução de problemas e tomada de decisões. As onze atividades nesta seção ajudam os participantes a atingirem objetivos relacionados a melhorar sessões de *brainstorming*, a gerar e integrar idéias, a identificar impactos futuros de decisões do presente, a apelar às diferentes partes envolvidas, a planejar de um modo proativo, a examinar premissas de maneira crítica e a evitar a complacência por causa de sucesso inicial.

Análise Crítica

Um dos principais objetivos deste livro é exigir dos participantes e premiá-los por sua análise crítica. As dez atividades nesta seção ajudam os participantes a atingirem objetivos relacionados a reconhecer comportamentos inconseqüentes, a reduzir uma autopercepção negativa, a aumentar a lembrança de informações, a prever o impacto de estratégias de negócios, a reconhecer componentes críticos (porém escondidos) do sistema total, a aplicar princípios de pesquisa experimental, a fazer inferências lógicas e a evitar que se superestimem ou subestimem questões.

Tópicos de Treinamento Corporativo

Esta seção contém um conjunto variado de tópicos freqüentemente ensinados. Eles incluem priorizar tarefas em listas de atividades a serem concluídas, maximizar o valor do tempo, identificar desperdícios de tempo freqüentes e reduzir seu impacto, entender e aplicar princípios paradoxais relacionados a treinamento, selecionar estratégias de treinamento interativo, vivenciar o poder de assistentes de trabalho, explorar fatos e opiniões relacionados à terceirização, fazer planejamentos para mudanças de gerenciamento, lidar com mudanças constantes e prevenir a violência no ambiente de trabalho.

Como Cada Atividade é Organizada

Durante as últimas décadas, venho desenvolvendo, testando e revisando um formato de texto estruturado a fim de comunicar instruções passo-a-passo para a condução de jogos e atividades de treinamento. Utilizei esta abordagem para explicar com eficácia as regras e instruções de jogos a milhares de facilitadores, treinadores e jogadores. Cada atividade neste livro é descrita utilizando este formato validado.

Cada atividade começa com uma breve introdução a fim de oferecer informações de fundo. A descrição de cada atividade é, então, organizada segundo as seguintes seções funcionais:

Objetivo

Esta seção identifica o resultado de aprendizagem em termos daquilo que os participantes serão capazes de realizar ao final da atividade. Embora eu seja capaz de redigir objetivos de treinamento precisos em termos comportamentais, prefiro especificar o resultado de aprendizagem em linguagem simples e clara.

Participantes

Nesta seção, identifico o número mínimo e o máximo de participantes para a atividade e ofereço uma faixa de números que produzem os melhores resultados dos jogos. Esta seção também indica se (e como) os participantes são divididos em equipes. Em geral, o melhor tamanho para um grupo de participantes é entre 12 e 30, de preferência 24. O melhor tamanho para uma equipe é entre três e sete, de preferência cinco. A maioria dos jogos neste livro permite que se jogue em grupo de vários tamanhos.

Tempo

Esta seção especifica o período de tempo para conduzir a atividade. Em geral, prefiro jogos mais curtos e os conduzo em um ritmo relativamente rápido. As exigências para as atividades neste livro variam de 99 segundos a algumas horas.

Materiais

Esta seção lista os materiais e equipamentos necessários para conduzir os jogos. Geralmente tendo a ser minimalista e a utilizar materiais facilmente disponíveis. Esta seção também lista os materiais de apoio que são usados durante o jogo. Cópias-mestras reproduzíveis destes materiais de apoio estão incluídas ao final de cada atividade.

Sempre que conduzo jogos, uso um cronômetro regressivo (para implementar os limites de tempo) e um apito (para anunciar o início e o fim de uma atividade e para ter a atenção dos participantes durante ela). É possível encontrar com facilidade um cronômetro eletrônico barato, em lojas de utensílios para cozinha. Uso um programa de software com um Cronômetro regressivo que pode ser projetado em uma tela com um projetor LCD. Depois de testar vários objetos sonoros para chamar a atenção dos participantes, selecionei um apito de madeira que soa como um apito de trem, porque ele produz um som menos irritante e mais agradável.

Preparação

Esta seção dá instruções para as atividades preliminares anteriores à condução de uma atividade de treinamento. Exemplos de atividades preparatórias incluem fotocopiar um número suficiente de materiais de apoio, criar perguntas de questionário apropriadas e coletar as informações mais recentes da biblioteca.

Fluxo

Esta seção-chave oferece instruções passo-a-passo para facilitar a atividade. Nesta seção, cada passo é precedido por uma pequena frase em negrito. Alguns passos são complementados por exemplos impressos em itálico.

Discussão

Refletir e compartilhar *insights* depois de um jogo de simulação são um componente crítico no processo de aprendizagem. A seção de discussão após uma atividade oferece sugestões sobre como conduzir este tipo de discussão e quais são os pontos-chave a serem enfatizados. Em alguns casos, esta seção inclui um conjunto de sugestões de perguntas.

Materiais de Apoio

Sempre que apropriado, cópias-mestras de materiais de apoio, formulários e outros documentos relacionados à atividade são incluídos imediatamente após a descrição da atividade.

Seções Adicionais

Além da lista anterior de seções-padrão, algumas atividades apresentam uma ou mais destas seções adicionais:

Montagem

Esta seção contém instruções de preparação para organizar a mobília da sala e para distribuir materiais com antecedência.

Cuidado

Esta seção identifica uma série de coisas que podem dar errado e explica como evitá-las ou lidar com elas.

Ajustes

Esta seção explica como comprimir ou expandir as exigências de tempo e modificar o jogo para adequá-lo a grupos de diferentes tamanhos.

Tabela de Alocação de Participantes

Estas tabelas indicam como números distintos de participantes são distribuídos em diferentes equipes e como os participantes devem se reunir para trabalhar com um parceiro.

A Melhor Maneira

Organizei o livro e estruturei cada atividade de modo a facilitar a compreensão e a condução de suas seções de treinamento. Porém, a melhor maneira de se dominar estas atividades é repassar cada uma delas com um grupo de colegas e amigos – e conduzi-las com participantes reais. Ao final de cada seção, analise e reflita sobre o que deu certo e o que pode ser melhorado. Sinta-se à vontade para modificar as atividades de acordo com suas habilidades, suas necessidades e seus recursos.

Lembre-se: um bom facilitador joga segundo as regras do jogo, enquanto um grande facilitador joga com as regras.

PARTE I
Aberturas

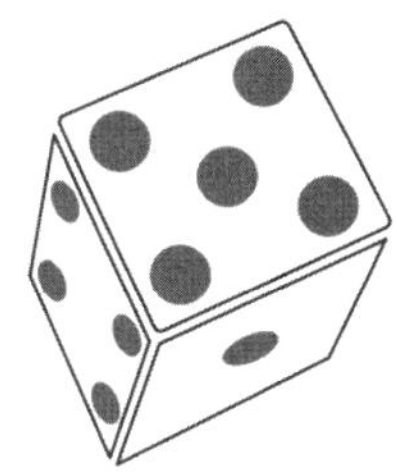

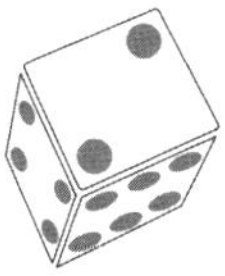

1
Oi

Oi é uma abertura diretamente relacionada ao tópico do *workshop*. Esta estratégia contrasta com os quebra-gelos típicos que são só diversão sem qualquer relevância ao tópico de treinamento.

Objetivo

Estabelecer expectativas, denominador comum de experiências, áreas de aplicação e definições alternativas relacionadas ao tópico do *workshop*.

Participantes

Mínimo: 8.

Máximo: 52.

Ideal: 12 a 32.
(Os participantes são divididos em 4 equipes.)

Tempo

20 a 40 minutos.

Materiais

- Um baralho de cartas.
- Cavalete e bloco de *flip-chart*.
- Canetas para quadro branco.
- Cronômetro.
- Apito.

Preparação

Tome um baralho de cartas. Faça uma estimativa do número de participantes. Divida este número por 4, e arredonde o resultado, se necessário. Remova o número de cartas deste resultado de cada naipe do baralho. Embaralhe as cartas e distribua-as entre os participantes em quatro equipes diferentes.

Exemplo: *Você tem 29 participantes. Dividindo este número por 4, obtemos 7,25. Arredonde este valor para 8. Retire o ás, 2, 3, 4 ... até o 8 de cada naipe do baralho. Embaralhe as cartas.*

Fluxo

Instrua os participantes. Explique que você irá conduzir uma atividade chamada Oi. Esta atividade envolve todos os participantes, coletando e compartilhando informações úteis sobre si.

Apresente os quatro tópicos. Explique que você está interessado nestes quatro tópicos:

- Expectativas. O que você espera desta sessão de treinamento?
- Experiência. Qual sua experiência em relação ao tópico do *workshop*, e de que tipo?
- Projeto atual. Em quais atividades atuais de seu trabalho você pretende aplicar suas novas habilidades e conhecimentos?
- Definição. Como você definiria o tópico do *workshop*?

Explique a atividade. Diga aos participantes que você irá organizá-los em quatro equipes. Cada equipe será responsável por um dos tópicos. Instrua as equipes a colher informações de todos os participantes – incluindo membros de suas próprias equipes – relacionadas ao tópico de sua responsabilidade.

Estabeleça a agenda. Explique o seguinte cronograma:

- 3 minutos para planejar como colher informações de todos.
- 3 minutos para colher informações de todos na sala.
- 3 minutos para analisar todas as informações que as equipes colheram.
- 1 minuto (por equipe) para fazer uma apresentação resumida das informações.

Defina as responsabilidades das equipes. Embaralhe as cartas e peça que cada participante escolha uma. Peça aos participantes que encontrem os outros membros de sua equipe, que têm cartas do mesmo naipe. Peça a cada equipe que se reúna em um canto conveniente. Atribua os tópicos às equipes nesta ordem:

- **Paus:** Expectativas.
- **Copas**: Experiência.
- **Espadas:** Projeto atual.
- **Ouros:** Definição (do tópico do *workshop*).

Coordene a atividade de planejamento. Peça a cada equipe que comece a planejar como colher informações de todos na sala (incluindo membros de suas próprias equipes). Anuncie um limite de 3 minutos e inicie o cronômetro.

Após 2 minutos, faça um aviso de 1 minuto faltando. Após 3 minutos, anuncie o final do período de planejamento.

Coordene a atividade de coleta de informações. Anuncie que cada equipe tem agora 3 minutos para colher informações sobre o tópico de sua responsabilidade. Libere o caminho enquanto as pessoas tentam falar com tantas outras quanto possível. Anuncie o limite de 3 minutos e inicie o cronômetro.

Após 2 minutos, faça um aviso de 1 minuto faltando. Após 3 minutos, anuncie o final do período de coleta.

Coordene a atividade de análise. Peça aos membros que retornem às suas equipes. Peça que eles compartilhem e tabulem todas as informações que colheram. Distribua folhas de *flip-chart* e peça às equipes que façam um resumo de suas informações nesta folha. Anuncie o limite de 3 minutos e inicie o cronômetro.

Após 2 minutos, faça um aviso de 1 minuto faltando. Após 3 minutos, anuncie o final do período de análise.

Coordene a atividade de apresentação. Selecione uma equipe aleatoriamente e peça que ela exiba seu pôster de *flip-chart*. Peça que um representante desta equipe apresente os resultados e conclusões. Inicie o cronômetro e anuncie o final do período de apresentação após 1 minuto.

Repita o procedimento até que todas as equipes tenham feito suas apresentações.

Discussão

Discuta os resultados com os participantes. Apresente seus objetivos de treinamento e trace o formato do *workshop*. Relacione estes itens às expectativas, experiência e projetos atuais dos participantes. Dê sua definição do tópico do *workshop* e explique como ela se relaciona às definições dos participantes.

2
Checando o Pulso

É uma boa idéia para verificar as atitudes dos participantes sobre o tópico de treinamento, especialmente se ele for particularmente controverso. Esta abertura lhe permite obter dados úteis de atitudes sem forçar ninguém a revelar sentimentos pessoais.

Objetivo

Colher e compartilhar atitudes pessoais sobre o tópico do *workshop*, mantendo os dados em sigilo absoluto.

Participantes

Mínimo: 5.

Máximo: 50.

Ideal: 10 a 30.

Tempo

10 a 15 minutos.

Materiais

- Cavalete e bloco de *flip-chart*.
- Canetas para quadro branco.
- Planilha (para computar o valor médio da escala de reação).
- Canetas ou lápis.
- Folhas de papel em branco para os participantes.

Preparação

Construa uma escala de atitudes. Esta escala consiste de um único item e nove alternativas em seqüência. O item pode ser o nome do tópico (exemplos: *ações afirmativas, roupas informais às sextas-feiras, ou políticas de assédio*) ou uma frase (exemplo: *o plano de saúde proposto protege os direitos dos funcionários* ou *devemos celebrar a diversidade em nosso ambiente de trabalho incluindo tipos diferentes de comida étnica no menu da cafeteria*).

As alternativas variam da resposta mais negativa até a mais positiva.

Exemplo:
1 – discorda veementemente;
2 – discorda muito;
3 – discorda;
4 – discorda um pouco;
5 – neutro;
6 – concorda um pouco;
7 – concorda;
8 – concorda muito;
9 – concorda veementemente.

Prepare o material visual. Passe seu item e as alternativas para uma folha do *flip-chart*. Porém, não mostre esta escala até mais tarde.

Construa uma planilha. Desenhe a tabela em outra folha de *flip-chart* ou transparência.

Fluxo

Apresente o tópico. Dê as boas-vindas aos participantes e identifique o tópico de treinamento. Por causa da natureza potencialmente controversa da questão, peça permissão ao grupo para começar com uma atividade anônima de "checagem de pulso".

Mostre a escala. Exiba a página de *flip-chart*.

Colete dados. Peça a cada participante que pense sobre a questão e escolha entre as 9 alternativas a que melhor reflete sua reação pessoal. Instrua-os a escrever o número correspondente (entre 1 e 9) em um pedaço de papel para indicar suas respostas. Todos os participantes devem dobrar seus pedaços de papel e passá-los para você.

Calcule a estatística. Recolha os pedaços de papel e peça a um ou dois participantes que tabulem os dados na tabela. Explique rapidamente aos estatísticos voluntários como registrar o número de participantes, selecionando cada alternativa, e como calcular o resultado médio de reação.

Peça previsões. Dê estas instruções (em suas próprias palavras) aos participantes:

- ***Pense sobre o tópico de treinamento e seus colegas participantes.*** *Faça uma estimativa da variação de reações sobre o tópico entre todos os participantes na sala. Escreva sua estimativa de variação, da escolha mais baixa para a mais alta.*
- ***Faça uma estimativa do resultado de reação médio.*** *Escreva sua estimativa, com precisão de até dois decimais.*

Identifique as melhores estimativas para a variação. Peça aos participantes que falem suas estimativas de variação. Anuncie a variação real. Identifique as pessoas com as estimativas mais próximas e parabenize-as.

Identifique as melhores estimativas para a média. Crie suspense perguntando às pessoas cujas estimativas estão dentro de variações cada vez menores.

Exemplo: *Se a média foi 2,73, peça aos participantes cujas estimativas foram entre 1 e 4 para se levantarem. Então, peça aos participantes cujas estimativas foram entre 2 e 3 para continuar de pé enquanto os outros se sentam. Então, as estimativas entre 2,5 e 3, e assim em diante.*

Repita o processo até que você tenha identificado os participantes com a estimativa correta (ou a mais próxima). Parabenize estes participantes por suas habilidades mediúnicas.

Utilize as aberturas como um trampolim para a sessão de treinamento. Por exemplo, você pode começar pedindo que os participantes discutam por que pessoas diferentes reagem de modos diferentes ao tópico.

Planilha para Calcular o Valor Médio da Reação de Escala

Valor da Escala de Reação	Número de Participantes	Valor da Escala × Número de Participantes
1		
2		
3		
4		
5		
6		
7		
8		
9		
Totais: Média = (Total da última coluna) ÷ (Total da coluna do meio)		

3
Cartazes

Os participantes vêm a sessões de treinamento com expectativas específicas. É uma boa idéia deixar que eles compartilhem essas expectativas no início do *workshop*. Cartazes incentivam os participantes a fazer exatamente isso.

Objetivo

Identificar e discutir as expectativas dos participantes a respeito do *workshop*.

Participantes

Mínimo: 5.

Máximo: Qualquer número.

Ideal: 10 a 30.

Tempo

20 a 30 minutos.

Materiais

- Folhas de papel em branco.
- Canetas para quadro branco.
- Cronômetro.
- Apito.

Fluxo

Prepare uma "lista dos sonhos". Peça aos participantes para prepararem individualmente "listas dos sonhos" das características de uma sessão de treinamento ideal. Embora os participantes trabalhem sozinhos, eles devem pensar em características positivas que agradariam à maioria dos outros participantes.

Prepare um cartaz. Distribua uma folha de papel em branco e uma caneta para quadro branco para cada participante. Peça que cada participante escreva a característica mais desejável em uma sessão de treinamento ideal na folha de papel, usando letras grandes.

Caminhe pela sala. Peça aos participantes que levantem seus cartazes (as folhas de papel com a característica desejável em uma sessão de treinamento) e caminhem silenciosamente. Os participantes devem ler os cartazes dos outros sem fazer qualquer comentário.

Faça os participantes convencerem-se uns aos outros. Depois de alguns minutos andando pela sala, apite e peça que os participantes parem onde estiverem. Dê-lhes estas instruções (em suas próprias palavras):

- *Formem duplas com o participante mais próximo a vocês.*
- *Leiam e discutam seus cartazes. Tentem convencer a outra pessoa de que seu cartaz contém uma característica de sessão de treinamento mais desejável.*
- *Decidam juntos qual cartaz contém a característica mais desejável. Guardem este cartaz e deixem o outro no chão.*

Caminhe pela sala com seu parceiro. Depois de uma pausa adequada, apite e peça que cada dupla faça sua escolha final. Caso alguma dupla não tenha escolhido um cartaz, peça que ela jogue uma moeda para forçar a escolha. Peça, então, que os dois parceiros levantem juntos o cartaz, segurando-o por lados opostos, e silenciosamente caminhem pela sala, estudando os outros cartazes.

Forme uma equipe. Depois de uma pausa adequada, apite e peça a todos que parem. Dê estas instruções (em suas próprias palavras) às duplas:

- *Juntem-se com outra dupla de participantes e discutam os dois cartazes. Do mesmo jeito que antes, tentem convencer a outra dupla de que seu cartaz contém uma característica de sessão de treinamento mais desejável.*
- *Decidam juntos com qual dos dois cartazes vocês vão ficar. Deixem o outro no chão.*

Faça os participantes convencerem as outras equipes. Apite depois de uma pausa adequada. Dê estas instruções (em suas próprias palavras) às equipes:

- *Achem outras equipes com a mesma característica de sessão de treinamento (ou uma característica parecida) em seus cartazes. Convide-as a se juntarem a vocês. Convençam a outra equipe a se juntar a vocês explicando por que seu cartaz contém uma característica melhor.*
- *Vocês têm 2 minutos para convencerem outras equipes a se juntarem a vocês.*

Prepare um comercial. Passados 2 minutos, apite e peça que as equipes expandidas se agrupem em cantos convenientes da sala. Peça a cada equipe que prepare um anúncio de utilidade pública de 30 segundos para convencer os outros participantes a concordarem com sua escolha da característica de sessão de treinamento mais desejável. Anuncie um limite de tempo de 3 minutos.

Convença a massa. Apite ao final de 3 minutos. Peça que cada equipe venha à frente da sala e faça sua apresentação de 30 segundos. Ao final das apresentações, peça que os participantes indiquem suas escolhas pessoais dentre as apresentações levantando a mão.

Responda às informações. Agradeça aos participantes por compartilharem suas expectativas ideais e "listas dos sonhos" para uma sessão de treinamento. Descreva brevemente o formato do treinamento e discuta como ele se compara aos anseios dos participantes. Negocie as alterações apropriadas.

4
Jogo do Equilíbrio

É uma boa idéia fazer os participantes se levantarem e andar pela sala no início de um *workshop*. O Jogo do Equilíbrio deixa os participantes energizados de uma maneira divertida.

Objetivo

Criar uma metáfora para a interatividade e a colaboração entre os participantes.

Participantes

Mínimo: 5.

Máximo: 30.

Ideal: 10 a 20.

Tempo

10 a 20 minutos.

Materiais

- Manual de treinamento (ou um conjunto de materiais de apoio).
- Fita crepe.

Preparação

Crie a pista. Encontre uma área livre de aproximadamente 3 metros de largura por 6 de comprimento. Se necessário, crie este espaço temporariamente reorganizando a mobília da sala. Marque as linhas de partida e chegada no chão com a fita crepe.

Fluxo

Reúna os participantes. Peça-os que peguem seus manuais do *workshop* e materiais de apoio e se dirijam à linha de partida.

Dê instruções. Explique que os participantes irão correr da linha de partida à de chegada. Dê-lhes estes detalhes adicionais (em suas próprias palavras):

- *Vocês devem equilibrar seu manual do* workshop *sobre suas cabeças enquanto correm da linha de partida para a de chegada.*

- *Depois que saírem da linha de partida, vocês não poderão tocar o manual com a mão.*
- *Não peguem o manual se ele cair. Peçam a alguém que os ajude, pegando o manual e posicionando-o sobre suas cabeças.*
- *Vocês podem ajudar os outros sempre que quiserem. Mas vocês não podem tocar os manuais dos outros enquanto eles estiverem sobre a cabeça dos mesmos.*
- *O objetivo desta atividade é fazer com que todos atravessem a linha de chegada o mais rápido possível.*
- *Quando vocês tiverem cruzado a linha de chegada, podem largar seus manuais. Mas vocês não podem voltar para ajudar os outros.*

Conduza a atividade. Apite, inicie o cronômetro, e saia do caminho. Deixe os participantes correrem até a linha de chegada. Preste atenção se todos estão cumprindo as regras.

Conclua a atividade. Apite quando todos tiverem cruzado a linha de chegada. Anuncie o tempo e parabenize o grupo pelo excelente trabalho que fez.

Discussão

Conduza uma breve discussão sobre como os participantes se sentem em relação a seu êxito, e o que aprenderam com a atividade.

Crie analogias. Explique (em suas próprias palavras) como esta atividade reflete suas diretrizes para a sessão:

- *Só temos êxito se todos tiverem êxito.*
- *Devemos ajudar-nos uns aos outros.*
- *Quando não conseguimos fazer certas coisas sozinhos, devemos pedir a ajuda dos outros.*
- *Devemos ajudar os outros sempre que possível.*
- *Não podemos ter êxito a não ser que todos tenham êxito.*
- *Não temos êxito sendo os primeiros a cruzar a linha de chegada.*
- *Devemos trabalhar e aprender tão rapidamente quanto pudermos, mas sem perder o controle.*
- *Devemos tentar alcançar um equilíbrio entre nossas cabeças (pensamento) e nossas mãos (ações).*

Reúna mais analogias. Convide os participantes a criar mais analogias relacionadas à atividade de abertura da sessão de treinamento.

5
Apresentação

Tenho tentado evitar a rotina costumeira de fazer todos os participantes se levantarem e se apresentarem no início de meus *workshops* de treinamento. Porém, os participantes têm resistido a esta inovação e exigiram as apresentações tradicionais. Para chegar a um acordo, adicionei um encerramento ao ritual comum a fim de deixar que os participantes tenham o que querem enquanto me mantenho fiel a meu princípio de interatividade em tudo que faço. Esta atividade de abertura premia os participantes que prestam atenção às apresentações de outras pessoas em vez de ensaiar o que vão dizer.

Objetivo

Incentivar que os participantes ouçam com atenção e relembrem com precisão informações sobre as pessoas.

Participantes

Mínimo: 6.

Máximo: 30.

Ideal: 10 a 20.

Tempo

10 a 20 minutos, dependendo do número de participantes.

Materiais

- Papel e lápis.

Fluxo

Explicação. Anuncie que você irá iniciar a sessão da maneira normal, pedindo a todos que se levantem um de cada vez e se apresentem de forma breve. Explique que a maioria dos participantes não presta muita atenção a estas apresentações. Para fazer as coisas diferentes, peça aos participantes que ouçam atentamente ao que os outros participantes dirão sobre si. Instrua-os a não anotar nada, e sim se concentrar nas apresentações de cada participante.

Facilite as apresentações. Peça à primeira pessoa que se levante, fale seu nome de forma clara e se apresente de forma breve. Peça aos outros participantes que continuem esta atividade repetindo este procedimento. Lembre-os novamente de prestar atenção nos outros.

Prepare perguntas. Ouça atentamente e anote uma lista de perguntas relacionadas ao conteúdo das apresentações dos participantes. Esta lista é apenas para você, de modo que você não precisa usar sua melhor caligrafia (apenas tenha certeza de que conseguirá ler o que escreveu mais tarde). Cada pergunta deve ter uma única resposta certa (anote também a resposta). Eis alguns exemplos:

- *Quem está trabalhando atualmente como diretor criativo de uma firma de advocacia?*
- *Qual o sobrenome da Leeva?*
- *Qual participante disse ter aprendido bastante sobre habilidades de liderança em seu trabalho doméstico?*
- *Quem é gerente por mais de 15 anos?*

Você não precisa escrever uma pergunta relacionada a cada participante. Todavia, pode ser uma boa idéia escrever mais de uma pergunta sobre o mesmo participante, apenas para mantê-los bem acordados. Você pode ter de editar algumas das perguntas iniciais durante apresentações posteriores, a fim de que haja somente uma única resposta correta.

Exemplo: *quem é gerente há mais de 15 anos e visitou Xangai recentemente?*

Anuncie um concurso. Peça aos participantes que escondam seus crachás ou etiquetas de apresentação e quaisquer outras formas de identificação. Anuncie que você irá aplicar um pequeno teste. Peça a todos que peguem uma folha de papel e uma caneta. Leia suas perguntas, uma a uma, e peça aos participantes que escrevam suas respostas. Após uma pausa adequada depois de cada questão, dê as respostas certas. Peça a cada participante que mostre as respostas que escreveu a um vizinho a fim de receber pontos.

Determine o ganhador. Depois de mais ou menos uma dúzia de perguntas, identifique o participante com o maior número de respostas certas. Peça que os próprios participantes indiquem sua pontuação, confiando em suas respostas. Caso haja mais de um participante com a maior pontuação, faça mais algumas perguntas de desempate até que haja apenas um vencedor. Lidere uma salva de palmas a este participante.

6
Cartão-postal de um Amigo

Gosto de sessões de treinamento criativas, nas quais os participantes criam novos conteúdos que podem ser usados por grupos futuros. Esta atividade de abertura se baseia em uma atividade de encerramento (vide jogo 99, Cartão-postal para um Amigo) que faz com que os participantes escrevam bilhetes a amigos, identificando os destaques do *workshop*. Esta atividade envolve distribuir cartões-postais de participantes anteriores com seus destaques e conselhos para um novo grupo de participantes.

Objetivo

Oferecer uma prévia da sessão de treinamento e alguns conselhos sobre como aproveitá-la ao máximo.

Participantes

Mínimo: 6.

Máximo: Qualquer número.

Ideal: 10 a 20.
(Os participantes são organizados em equipes de 3 a 7.)

Tempo

15 a 30 minutos.

Materiais

- Cartões-postais escritos por participantes de uma sessão anterior. Se necessário, copie alguns dos postais (com sua própria letra) para ter certeza de que há um cartão para cada participante.
- Folhas de papel em branco.
- Canetas ou lápis.
- Folhas de papel *flip-chart*.
- Canetas de quadro branco.
- Fita crepe.

Fluxo

Instrua os participantes. Apresente o seguinte cenário em suas próprias palavras:

Vamos imaginar que um amigo seu participou desta sessão de treinamento mais cedo. Você lhe envia um e-mail *pedindo seus comentários sobre a sessão e alguns conselhos sobre como aproveitá-la melhor. Esta pessoa lhe envia um cartão-postal.*

Conduza a sessão de leitura dos postais. Distribua um cartão-postal para cada participante. Explique que ele foi escrito segundo a cena que você apresentou mais cedo. Peça aos participantes que leiam os postais e revisem a informação. Diga-lhes que você irá recolher os postais em alguns minutos.

Peça aos participantes que comparem suas anotações. Depois de cerca de 3 minutos, recolha os postais dos participantes e organize-os em equipes de três a sete membros. Peça a cada equipe que compare os conselhos dos cartões-postais e escolham os três conselhos mais importantes.

Prepare pôsteres. Peça aos participantes que demonstrem os três conselhos mais importantes em folhas de papel de *flip-chart*. Depois de uma pausa adequada, peça às equipes que colem seus pôsteres nas paredes. Incentive-as a revisar os pôsteres das outras equipes.

Conduza uma sessão de perguntas. Peça aos participantes que voltem a seus lugares. Convide-os a lhe fazerem perguntas sobre qualquer um dos itens dos postais que eles receberam. Dê respostas curtas.

7
Fatos Pouco Conhecidos

Você sabia que uma vez falei com Mahatma Gandhi (quando eu tinha sete anos de idade)? Você sabia que sou viciado em romances policiais? As pessoas gostam de contar fatos pouco conhecidos (FPC) sobre si – talvez porque as faça se sentirem celebridades.

Objetivo

Aumentar o nível de abertura individual.

Participantes

Mínimo: 10.

Máximo: Qualquer número.

Ideal: 10 a 30.
(Os participantes são organizados em 2 grupos.)

Tempo

10 a 20 minutos.

Materiais

- Cartões de papel em branco.
- Canetas ou lápis.

Fluxo

Peça aos participantes que escrevam fatos pouco conhecidos sobre si mesmos. Dê um cartão em branco para cada participante. Peça-os que escrevam um fato pouco conhecido sobre si mesmos e mantenham-no escondido dos outros.

Divida os participantes em dois grupos. Recolha os cartões de um grupo (chamado confessores) e dê os mesmos ao outro grupo (chamado interrogadores), um cartão por participante, com a face escrita virada para baixo. Avise aos interrogadores que não devem ler as frases nos cartões que receberam.

Mostre os cartões. Peça a todos os interrogadores que se levantem e segurem os cartões contra suas testas, com o lado escrito à mostra. Certifique-se de que o interrogador não leia o cartão, mas que todos os outros possam fazê-lo.

Localize o confessor. Peça aos interrogadores para andarem pela sala, perguntando aos confessores se o cartão pertence a eles. Se um confessor vir seu cartão, ele deve responder "sim".

Descubra o FPC. Quando um interrogador encontrar o confessor ele deve fazer uma série de perguntas de Sim/Não a fim de descobrir a natureza exata do FPC. O confessor deve responder honestamente, porém deve limitar suas respostas a "sim" ou "não".

Confira o FPC. A sessão de perguntas continua até que o confessor indique que o interrogador descobriu o FPC. O interrogador confere sua suposição lendo a frase no cartão.

Inverta os papéis. Conclua a primeira rodada do quebra-gelo após um período de tempo adequado. Repita a atividade dando os cartões de FPC dos interrogadores para os confessores. Inverta os papéis e peça aos participantes que repitam o jogo.

Discussão

Geralmente, as aberturas não precisam de uma discussão. Porém, já que há algo intrigante sobre quais fatos as pessoas decidem revelar sobre si, conduzo uma rápida discussão usando estas perguntas. Embora sejam sobre pessoas em geral, elas incentivam os participantes a refletir sobre seus próprios comportamentos:

- *Quais fatos as pessoas revelam sobre si mesmas?*
- *Será que alguém inventaria um fato interessante sobre si? Por que alguém faria isso?*

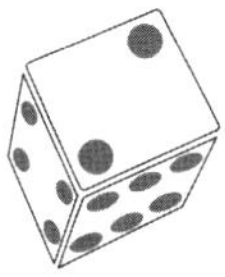

8
Agitando a Sala

Um dos objetivos cruciais de uma atividade de abertura é ajudar os participantes a se conhecerem. Eis aqui uma abertura que identifica e premia os participantes que dariam bons políticos.

Objetivo

Energizar os participantes e incentivar a interação entre eles.

Participantes

Mínimo: 10.

Máximo: Qualquer número.

Ideal: 10 a 30.
(Os participantes trabalham individualmente.)

Tempo

15 a 20 minutos.

Materiais

- Folha de Instruções do Concurso Agitando a Sala. Mude a hora de início para se adequar ao horário da sua sessão.
- Canetas ou lápis

Fluxo

Instruções. À medida que os participantes entram na sala, cumprimente-os na porta e dê-lhes cópias da folha de instruções. Caso alguém faça perguntas sobre o concurso, repita as informações da folha de instruções.

Marque o tempo. Preste atenção no relógio. Dê o aviso apropriado um minuto antes do fim da atividade de "bate-papo".

Comece o concurso. Apite na hora exata. Diga aos participantes que parem de falar uns com os outros. Peça a eles que escondam seus crachás, etiquetas com nome ou qualquer outra identificação.

Conduza um concurso de popularidade. Explique que a primeira fase do concurso envolve visibilidade. Peça aos participantes que se levantem se eles acharem que seus nomes serão lembrados por várias pessoas na sala. Traga o grupo de pessoas em pé à frente da sala. Aponte para o primeiro candidato e peça que os outros participantes na sala escrevam seu nome completo em uma folha de papel. Anuncie o nome do participante e peça que cada um verifique o nome escrito por seu vizinho. Peça àqueles que escreveram o nome correto que se levantem e conte quantos são. Repita este processo com cada um dos candidatos. Identifique o vencedor (ou vencedores) cujo nome foi escrito corretamente pela maioria dos outros participantes.

Comece o concurso de memória. Explique que a segunda parte do concurso envolve memória. Peça aos participantes que dêem uma olhada pela sala e façam uma estimativa do número de participantes cujos nomes eles são capazes de dizer. Comece um leilão, pedindo aos participantes que dêem lances sobre o número de nomes completos que eles se lembram corretamente. Identifique o arrematador (ou arrematadores) de maior lance.

Conduza o concurso de memória. Peça ao arrematador de maior lance que ande pela sala, sussurrando (a fim de evitar que os outros ouçam) o nome completo de cada participante. Peça a todos os participantes cujos nomes corretos foram ditos que se levantem. Caso o arrematador consiga dizer corretamente o nome do número de participantes de seu lance (ou ultrapasse este número), ele ganha. Se não, repita a atividade com o arrematador de segundo maior lance.

Folha de Instruções do Concurso Agitando a Sala

Gostaríamos que você conhecesse e interagisse com tantos participantes quanto possível.

Esta é uma atividade de quebra-gelo do tipo "faça você mesmo". Você tem aproximadamente 7 minutos para bater papo com os outros participantes. Reúna informações de pessoas diferentes e ofereça informações sobre você. Use este concurso como uma desculpa para se comportar como um extrovertido intrusivo.

Você não receberá qualquer outra instrução até que o tempo acabe.

Em exatamente 7 minutos, realizaremos um concurso que irá premiar sua habilidade de agitar a sala. Você tem duas chances de ganhar!

PARTE II
Comunicação

9
Modos de Comunicação

Quando criança, você brincou alguma vez de um jogo chamado Telefone Sem Fio, onde o primeiro jogador sussurra uma mensagem para o segundo, que então sussurra esta mensagem para um terceiro, e assim em diante? Quando a mensagem chega ao último jogador, ela ficou completamente diferente! Outro dia eu estava pensando sobre o que aconteceria se cada jogador convertesse a mensagem em um modo de comunicação diferente antes de sussurrá-la ao próximo jogador. Além disso, o que aconteceria se, em vez de sussurrar, os jogadores escrevessem a mensagem, de modo que pudéssemos saber como ela ficou distorcida?

Objetivo

Mudar os modos de comunicação direto e indireto de uma maneira flexível e identificar as distorções na mensagem.

Participantes

Mínimo: 5.

Máximo: Qualquer número.

Ideal: 5 a 30.

Tempo

10 a 20 minutos.

Materiais

- Material de apoio: Comunicação Direta e Indireta, uma cópia para cada participante.
- Cópias do formulário de Mensagem de Telefone, uma para cada participante.
- Canetas ou lápis.

Fluxo

Explique a diferença entre comunicação direta e indireta. Distribua cópias do material de apoio: Comunicação Direta e Indireta, uma por participante. Peça que os participantes leiam o material de apoio. Após uma pausa adequada, responda a possíveis perguntas.

Dê instruções sobre como dobrar as folhas. Distribua os Formulários de Mensagem de Telefone. Demonstre como dobrar os formulários. Primeiro, dobre o papel horizontalmente no meio, seguindo a linha. Dobre-o mais duas vezes, também seguindo as linhas. Quando você abrir o papel, os participantes verão dobraduras separando o papel em 8 faixas. Peça-lhes que façam a mesma coisa com seus próprios formulários.

Comece o jogo. Peça a cada jogador que escolha em segredo o modo de comunicação direto ou indireto e escreva uma mensagem na Faixa 1 usando o modo escolhido. Depois de terminar a mensagem, peça aos jogadores que passem o papel à próxima pessoa (a mensagem do último jogador é dada ao primeiro jogador).

Converta a mensagem. Peça a cada participante que leia a mensagem e descubra se ela está no modo direto ou indireto. Instrua os jogadores a converter a mensagem ao outro modo e a escrevê-la na Faixa 2. Peça, então, que todos dobrem a faixa de baixo para cima com cuidado, de modo que a primeira mensagem fique escondida e a segunda fique visível. Peça aos jogadores que passem a mensagem à próxima pessoa, como fizeram antes.

Continue com o jogo. Durante cada rodada subseqüente do jogo, peça aos jogadores que:

- Leiam apenas a versão mais recente da mensagem.
- Determinem o modo de comunicação em que a mensagem está escrita.
- Convertam a mensagem ao outro modo.
- Escrevam a versão convertida na próxima faixa.
- Dobrem o papel para cima, de modo que apenas a faixa mais recente (suas próprias mensagens) esteja visível.
- Passem a folha ao próximo jogador.

Encerre o jogo. Pare o jogo ao final da sexta rodada (ou, caso você tenha menos de seis jogadores, após todos terem um turno). Peça aos participantes que abram os papéis e tracem a alteração da mensagem da primeira à última faixa.

Discussão

Exemplos da vida real. Peça aos participantes que compartilhem exemplos da vida real de como uma mensagem foi distorcida no momento da transmissão de uma pessoa a outra.

Outros modos de comunicação. Peça aos participantes exemplos de outros tipos de polaridades de comunicação (como lógica e intuitiva, impulsiva e reflexiva, liberal e conservadora, masculina e feminina, individualista e comunitária, democrática e autoritária, acadêmica e prática, desafiadora e submissa, jargão e linguagem comum, inclusiva e exclusiva, e assertiva e fraca). Selecione qualquer um destes pares de modos de comunicação e recomece o jogo utilizando o par escolhido.

Formulário de Mensagem de Telefone

7
6
5
4
3
2
XXXXXXXXXXXXXXXX
1

Comunicação Direta e Indireta

A comunicação direta torna tudo explícito. As pessoas que utilizam este modo de comunicação lhe dizem exatamente o que querem dizer de um modo direto e assertivo.

A comunicação indireta pressupõe que as pessoas entendem o sentido sem que tudo seja dito. Este modo dilui os aspectos desagradáveis de uma mensagem utilizando uma linguagem emaranhada, palavras abstratas e metáforas.

Um Exemplo

Direta: *Você é um idiota!*

Indireta: *Há vários fatores que fazem uma pessoa diferente de outra. No fator diferença, você é lindo. No fator força, você é forte. No fator inteligência, você está em algum ponto entre as pessoas típicas, pouca coisa abaixo da média estatística. Claro que isto não quer dizer que você não é um ser humano maravilhoso.*

O próximo jogador vê a mensagem no modo indireto e a converte ao modo direto. Esta conversão alternante prossegue e, ao final do jogo, podemos comparar as diversas versões da mesma mensagem em dois modos diferentes.

Um Exemplo Mais Longo

Eis o que pode acontecer quando uma mensagem é traduzida repetidamente entre os modos direto e indireto.

Direto: *Eu te amo!*

Indireto: *Tricotei este suéter para você. Achei que você ia gostar.*

Direto: *Você quer comprar este suéter feito à mão por R$15?*

Indireto: *Esta é uma excelente oferta, alta qualidade, bom preço. Você não pode dar R$ 15 neste produto incrível?*

Direto: *Nada de pechinchar. Quinze reais. Quer comprar ou não?*

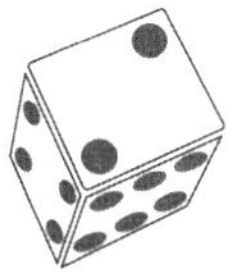

10
Problemas de Comunicação

Criar uma solução até que é fácil. Analisar a solução e melhorá-la já não é tanto assim. Esta atividade lida com vários problemas de comunicação autênticos e incentiva os participantes a aplicar tudo que sabem para resolver cada um deles.

Objetivo

Resolver problemas de comunicação – e melhorar as soluções.

Participantes

Mínimo: 6.

Máximo: Qualquer número.

Ideal: 10 a 30.

(Os participantes são divididos em 6 equipes com aproximadamente o mesmo tamanho.)

Tempo

30 minutos a 2 horas.

Materiais

- Material de apoio com exemplos: Problema, Solução, Crítica, Depoimentos, Solução Melhorada e Pontuação (ao final desta atividade).
- Folhas de papel em branco (pelo menos 6 por equipe).
- Canetas ou lápis.
- Clipes para papel.

Fluxo

Instrua os jogadores. Explique que o jogo irá consistir de seis rodadas, e anuncie o período de tempo para cada uma. Indique que os jogadores irão especificar um problema de comunicação na primeira rodada e deixá-lo de lado nas rodadas seguintes, enquanto estão ocupados lidando com outros problemas e soluções.

Peça problemas. Instrua cada equipe a oferecer um problema de comunicação no trabalho real ou fictício. Peça que cada equipe descreva o problema respondendo de maneira rápida as seguintes perguntas:

• De quem é o problema?
• Qual o contexto do problema?
• Quem são as principais pessoas envolvidas no problema?
• Qual a lacuna entre o objetivo desejado e o estado atual?

Informe o limite de tempo para completar esta tarefa.

Distribua o material de apoio. Distribua uma cópia do material de apoio para cada participante. Chame a atenção de todos para a primeira seção, que apresenta um exemplo de problema. Peça aos participantes que usem o exemplo como base do que você está pedindo. Diga a eles que ignorem as outras seções do material de apoio.

Peça soluções. Ao final do limite de tempo, peça a cada equipe que dê sua descrição do problema para a próxima equipe (a última equipe entrega seu problema à primeira, a fim de completar a seqüência). Diga às equipes que elas terão de assumir o papel de consultores de comunicação durante esta rodada. Explique a tarefa pedindo às equipes que revisem as descrições dos problemas que receberam e escrevam soluções adequadas. Incentive-as a manter a sugestão de solução curta e específica. Desencoraje-as de se valerem de táticas de atraso, como pedir informações adicionais ou sugerir maior análise do problema. Veja a seção de *Solução* do material de apoio. Informe um limite de tempo para concluir esta tarefa.

Peça críticas. Ao final do limite de tempo, peça a cada equipe que faça o rodízio de sua solução e da descrição do problema anterior para a próxima equipe, como antes. Diga às equipes que elas assumirão o papel de um crítico desconfiado nesta rodada. Como um crítico, cada equipe revisa o problema e a solução sugerida. A equipe identifica os pontos fracos, limitações e conseqüências negativas da solução e os registra em uma crítica curta. Incentive os jogadores a ignorar todos os aspectos positivos da solução e a enfatizar o negativo. Veja a seção de *Crítica* do material de apoio. Informe o limite de tempo para completar esta tarefa.

Peça depoimentos. Ao final do limite de tempo, peça que as equipes façam o rodízio do pacote de três itens (problema, solução e crítica) com a próxima equipe, como antes. Diga às equipes que elas assumirão o papel de incentivadores nesta rodada. Como incentivadores, cada equipe revisa o problema, a solução e a crítica. Cada uma identifica os pontos fortes, as virtudes e as conseqüências positivas da sugestão e os registra como um breve depoimento. As equipes incentivadoras devem ignorar todos os aspectos negativos da solução. Veja a seção de *Crítica* do material. Informe o limite de tempo para completar esta tarefa.

Peça soluções melhoradas. Ao final do limite de tempo, as equipes fazem o rodízio do pacote de quatro itens (problema, solução, crítica e depoimento) com a próxima equipe, como antes. Diga a cada equipe que ela assumirá o papel de potencializador. Neste papel, os participantes irão revisar o problema, a solução, a crítica e o depoimento e sugerir uma solução melhorada para o problema original. Veja a seção de *Solução Melhorada* do material de apoio. Informe o limite de tempo para completar esta tarefa.

Peça pontuações comparativas. Ao final do limite de tempo, instrua as equipes a fazer o rodízio destes três itens com a próxima equipe: problema, solução original e solução melhorada. As duas soluções devem ser embaralhadas algumas vezes antes de serem entregues ao próximo jogador, para que não haja indicação alguma sobre qual é a versão original e qual é a versão melhorada. Diga a cada equipe que ela assumirá o papel de avaliador. Neste papel, os membros da equipe irão comparar em conjunto as duas soluções e distribuir 200 pontos entre elas para refletir sua respectiva eficácia. Veja a seção de *Pontuação* do material de apoio. Informe o limite de tempo para completar esta tarefa.

Encerre a atividade. Calcule as pontuações dos jogadores registrando a pontuação da solução original e da versão melhorada. Entregue cada par de soluções à equipe que escreveu a descrição do problema original. Convide as equipes a revisar as duas soluções para seus problemas originais e usá-las como base para chegar a suas próprias soluções. Peça também aos participantes que reflitam sobre os seis papéis diferentes (dono do problema, consultor, crítico, incentivador, potencializador e avaliador) que desempenharam durante o jogo e pensem sobre o que aprenderam desempenhando cada papel. Sugira que eles devem ser capazes de desempenhar objetivamente todos os seis papéis da próxima vez que resolverem seus próprios problemas.

Exemplo de Problema de Comunicação

Problema

Meu nome é Russ Powell, e sou o diretor de atendimento ao cliente de uma organização de serviços financeiros. Sam, um dos quatro líderes de equipe que trabalham para mim, apresenta um problema de desempenho. Quando recentemente coletamos informações de feedback *usando um questionário de 360 graus, 6 dos 10 membros da equipe de Sam classificaram seu estilo de comunicação como inaceitável. Todos estes seis funcionários são mulheres. Os quatro homens que são membros da equipe de Sam classificaram seu estilo de comunicação como aceitável. Também ouvi reclamações sobre o comportamento rude de Sam de funcionárias mulheres de outras equipes. Meu objetivo de desempenho para Sam é que todos os membros de sua equipe, independentemente de seu sexo, classifiquem seu estilo de comunicação como aceitável.*

Solução

Encaminhar Sam a um workshop *de treinamento sobre comunicação entre gêneros que se concentre em habilidades para se comunicar com mulheres. Pedir também a Sam que leia livros populares sobre diferenças entre os sexos.*

Crítica

A solução sugerida parte do princípio de que Sam tem deficiências de habilidades e conhecimentos. É mais provável que o problema de Sam seja de atitude, como conseqüência de uma necessidade de manter uma imagem machista. Sam irá encarar o workshop *de treinamento como uma punição e um desafio. Na percepção de Sam, ele provavelmente deseja tratar todos os funcionários da mesma maneira, independentemente de seu sexo. Assim, ele pode encarar a sugestão como um exemplo de comportamento gerencial politicamente correto. De todo modo, a maior parte dos* workshops *sobre este tópico é de natureza genérica e os exemplos neles utilizados provavelmente são irrelevantes para as necessidades específicas da organização de Sam. Combinar o* workshop *com as tarefas de leitura provavelmente aumentará a frustração e a irritação de Sam. Alguns dos livros de psicologia pop neste campo são escritos por autores que não têm conhecimento ou uma base empírica. Os princípios e procedimentos apresentados nesses livros provavelmente serão contraditórios entre si e com o que é ensinado no* workshop *de treinamento.*

Depoimento

Gostei do tratamento de duas vias: um workshop *de treinamento de livros populares. Há vários* workshops *baseados em desempenhos eficientes que podem aumentar o nível de percepção de Sam sobre o impacto de seu estilo de comunicação com as mulheres. Um* workshop *assim também oferecerá informações úteis sobre diferenças nos estilos de comunicação de homens e mulheres. O aspecto mais importante é que o* workshop *oferecerá a prática de habilidades através de dramatizações de baixo risco. Há vários livros populares que são baseados em pesquisa e na prática. Alguns desses livros aparecem em listas de mais vendidos, o que sugere a percepção de um alto grau de valor.*

Solução Melhorada

Ter uma conversa de treinamento com Sam, apresentando um case *de negócios e um* case *pessoal para reduzir reclamações de funcionárias. Estabelecer um objetivo mútuo e mensurável relacionado a habilidades de comunicação entre gêneros. Deixar que Sam defina os detalhes de como alcançar este objetivo e demonstrar suas realizações. Oferecer um menu de várias estratégias apropriadas, incluindo* workshops *de treinamento, livros, aconselhamento do Programa de Assistência ao Funcionário e discussão com os membros de sua equipe. Garantir seu apoio a Sam, porém explicando as conseqüências negativas de reclamações constantes de funcionárias.*

Pontuação

*60 pontos para a solução original (*workshop *de treinamento mais livros).*

140 pontos para a solução melhorada (treinamento e outros apoios).

(Estas pontuações são apenas exemplos.)

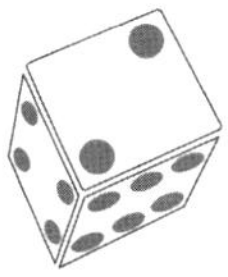

11
Habilidade de Apresentação

A maioria dos adultos tem bastante experiência em se sentir inspirados por boas apresentações e enfadados por apresentações ruins. Esta atividade se aproveita da sabedoria dos participantes para descobrir o que fazer – e o que não fazer – ao realizar apresentações.

Objetivo

Dividir as melhores práticas sobre fazer apresentações.

Participantes

Mínimo: 3.

Máximo: Qualquer número.

Ideal: 12 a 24.
(Os participantes são divididos em grupos de 3.)

Tempo

30 a 45 minutos.

Materiais

- **Cartões de perguntas.** 21 cartões, cada um contendo uma pergunta aberta relacionada a habilidades de apresentação (vide lista de exemplos de perguntas ao final desta atividade).
- Folhas de papel em branco.
- Canetas ou lápis.
- Cronômetro.
- Apito.

Sugestão para o Treinador

Embora esta atividade envolva pontos e um "vencedor", conduza-a de um modo "brincalhão", enfatizando a importância de pensar rápido e agir espontaneamente. Algumas pessoas podem se preocupar sobre o segundo jogador trapaceando por não tampar os ouvidos completamente. Em centenas de testes de campo, isto não foi um problema porque as perguntas são abertas e os jogadores preferem demonstrar seu pensamento criativo.

Fluxo

Faça uma prévia do jogo. Explique que o jogo envolve grupos de três participantes trabalhando com várias perguntas abertas. Ofereça um exemplo de pergunta ("quantas vezes devo ensaiar?"). Informe que dois participantes responderão cada pergunta independentemente e que o terceiro atuará como juiz, e decidirá qual resposta foi a melhor. Os participantes devem se revezar em turnos no papel de juiz.

Explique como o jogo irá terminar. Anuncie um período de 20 minutos para o jogo. Após 20 minutos o jogo chegará ao final. O participante cujas respostas foram escolhidas como as melhores mais vezes ganha o jogo.

Forme trios. Organize os participantes em grupos de três. Distribua um conjunto de cartões de pergunta para cada trio.

Selecione um juiz para a primeira rodada. Em cada trio, peça à pessoa mais baixa que seja o juiz da primeira rodada. Peça ao juiz que vire os cartões de pergunta para baixo, embaralhe-os, e coloque-os no meio da mesa.

Conduza a primeira rodada. Peça ao juiz que pegue o cartão de pergunta do topo, coloque-o virado para cima sobre a mesa, e leia a pergunta em voz alta. Peça ao juiz que faça uma pausa por cerca de 10 segundos, tempo durante o qual os outros dois jogadores pensam em uma resposta apropriada. O juiz então aponta para um dos jogadores. O outro jogador imediatamente tapa os ouvidos.

Ouça as respostas. O jogador escolhido dá sua resposta, concentrando-se em alguns itens-chave escolhidos, porque há um limite de 60 segundos para a duração da resposta. O juiz então aponta para o outro jogador, que dá sua resposta trabalhando dentro do mesmo limite de 60 segundos (não é preciso que o primeiro jogador tape seus ouvidos). Após ouvir a segunda resposta, o juiz resume de maneira breve a primeira.

Faça uma votação secreta. O juiz compara as duas respostas e decide qual foi a melhor (esta é uma escolha forçada que proíbe empates). O juiz escreve secretamente num pedaço de papel o nome da pessoa que deu a melhor resposta, dobra-o para esconder o nome e deposita seu voto no meio da mesa, próximo aos cartões de pergunta.

Indique outra pessoa para o papel de juiz. O participante sentado à esquerda do juiz se torna o novo juiz para a próxima rodada.

Repita o processo. A próxima rodada é conduzida da mesma maneira que a anterior (com o juiz lendo a questão do cartão, ouvindo as duas respostas, e votando secretamente na melhor).

Conclua a atividade. Repita o mesmo procedimento durante as rodadas subseqüentes do jogo. Ao final de 20 minutos, apite para sinalizar o final da rodada. Peça aos participantes em cada trio que misturem todos os pedaços de papel com os votos dos juízes, abram-nos e contem o número de vezes que o nome de cada participante aparece. Identifique o participante cujo nome aparece com mais freqüência e parabenize-o por ganhar o jogo.

Ajustes

Caso você não possa dividir os participantes em grupos de três, organize um ou dois grupos com quatro membros. Depois que o juiz ler a questão, os dois participantes sentados à esquerda dele preparam e dão suas respostas, como na versão de três pessoas. O quarto participante ouve as respostas, age como um juiz extra e vota secretamente na melhor resposta.

21 Perguntas Sobre Apresentações

1. Como devo fazer uma apresentação para uma platéia internacional?
2. Quantas vezes devo ensaiar?
3. Como posso aumentar a interação com a platéia sem desperdiçar o tempo das pessoas?
4. Como posso criar um título que chame atenção para minha apresentação?
5. Qual a melhor maneira de lidar com alguém que fica interrompendo minha apresentação com perguntas irrelevantes?
6. Qual o pior erro cometido por apresentadores?
7. Como devo lidar com pessoas que saem da sala antes do final da minha apresentação?
8. Quando devo convidar a platéia a fazer perguntas?
9. Quais os tipos de folhetos e materiais de apoio mais eficientes?
10. Qual a melhor maneira de apresentar estatísticas?
11. Nos casos em que sou membro de um painel de três especialistas, o que devo fazer para garantir que um membro não repita, contradiga ou ataque o outro?
12. Como devo lidar com uma pergunta hostil?
13. Qual a melhor duração para uma apresentação?
14. Qual a melhor maneira de contar uma piada?
15. Como devo conseguir a atenção da platéia?
16. Qual o melhor arranjo da sala para um grupo de trinta pessoas?
17. Que precauções especiais devo tomar caso eu seja o último apresentador em uma conferência e os participantes estiverem ansiosos para ir embora?
18. Qual a melhor maneira de obter *feedback* útil da platéia?
19. Qual a melhor maneira de encerrar minha apresentação?
20. Qual a melhor maneira de abrir minha apresentação?
21. Como devo garantir que meu material de apoio visual seja eficiente?

12
Narrativa

Observar e analisar o desempenho de especialistas é uma boa maneira de dominar habilidades de apresentação. Com a poderosa tecnologia de filmadoras leves disponível hoje, tornou-se mais fácil gravar e assistir a vídeos de qualidade. Com quatro gravações diferentes, a Narrativa evita que se copie excessivamente o estilo de um só mestre da oratória.

Objetivo

Descobrir, discutir e aplicar as melhores práticas de narrativa corporativa.

Participantes

Mínimo: 8.

Máximo: Qualquer número.

Ideal: 12 a 20.
(Os participantes são organizados [e reorganizados] em equipes.)

Tempo

40 a 60 minutos.

Materiais

- Quatro conjuntos de equipamento de vídeo e monitores.
- Folhas de papel em branco.
- Canetas ou lápis.

Preparação

Faça gravações de vídeo. Selecione quatro excelentes contadores de estória e peça para que cada um escolha uma estória que possa ser contada em cerca de 7 minutos. Grave cada uma destas pessoas contando uma estória para um grupo pequeno. Certifique-se de que os narradores, as estórias que eles contam, as platéias e os objetivos da estória sejam todos diferentes entre si.

Fluxo

1ª Rodada. Análise

Instrua os participantes. Explique que a narrativa é uma poderosa ferramenta de comunicação e que todos os trabalhos envolvem contar estórias – para clientes, colegas de trabalho, membros da equipe e gerentes.

Instale quatro estações de vídeo. Instale um aparelho de vídeo e um monitor em quatro salas diferentes, se possível. Caso não seja, instale-os em quatro cantos diferentes da sala para minimizar a interferência.

Divida os participantes em quatro equipes com aproximadamente o mesmo tamanho. Não é problema que uma equipe tenha um participante a mais ou a menos do que as outras. Designe uma das quatro estações de vídeo para cada equipe.

Peça a cada equipe que assista ao vídeo em sua estação. Instrua os membros das equipes a fazer anotações sobre as ações dos narradores e a identificar o que funcionou bem e o que não funcionou.

Peça às equipes que analisem as técnicas dos narradores. Depois que o segmento do vídeo terminar, incentive os membros das equipes a consolidar suas anotações e criar uma lista de *Faça e Não Faça em uma Narração*. Peça também às equipes que identifiquem as melhores práticas que elas observaram.

2ª Rodada. Compartilhar

Reorganize os participantes em novas equipes. Cada nova equipe deve ter um membro de cada estação de vídeo. Caso você tenha participantes extras (porque algumas estações tiveram um participante a mais do que as outras), inclua-os em uma ou mais das novas equipes. No final, algumas equipes terão duas pessoas da mesma estação de vídeo, mas isso não deve representar problema algum.

Peça às novas equipes que compartilhem suas diretrizes para narração. Comece pedindo que cada membro compartilhe as melhores práticas observadas no vídeo. Incentive-os a continuar, compartilhando e consolidando suas listas de *Faça e Não Faça*. Convide-os a discutir contradições aparentes, lembrando situações em que comportamentos específicos foram usados.

Discussão

Convide os participantes a escolher uma situação do ambiente de trabalho para a qual a narrativa seria uma habilidade útil. Peça-os que se preparem para uma sessão de narrativa que incorpore a lista de *Faça e Não Faça*.

13
Sua Divertida Vida

Quando as pessoas me perguntam qual o segredo por trás da minha habilidade de fazer todos rir, eu honestamente não consigo saber a resposta. Todavia, eis aqui uma atividade curta para aumentar sua habilidade de descobrir humor em eventos ordinários do cotidiano. Talvez este seja o segredo.

Objetivo

Ver o lado engraçado de tudo e de todos (incluindo você mesmo).

Participantes

Mínimo: 1.

Máximo: Qualquer número.

Ideal: 10 a 20.

(Os participantes trabalham individualmente.)

Tempo

7 a 15 minutos.

Fluxo

Peça aos participantes que encontrem objetos circulares. Diga algo assim:

Rápido! Olhem ao redor e encontrem todos os objetos circulares. Trabalhem silenciosamente e sozinhos. Encontrem tantos objetos quanto puderem nos próximos 20 segundos.

Explique o objetivo. Pare por 20 segundos. Chame a atenção dos participantes e diga-lhes que o número exato de objetos circulares não importa. Mostre que os participantes não criaram estes objetos circulares. Eles já existiam no ambiente e as pessoas só os encontraram. Elas simplesmente escolheram percebê-los e concentrar sua atenção neles.

Conduza uma rápida discussão. Pergunte e discuta estes tipos de questões:

- *Você "trapaceou", incluindo partes de objetos não-circulares?*
- *Você contou o mesmo objeto duas vezes, como no caso de um CD e o buraco redondo no meio dele?*
- *Você considerou uma oval como um círculo, como no caso dos botões do seu celular?*

- *Você contou ocorrências múltiplas do mesmo objeto, como no caso de todos os pontos em um folheto ou todos os relógios na sala?*

Assegure aos participantes que estes comportamentos não são trapaça. Eles apenas estavam trabalhando em um nível mais alto de vigilância.

Peça aos participantes que encontrem situações engraçadas. Diga alguma coisa como:

Agora vamos prosseguir para a segunda parte do exercício. O exercício do círculo envolveu explorar o cenário presente à procura de um elemento físico tangível. O próximo exercício envolve explorar cenários passados em busca de um elemento conceitual intangível.

Eis como fazê-lo. Feche os olhos e pense em tudo que aconteceu na semana passada. Lembre-se de todas as coisas ***engraçadas*** *que aconteceram. Escolha encontrar coisas engraçadas que já aconteceram na semana passada. Seja criativo ao recordar eventos divertidos. Finja que você tem um admirável senso de humor e enxerga sua vida como material para uma comédia. Faça uma trapaça criativa e ponha uma face cômica em sua realidade recente. Passe uns 30 segundos fazendo isso.*

Dê instruções adicionais. Após 30 segundos, peça que cada participante se concentre em um dos episódios mais engraçados que lembrou. Peça à pessoa que o torne mais engraçado, se preciso através de distorção e exagero criativo. Incentive os participantes a continuarem trabalhando em seus incidentes divertidos até que eles explodam de rir. Anuncie outros 30 segundos para esta atividade.

Compartilhe o humor. Depois de mais 30 segundos, peça aos participantes que formem duplas e compartilhem suas estórias engraçadas com seus parceiros. Recomende que todos riam alvoroçadamente da estória do parceiro. Faça uma pausa por 2 a 4 minutos. Passeie pela sala escutando disfarçadamente as conversas.

Conduza outra discussão. Compartilhe algumas das estórias mais engraçadas que você ouviu. Então, pergunte e discuta estes tipos de questão:

- *Para você, foi fácil descobrir elementos cômicos em incidentes do dia-a-dia?*
- *Como você acha que a habilidade de rir de você mesmo reduz a tensão?*
- *Pense sobre esta atividade. Quais foram alguns dos elementos cômicos no processo?*
- *Quem são as pessoas com quem você geralmente divide suas experiências cômicas? O que acontece quando você faz isto?*
- *Você tem um comediante favorito? Como esta pessoa acha humor nos incidentes do dia-a-dia?*

14

Leve, Médio ou Pesado

Para pessoas de outras culturas, os norte-americanos falam muitas coisas de si para completos estranhos. Porém, conheci pessoas de todo o mundo que podem se beneficiar da habilidade de falar este tipo de coisa.

Objetivo

Incentivar os participantes a falarem de si.

Participantes

Mínimo: 5.

Máximo: Qualquer número.

Ideal: 10 a 50.
(Os participantes são divididos em equipes de 4 a 6 membros cada.)

Tempo

15 a 30 minutos.

Materiais

- **Cartões de estímulo.** Estes cartões contêm palavras ou frases que os participantes comentam. Crie seu próprio conjunto de mais ou menos 20 cartões adequados para seus participantes e seu tópico.

  Exemplo: Eis alguns cartões de estímulo que utilizei em um *workshop* sobre a construção de equipes: *limonada, seguidores, imposto de renda, deitões, papel, regras básicas, objetivo, desperdício de tempo, computadores, orçamento, bíper, meia-noite, janela, dinheiro, pessoas baixas, liderança.*
  Observe que algumas palavras são relacionadas ao tópico e outras são irrelevantes; algumas são insossas e outras são potencialmente embaraçosas.
- Papel em branco.
- Canetas ou lápis.

Fluxo

Distribua o material do jogo. Embaralhe os cartões de estímulo e coloque-os virados para baixo no meio da mesa.

Comece o jogo. Peça ao primeiro jogador que pegue a carta de cima e leia a palavra de estímulo em voz alta. Esta pessoa tem então de falar algo relacionado à palavra que revele um pouco de si. Ela não deve levar mais do que um minuto para falar algo.

Exemplo:

Greg toma a carta com a palavra de estímulo limonada *e diz: Quando eu tinha uns nove anos, minha mãe sempre me pedia para levar limonada pro meu avô. Eu costumava cuspir no copo antes de lhe dar a limonada porque não gostava do meu avô. Quando ele morreu recentemente, me deixou bastante dinheiro. Eu me sinto muito culpado pelo que fiz durante essa época da limonada.*

Indique a pontuação. Depois da fala, cada um dos outros jogadores levanta um, dois ou três dedos, para indicar o quão pessoal foi a revelação. Uma revelação leve recebe 1 ponto. Uma revelação pesada, emotiva e embaraçosa recebe 3 pontos. Outras revelações pertencem à categoria intermediária e recebem 2 pontos. Jogadores diferentes podem levantar um número diferente de dedos. A pessoa que fez a revelação conta o número total de dedos levantados e o escreve em um cartão de pontuação.

Exemplo:

Os quatro outros jogadores acharam que a revelação de Greg foi extremamente sentimental. Cada um lhe deu 3 pontos, num total de 12 pontos.

Permita pular uma palavra. Caso um jogador não queira falar sobre uma palavra de estímulo específica, ele pode passar sua vez, sem receber pontos nesta rodada. O próximo participante pode então usar o cartão pulado ou tomar uma outra carta.

Continue com o jogo. Peça ao próximo participante que tome uma nova carta de estímulo. Lembre a todos os jogadores que anotem suas pontuações.

Conclua o jogo. Dependendo do tempo disponível, conclua a atividade depois da terceira, quarta ou quinta rodada. Certifique-se de que todos têm o mesmo número de rodadas.

Discussão

Pergunte aos participantes sobre a sensação de desconforto ao falar coisas de si e ao ouvir as coisas que as outras pessoas disseram. Utilize estas questões para estruturar a discussão:

- *Você se sentiu desconfortável fazendo revelações sérias?*
- *Você se sentiu desconfortável ouvindo revelações sérias?*
- *Ficou mais fácil para você fazer (e ouvir) revelações sérias durante as últimas rodadas do jogo?*
- *Quando você estava crescendo, a sua família fazia revelações pessoais ou as evitava?*
- *A sua comunidade e seu ambiente de trabalho encorajam revelações pessoais?*
- *O que incentiva as pessoas a fazerem revelações pessoais? O que as desencoraja?*
- *Quando você acha que revelações pessoais são apropriadas e úteis? Quando elas são inapropriadas e inúteis?*

15
Comunicação Flex

A capacidade de apresentar a mesma mensagem de maneiras diferentes é uma valiosa habilidade de comunicação. Comunicação Flex é uma atividade que aumenta a flexibilidade da comunicação dos participantes.

Objetivo

Aumentar sua flexibilidade de comunicação.

Participantes

Mínimo: 3.

Máximo: Qualquer número.

Ideal: 10 a 30.
(Número maiores de participantes podem ser divididos em grupos de 3 a 10.)

Tempo

3 a 5 minutos.

Materiais

- Uma *Koosh® ball* (ou qualquer outra bola macia de pelúcia) para cada grupo.

Fluxo

Comece a atividade. Peça aos participantes que fiquem de pé formando um círculo. Fale uma frase e jogue a bola para um dos participantes. Esta pessoa pega a bola e imediatamente fala uma frase diferente que apresente a mesma mensagem. O participante joga a bola para outra pessoa. A outra pessoa que pegou a bola repete o processo.

Elimine os participantes. Depois de pegar a bola, um participante é eliminado se hesitar por muito tempo, repetir uma frase anterior, ou mudar de forma significativa o sentido da mensagem. O jogo continua até restar apenas um participante. Este participante é o vencedor.

Exemplo: *Durante um uso recente de Comunicação Flex, minha mensagem original foi "cala a boca!". Eis algumas das várias versões:*

Por favor, feche sua boca.

Gentilmente abstenha-se de qualquer comunicação oral adicional.

Vou te estrangular se você continuar falando!

Você já considerou a sabedoria do aforismo "o silêncio vale ouro"?

Pára de falar!

Você está falando muito. Dê aos outros a oportunidade de participar na conversa.

Shh!

É melhor manter sua boca fechada e deixar os outros se perguntarem se você é estúpido ou não do que manter a boca aberta e confirmar suas suspeitas.

16
Seqüenciamento

Você pode se lembrar melhor das coisas que fazem sentido para você. Integrar pedaços de informação em seqüências com sentido é uma habilidade de comunicação essencial. Esta atividade demonstra de forma dramática a importância do significado.

Objetivo

Seqüenciar pedaços de informação para aumentar o sentido.

Participantes

Mínimo: 2.

Máximo: Qualquer número.

Ideal: 10 a 20.
(Os participantes trabalham individualmente.)

Tempo

5 a 7 minutos.

Materiais

- O folheto de Teste de Memória nas duas versões diferentes (ambas se encontram ao final desta atividade).
- Papel.
- Lápis.
- Apito.

Preparação

Faça um número igual de cópias das duas versões do folheto e misture-as em ordem aleatória. Coloque os folhetos com a face impressa virada para baixo.

Fluxo

Instrua os participantes. Diga-lhes que você irá administrar um simples teste de memória. Distribua cópias do folheto para todos os participantes e peça-lhes que os mantenham com a face impressa virada para baixo até que você dê as instruções.

Conduza o exercício de memorização. Diga aos participantes que eles terão 40 segundos para memorizar tudo que está no verso da página. Apite para sinalizar o início do teste. Após 40 segundos, apite novamente para concluir o teste. Peça aos participantes que coloquem a folha de teste com a face impressa virada para baixo.

Conduza o teste de memória. Distribua folhas de papel em branco e um lápis para todos os participantes. Peça-lhes que escrevam uma lista de palavras do material que eles memorizaram, uma por linha, em qualquer ordem. Anuncie um limite de tempo de 1 minuto. Enquanto eles escrevem as palavras, recolha as folhas de teste.

Corrija as palavras lembradas. Depois de 1 minuto, apite e peça aos participantes que troquem suas listas de palavras e as corrijam (dando 1 ponto por palavra certa) enquanto você lê esta lista de palavras:

Capacidade

Alienígenas

Maçãs

Em

De

Verdes

Têm

Só

Azedo

Olhar

Estranhos

Sentir

A

Para

Identifique os participantes com mais pontos. Conte ao contrário a partir de 14 (a pontuação máxima possível) e encontre as 5 a 10 maiores pontuações. Continue contando ao contrário para que todos tenham uma idéia da distribuição das pontuações.

Revele o segredo. Mostre que há duas versões da folha de teste de memória, uma com a lista de palavras e outra com as mesmas palavras organizadas em seqüência, formando uma frase.

Discussão

Conduza uma discussão sobre por que é mais fácil lembrar a frase que a lista de palavras. Faça perguntas para ajudar os participantes a concluirem que organizar informações em uma seqüência apropriada lhe confere mais sentido. Discuta as implicações deste conhecimento em relação a outras coisas além de palavras e frases: parágrafos, seções e relatórios.

Teste de Memória 1

Memorize a seguinte frase:

Alienígenas estranhos têm a capacidade de sentir azedo só em olhar para maçãs verdes.

Teste de Memória 2

Memorize as quatorze palavras abaixo:

A
Alienígenas
Azedo
Capacidade
De
Em
Estranhos
Maçãs
Olhar
Para
Sentir
Só
Têm
Verdes

17
Meio a Meio

Como escritor, passo um tempo enorme editando, recortando e revisando meus artigos e livros. Não sei ao certo se todas essas revisões e alterações aflitivas melhoram meu material, mas estou certo de que tenho uma melhor compreensão e domínio do conteúdo. Esta simples percepção inspirou Meio a Meio.

Objetivo

Recordar e descrever características essenciais da tecnologia de desempenho humano.

Participantes

Mínimo: 6.

Máximo: Qualquer número.

Ideal: 10 a 30.
(Os participantes são organizados em equipes de 2 a 7.)

Tempo

20 a 30 minutos.

Materiais

- Folhas de papel em branco.
- Canetas ou lápis.

Fluxo

Instrua os jogadores. Explique que você irá facilitar uma atividade que requer a participação de todos os membros das equipes para criar uma definição curta da Tecnologia de Desempenho Humano.

Forme as equipes. Organize os participantes em três a cinco equipes de dois a sete membros cada.

Comece. Instrua cada equipe a compartilhar o que ela sabe de tecnologia de desempenho humano, identificando as principais características, e crie uma definição de exatamente 64 palavras – nem mais, nem menos. Estipule um limite de tempo de 5 minutos.

Revise as definições. Recolha as definições das equipes e as leia em voz alta. Incentive a todos que ouçam atentamente para que peguem idéias das frases de outras pessoas emprestadas para usar mais tarde. Depois de ler todas as definições, peça aos participantes que identifiquem individualmente a melhor frase, levantando a mão à medida que você lê as frases novamente. Nenhum participante pode levantar a mão mais de uma vez, nem escolher a frase de sua própria equipe.

Em uma sessão recente, esta foi a definição da equipe de Trish:

Tecnologia de Desempenho Humano utiliza uma abordagem multidisciplinar baseada em resultados para melhorar o desempenho humano. Ela utiliza uma abordagem de sistema total e um processo sistemático para identificar a lacuna entre estado ideal e estado atual, descobrir as causas desta lacuna, escolher uma intervenção apropriada para remover ou reduzir o impacto da lacuna, criar e desenvolver a intervenção escolhida e implementá-la com eficiência.

Reduza para 32 palavras. Peça às equipes que reescrevam suas definições em exatamente 32 palavras. Neste processo, elas podem tomar idéias emprestadas de outras definições. Sugira que as equipes reduzam o tamanho de suas definições removendo idéias que não são importantes, palavras supérfluas e linguagem redundante. Estipule um limite de tempo de 3 minutos.

Eis a definição condensada da equipe de Trish:

O processo de TDH envolve definir o problema em termos de uma lacuna no desempenho, escolher uma intervenção para remover a causa desta lacuna, desenhar esta intervenção e implementá-la de maneira eficiente.

Reduza em 50%. Repita o processo de recolher e ler as definições de 32 palavras. Escolha a melhor definição, como antes. Agora , peça às equipes que reduzam suas definições para a metade de seu tamanho atual (para exatamente 16 palavras) enquanto mantêm as características essenciais. Incentive as equipes a abandonar idéias secundárias ao invés de apenas eliminar palavras. Estipule um limite de tempo de 2 minutos.

Esta é a definição de 16 palavras da equipe de Trish:

Utilizar uma abordagem científica para preencher a lacuna entre o que se quer e o que se tem.

O octeto elegante. Repita o processo de recolher, ler e avaliar as definições, como antes. Peça então aos participantes que reduzam suas definições para exatamente 8 palavras, eliminando todas as idéias que não forem essenciais e refinando a linguagem. Estipule um limite de tempo de 2 minutos.

Nenhuma das definições anteriores da equipe de Trish foi escolhida como a melhor. Durante esta rodada, a equipe decidiu começar do zero e incorporar idéias emprestadas de outras equipes com sucesso. Eis o que eles escreveram:

Melhorar desempenho individual, grupal, organizacional, social e global.

As quatro últimas. Após ler e votar nas definições de 8 palavras, peça às equipes que reduzam suas definições para 4 palavras. Estipule um limite de tempo de 1 minuto para esta rodada.

Esta foi a frase criada pela equipe de Trish:

Melhorar desempenho humano sistematicamente.

Faça uma síntese da definição final. Peça às equipes para criarem suas definições finais sem qualquer limite de palavras. Incentive-as a recordar e combinar idéias essenciais e frases memoráveis das suas versões anteriores.

18
Soletrar e Contar

Jogos de improvisação ajudam a nos tornar mais espontâneos e nos ensinam a prestar atenção nos outros. Há vários anos, meu amigo Alain Rostain me ensinou uma interessante atividade de improvisação. Eis minha versão desta atividade.

Objetivo

Aumentar sua espontaneidade, capacidade de assumir riscos e atenção aos outros.

Participantes

Mínimo: 5.

Máximo: Qualquer número.

Ideal: 10 a 20.
(Grupos maiores de participantes são divididos em equipes de 5 a 7.)

Tempo

10 a 15 minutos.

Fluxo

Montagem. Faça cada grupo se sentar a uma mesa ou ficar de pé próximos uns dos outros.

Soletrando. Peça aos membros dos grupos que se revezem para soletrar a expressão TRABALHO EM EQUIPE, cada um contribuindo com a próxima letra em seu turno.

Contando. Após o grupo completar a tarefa de soletrar, peça aos membros que contem de 1 a 10, cada pessoa dizendo o próximo número em seu turno.

Contando e soletrando. Peça agora que os membros do grupo contem de 1 a 10 e soletrem a expressão TRABALHO EM EQUIPE ao mesmo tempo. Cada membro deve contribuir com o próximo número ou com a próxima letra em seu turno.

Desafio final. Depois de o grupo completar esta atividade, apresente o desafio final. Como antes, os membros do grupo têm de contar e soletrar ao mesmo tempo, com estas restrições adicionais:

- Os membros do grupo devem fechar os olhos.
- Os membros do grupo não podem dizer nada além do número ou letra apropriado.

- Qualquer membro do grupo pode começar a atividade espontaneamente dizendo a primeira letra ou número.
- Os membros do grupo não devem se revezar em seqüência. Qualquer um pode se sentir à vontade para dizer o próximo número ou letra.
- Não mais que uma pessoa pode dizer o mesmo número ou letra. Caso isto aconteça, a atividade deve começar do início. Por exemplo, se Alan disser "um" e tanto Barb quanto Chuck disserem "dois", o grupo deve recomeçar do início.

Conclusão. Espere até que o grupo tenha sucesso para encerrar a atividade com aplausos.

Discussão

Conduza uma discussão usando perguntas apropriadas para elucidar as seguintes diretrizes de ouvir ativamente:

- *Concentre-se no grupo para fazer sua equipe se apresentar bem.*
- *Aprenda e siga. Fale e ouça (em vez de falar e esperar para falar).*
- *Abandone a necessidade de controle.*

19
Trabalho Rápido

Nos últimos meses, tenho explorado o uso de palavras cruzadas em sessões de treinamento. Eis aqui uma guinada interessante que incorpora palavras cruzadas.

Objetivo

- Explorar nossa tendência a comparar nosso desempenho com o dos outros.
- Discutir o impacto de tais comparações em nossa própria auto-estima.

Participantes

Mínimo: 5.

Máximo: Qualquer número.

Ideal: 10 a 30.
(Os participantes "jogam" individualmente.)

Tempo

10 a 20 minutos.

Materiais

- Folheto de Apoio de Palavras Cruzadas. Para mais informações, veja a seção Preparação.
- Cronômetro.
- Apito.

Preparação

Faça cópias das palavras cruzadas. Há duas versões (que não estão indicadas como tais) destas palavras cruzadas: fácil e difícil. Faça uma cópia da versão difícil para cada quinto jogador. Faça cópias suficientes da versão fácil para os outros jogadores. Misture estas cópias de modo que a versão difícil seja distribuída a jogadores aleatórios.

Fluxo

Instrua os jogadores. Explique aos jogadores que esta atividade foi desenvolvida para explorar o impacto da atenção sobre a velocidade de desempenho dos jogadores. Eles estarão disputando uma corrida para ser o primeiro a resolver as palavras cruzadas. Peça aos jogadores que se ponham em um estado de ânimo positivo e se concentrem em resolver suas palavras cruzadas. Instrua-os também a se levantarem assim que resolverem todas as palavras cruzadas.

Distribua as palavras cruzadas. Dê uma cópia das palavras cruzadas a todos. Inicie o cronômetro e peça aos jogadores que resolvam as palavras cruzadas rapidamente.

Reconheça aqueles que resolvem rápido. À medida que os jogadores começam a se levantar um a um para indicar que resolveram as palavras cruzadas, informe o tempo que eles levaram e parabenize-os.

Pare a atividade. Quando a maioria dos jogadores tiver resolvido as palavras cruzadas, apite e peça a todos que parem de trabalhar em seus folhetos. Parabenize os jogadores que estão de pé e peça-lhes que se sentem.

Leia a solução. Peça a todos que confiram suas respostas à medida que você as lê. Leia estas respostas (sem ler as dicas):

1 horizontal: gato
2 horizontal: navio
5 horizontal: três
6 horizontal: cama
7 horizontal: bola
8 horizontal: correr
9 horizontal: mar
11 horizontal: verde
12 horizontal: anel
1 vertical: grana
3 vertical: hambúrguer
4 vertical: reunião
7 vertical: livro
8 vertical: chá
10 vertical: lar

Mostre que há quinze palavras nas palavras cruzadas, logo um placar perfeito é de 15 pontos. Peça aos jogadores que contem o número de respostas certas e anotem seus resultados.

Discussão

Inicie uma discussão. Encoraje os jogadores a discutir estas questões:

- *O que você acha que os jogadores que resolveram as palavras cruzadas primeiro pensam de seus próprios desempenhos?*

- *O que você acha que os jogadores que não resolveram as palavras cruzadas primeiro pensam de seus próprios desempenhos?*
- *O que você acha que os jogadores que resolveram as palavras cruzadas primeiro pensam dos que não resolveram todas as palavras cruzadas?*
- *O que você acha que os que não resolveram todas as palavras cruzadas pensam dos que resolveram?*
- *Qual o impacto do desempenho dos outros jogadores em sua auto-imagem?*
- *Algumas pessoas resolvem palavras cruzadas com freqüência, enquanto outras não estão acostumadas a elas. Como você acha que esta diferença impactou as diferenças de desempenho das pessoas?*

Revele o segredo sobre as duas versões de dicas. Explique que alguns poucos jogadores receberam um conjunto de dicas difícil. Peça que os jogadores leiam as versões fácil e difícil das dicas para algumas palavras.

Continue a discussão. Faça perguntas semelhantes a estas e incentive a discussão:

- *O que você acha que os jogadores que resolveram as palavras cruzadas pensam de seus próprios desempenhos agora?*
- *O que você acha que os jogadores que não resolveram as palavras cruzadas pensam de seus próprios desempenhos?*
- *Como saber sobre os dois conjuntos de dicas que afetou sua auto-imagem?*
- *Como os comportamentos e sentimentos dos jogadores refletem comportamentos e sentimentos semelhantes no ambiente de trabalho?*
- *A sua auto-imagem sofreu danos no ambiente de trabalho só porque você foi mais devagar do que seus colegas?*
- *Qual o equivalente no ambiente de trabalho de receber dicas fáceis e difíceis?*
- *O que aconteceria se o primeiro jogador a resolver as palavras cruzadas recebesse um prêmio em dinheiro? Como isto impactaria os outros participantes?*
- *O que aconteceria se eu não tivesse revelado o segredo sobre as duas versões de dicas? Como isto teria afetado sua auto-imagem?*
- *O que aconteceria se apenas um jogador tivesse recebido o conjunto de dicas difíceis e todos os outros terminassem de resolver suas palavras cruzadas?*
- *O que aconteceria se tivéssemos equipes para resolver as palavras cruzadas, e uma delas tivesse o conjunto de dicas difíceis e as outras de dicas fáceis? Como isto afetaria a unidade entre os membros da equipe?*

Resuma os principais *insights* das discussões. Pergunte aos jogadores como eles aplicariam estes novos *insights* em seu desempenho no ambiente de trabalho.

Palavras Cruzadas

Horizontais

1. Animal que mia
3. Dois mais um
4. Embarcação
6. Móvel usado para dormir
7. Objeto redondo usado em vários jogos
9. Mover-se com os pés, mais rápido do que andar
10. Massa de água menor do que um oceano
11. Objeto que simboliza noivado ou casamento
13. Cor da grama

Verticais

1. Dinheiro
2. Tipo de comida *fast food*
5. Encontro para se discutir algo
8. Encontrado em bibliotecas
9. _____________ preto
12. Residência

Palavras Cruzadas

Horizontais

1. Mamífero felino
3. Número primo maior do que dois em uma unidade
4. Veículo utilizado para o transporte marinho
6. Mobília do quarto
7. Objeto redondo
9. Instinto frente ao perigo
10. Massa de água entre a Europa e a África
11. Adorno corporal
13. Uma das cores confundidas por daltônicos

Verticais

1. (*Gír.*) Usado em pagamento à vista
2. Comida de origem americana
5. Encontro em que se discutem assuntos corporativos
8. Volume encadernado de folhas impressas
9. Folhas de origem asiática secas para consumo sob forma de infusão quente
12. Mãe: "Rainha do ____________"

PARTE III
Vendas e Marketing

20
O Melhor *Slogan*

Em nossas sessões de treinamento, uma das razões pelas quais poucas vezes pedimos respostas criativas aos participantes é a dificuldade em selecionar a melhor resposta. Se levarmos em conta que a popularidade está geralmente relacionada à criatividade, podemos fazer com que os participantes assumam a responsabilidade por avaliar as respostas e escolher a melhor. Quando incorporei esta idéia em alguns de meus jogos de treinamento, fiquei impressionado com o benefício adicional de quanto os participantes aprenderam no processo de avaliar várias respostas em conjunto. O Melhor *Slogan* usa esta simples idéia.

Objetivo

Criar um *slogan* que capture os elementos essenciais da missão da empresa.

Participantes

Mínimo: 6.

Máximo: Qualquer número.

Ideal: 10 a 20.

(Os participantes trabalham organizados em equipes de 4 a 7.)

Tempo

15 a 30 minutos.

Materiais

- Cartões.
- Canetas ou lápis.
- Cronômetro.
- Apito.

Fluxo

Instrua os participantes. Peça a todos que revisem a missão da empresa e identifiquem conceitos-chave. Fingindo serem redatores publicitários muito bem pagos, peça a cada participante que escreva um *slogan* de impacto que capture a essência da missão da empresa. Distribua cartões em branco para cada participante e anuncie um limite de tempo de 3 minutos.

Ofereça informações adicionais. Ao final dos 3 minutos, peça aos participantes que parem de escrever. Peça que escrevam um número de identificação de 4 dígitos no verso dos cartões. Os participantes devem lembrar este número para identificar os cartões mais tarde.

Forme equipes. Organize os participantes em equipes de 4 a 7 membros. Faça-os sentar em torno de uma mesa. Peça a alguém em cada equipe que reúna os *slogans* de cada membro da equipe e embaralhe os cartões.

Troque e avalie. Dê o pacote de cartões de *slogans* da primeira equipe para a segunda, da segunda para a terceira, e assim por diante, dando as cartas da última equipe para a primeira. Peça aos membros de cada equipe que revisem em colaboração os *slogans* e escolham o melhor, utilizando o critério que desejarem. Anuncie um limite de tempo de 5 minutos.

Conclua a atividade de avaliação. Ao final dos 5 minutos, peça a cada equipe que leia os *slogans*, guardando para o final aquele votado como o melhor. Depois que todas as equipes tiverem lido os *slogans*, peça a cada equipe que releia o melhor e identifique o autor, lendo o número no verso do cartão. Peça que estas pessoas se levantem e lidere uma salva de palmas.

Discussão

Conduza uma discussão. Faça comentários breves sobre os *slogans*, identificando os principais pontos. Discuta os tipos de questão abaixo:

- *Como o processo de criar um* slogan *contribui para entender melhor a missão de nossa empresa?*
- *Quais as semelhanças entre os* slogans? *Quais as diferenças?*
- *O que estas semelhanças e diferenças indicam sobre os vários elementos de nossa missão?*

21
O Pior do Mundo

Venho usando jogos de improvisação como uma ferramenta de treinamento há vários anos. Um dos meus jogos de improvisação favoritos é O Pior do Mundo, no qual os participantes representam erros cômicos de pessoas em profissões diferentes. Por muito tempo, eu apenas utilizei este jogo como um modo divertido de energizar os participantes. Recentemente descobri uma poderosa aplicação educacional deste jogo para treinamento de vendas.

Objetivo

Identificar e aplicar comportamentos de venda eficientes.

Participantes

Mínimo: 10.

Máximo: Qualquer número.

Ideal: 10 a 30.
(Os participantes são divididos em duplas.)

Tempo

15 a 20 minutos.

Materiais

- Um capacho ou tapete pequeno na frente da sala (isto serve como a "plataforma").

Fluxo

Convide atores. Explique que você precisa de alguns voluntários para uma atividade de improvisação teatral. Mostre que esta atividade será bem divertida.

Posicione os atores. Peça-lhes que fiquem de pé atrás da plataforma, de frente para a platéia.

Instrua os atores. Explique que os atores irão representar o pior vendedor do mundo. Apresente as seguintes instruções, em suas próprias palavras:

Vou descrever várias situações de venda.

Qualquer ator que estiver pronto para representar o comportamento errado do pior vendedor do mundo nesta situação deve subir na plataforma e representá-lo.

Esta representação deve ser curta e cômica.

Os atores não têm de se revezar em turnos; aquele que se sentir pronto para subir na plataforma deve fazê-lo. O mesmo ator pode ter mais de um turno.

Depois de um número adequado de representações desta situação, vou dar outra situação de vendas. Os atores irão repetir o mesmo procedimento. Vou continuar com o jogo até que vocês tenham explorado uma ampla variedade de situações de venda.

Descreva a primeira situação. Use uma frase. Lembre os atores que quem quiser representar o comportamento do pior vendedor do mundo nesta situação deve subir na plataforma.

Recentemente, jogamos o Pior Vendedor do Mundo com um grupo de profissionais de serviços financeiros. A primeira situação que dei foi cumprimentar o cliente.

Dê um modelo, se necessário. Depois de um tempo adequado, se nenhum ator subir na plataforma, faça você mesmo. Demonstre uma representação adequada (mas não muito brilhante). Espere então que os outros atores façam suas representações. Aplauda cada representação.

Com meu grupo recente, não precisei dar uma demonstração. Os primeiros atores imediatamente subiram na plataforma e criaram frases ultrajantes do tipo:

Olha, não vamos perder tempo com bate-papo. O que você acha de assinar este formulário de ordem agora?

Siga para a próxima situação. Descreva esta situação de vendas rapidamente. Espere que os atores façam suas representações.

Continue a atividade. Dê situações de venda novas e diferentes da sua lista. Para mudar o ritmo, convide a platéia (e os atores) a sugerir outras situações.

Conclua a atividade. Pare a dramatização quando você achar que cobriu um conjunto de situações variadas o bastante. Agradeça aos atores e lidere uma salva de palmas.

Discussão

Explique o motivo. Mostre que é mais divertido criar representações de comportamentos nocivos do que desejáveis. Uma poderosa técnica criativa chamada Reversos Duplos se baseia em criar idéias negativas e modificá-las para criar idéias positivas.

Converta as representações negativas em diretrizes positivas. Peça aos participantes que criem uma lista de Faça e Não Faça baseada nas representações anteriores.

22
Cadeia de Fornecimento

Desenhei este jogo como uma introdução ao estilo norte-americano de empreendedorismo para pessoas em países que recentemente abraçaram o Capitalismo.

Objetivo

Explorar a relação entre fornecedores, funcionários e clientes.

Participantes

Mínimo: 6.

Máximo: 100.

Ideal: 20 a 40.
(Os participantes são divididos em três subgrupos.)

Tempo

20 a 30 minutos.

Materiais

- Material de apoio, Instruções para o Grupo 1.
- Material de apoio, Instruções para o Grupo 2.
- Material de apoio, Instruções para o Grupo 3.
- Um número grande de cartões de papel (cortados ao meio).
- Dinheiro de brinquedo.
- Folhas de papel em branco.
- Canetas ou lápis.
- Cronômetro.
- Apito.

Montagem

Posicione o Grupo 1 em um lado da sala e o Grupo 3 no lado oposto. Posicione o Grupo 2 no meio.

Fluxo

Organize três grupos. Divida os participantes em três grupos de aproximadamente o mesmo tamanho. Envie os grupos para as áreas correspondentes na sala.

Instrua os jogadores. Apresente estas três informações:

- Cada grupo tem instruções diferentes.
- Cada participante trabalha independentemente, competindo com outros membros de seu grupo.
- Os membros dos Grupos 1 e 3 não podem interagir diretamente uns com os outros.

Distribua os materiais. Dê R$200 em dinheiro de brinquedo para cada membro do Grupo 3, junto com a folha de instruções. Dê R$ 5 para cada membro do Grupo 2, junto com a folha de instruções. Dê cinqüenta metades de cartões de papel para cada membro do Grupo 1, junto com a folha de instruções.

Peça que os participantes leiam suas instruções. Vá a cada grupo e responda a quaisquer perguntas.

Anuncie o início do jogo. Apite e inicie o cronômetro. Deixe que os participantes joguem por 5 minutos.

Pare o jogo. Apite ao final do período de 5 minutos.

Identifique os vencedores. Peça aos membros dos dois primeiros grupos que contem seu dinheiro. Peça aos membros do Grupo 3 que contem seus cartões. Em cada grupo, identifique o vencedor e parabenize-o.

Discussão

Relacione a atividade à cadeia cliente-fornecedor e ao ambiente de trabalho. Utilize perguntas adicionais para passar da experiência para atividades de venda a varejo em geral. Faça os seguintes tipos de perguntas para iniciar a discussão:

- *Os membros do Grupo 1 são atacadistas. Qual o principal objetivo deste grupo no jogo? Qual o objetivo de um atacadista na vida real?*
- *Qual membro do Grupo 1 ganhou o jogo? Que estratégias esta pessoa usou? Estas estratégias são parecidas com as da vida real?*
- *Os membros do Grupo 1 tentaram cooperar entre si? É possível cooperar nesta situação? Se os membros do Grupo 1 tivessem cooperado entre si, o que eles teriam conseguido?*
- *O preço de venda sugerido foi R$1. Alguém tentou vender os cartões a um preço mais baixo (ou mais alto)? Se sim, qual o motivo para isto?*
- *Você sabe o que aconteceu com os cartões depois que os vendeu para os membros do Grupo 2?*
- *Como a Internet e a globalização mudaram o modo como os atacadistas operam?*
- *Os membros do Grupo 2 são varejistas. Qual o principal objetivo deste grupo no jogo? Qual o objetivo dos varejistas na vida real?*

- *Qual membro do Grupo 2 ganhou o jogo? Que estratégias esta pessoa usou? Estas estratégias são parecidas com as da vida real?*
- *Os membros do Grupo 2 tentaram cooperar entre si? É possível cooperar nesta situação? Se os membros do Grupo 2 tivessem cooperado entre si, o que eles teriam conseguido?*
- *Alguém tentou comprar ou vender os cartões a um preço mais baixo (ou mais alto) do que o sugerido? Se sim, qual o motivo para isto?*
- *Você sabe o que aconteceu com os cartões depois que os vendeu para os membros do Grupo 3?*
- *Como a Internet e a globalização mudaram o modo como os varejistas operam?*
- *Os membros do Grupo 3 são os clientes. Qual o principal objetivo deste grupo no jogo? Qual o objetivo dos clientes na vida real?*
- *Qual membro do Grupo 3 ganhou o jogo? Que estratégias esta pessoa usou? Estas estratégias são parecidas com as da vida real?*
- *Os membros do Grupo 3 tentaram cooperar entre si? É possível cooperar nesta situação? Se os membros do Grupo 3 tivessem cooperado entre si, o que eles teriam conseguido?*
- *Alguém tentou comprar ou vender os cartões a um preço mais baixo (ou mais alto) do que o sugerido? Se sim, qual o motivo para isto?*
- *Você sabe onde os membros do Grupo 3 conseguiram seus cartões?*
- *Como a Internet e a globalização mudaram o modo como os clientes se comportam?*
- *Se você participasse do jogo novamente, que estratégias usaria se fosse um atacadista? Um varejista? Um cliente?*

Folha de Instruções para o Grupo 1

Todos os membros de seu grupo têm as mesmas instruções. Os dois outros grupos têm instruções diferentes.

Seu objetivo é ganhar mais dinheiro do que qualquer outro membro de seu grupo.

Você tem um grande estoque de metades de cartões de papel. Assine seu nome em cada metade.

Você pode vender os cartões assinados para qualquer membro do Grupo 2. Você não pode vender os cartões para mais ninguém. O preço de venda sugerido é R$ 1 por cartão.

Você pode vender até cinco cartões para a mesma pessoa de uma vez. Você não pode vender mais cartões para a mesma pessoa até que tenha vendido alguns para outra pessoa.

O jogo acaba após 5 minutos. Neste momento, se você tiver mais dinheiro no Grupo 1, você ganha o jogo.

Folha de Instruções para o Grupo 2

Todos os membros de seu grupo têm as mesmas instruções. Os dois outros grupos têm instruções diferentes.

Seu objetivo é ganhar mais dinheiro do que qualquer outro membro de seu grupo.

Você começa a atividade com R$ 5.

Seu trabalho é comprar cartões dos membros do Grupo 1, assinar seu nome abaixo da assinatura de cada cartão e vendê-los para os membros do Grupo 3.

O preço de compra sugerido dos cartões do Grupo 1 é R$ 1 cada. O preço de venda sugerido para o Grupo 3 é R$ 2 cada.

Você só pode vender um cartão por vez para um membro do Grupo 3. Você não pode vender outro cartão para a mesma pessoa até que tenha vendido um cartão para outra pessoa.

O jogo acaba após 5 minutos. Neste momento, se você tiver mais dinheiro no Grupo 2, você ganha o jogo.

Folha de Instruções para o Grupo 3

Todos os membros de seu grupo têm as mesmas instruções. Os dois outros grupos têm instruções diferentes.

Seu objetivo é reunir mais cartões do que qualquer outro membro de seu grupo.

Você começa a atividade com R$ 200. Você pode usar este dinheiro para comprar cartões dos membros do Grupo 2.

Cada cartão custa R$ 2. Certifique-se de que cada cartão tem duas assinaturas diferentes, uma abaixo da outra.

O jogo acaba depois de 5 minutos. Neste momento, se você tiver mais cartões no Grupo 3, você ganha o jogo.

23
Influência

Depois de falar com um vendedor irritante por telefone, tive um *insight* interessante: eu me comporto de uma maneira igualmente irritante quando tento influenciar os outros. Vou agora influenciar você a usar uma atividade curta baseada neste *insight*.

Objetivo

Aumentar o nível de autopercepção dos participantes sobre técnicas de influência que eles utilizam.

Participantes

Mínimo: 3.

Máximo: 10.

Ideal: 3 a 5.
(Os participantes trabalham individualmente.)

Tempo

99 segundos.

Materiais

- Folhas de papel em branco.
- Canetas ou lápis.

Fluxo

Instrua os participantes. Explique que você irá fazer uma pergunta aberta. Instrua os participantes a escrever rapidamente tantas respostas quanto puderem nos próximos 25 segundos. Incentive os participantes a escreverem as respostas que vierem à mente.

Faça a primeira pergunta: "Que técnicas lhe irritam quando alguém tenta influenciar você?" Lembre-os de escrever uma resposta imediata. Faça uma pausa por 25 segundos enquanto os participantes escrevem suas respostas.

Peça aos participantes que virem suas folhas de papel. Diga-lhes que você irá fazer uma outra pergunta. Como antes, incentive-os a escrever rapidamente tantas respostas quanto possível nos próximos 25 segundos.

Faça a segunda pergunta: "Que técnicas você usa quando tenta influenciar outras pessoas?" Não mostre que esta pergunta está relacionada à primeira. Espere 25 segundos para que os participantes escrevam suas respostas.

Peça aos participantes que comparem as duas respostas. Mostre que as perguntas estão relacionadas uma à outra. Convide os participantes a levantar a mão se eles nunca tiverem usado técnicas de influência que acham particularmente irritantes (geralmente, muito poucas pessoas levantam a mão).

Reflita sobre as inconsistências. Explique que a maior parte dos participantes achou semelhanças interessantes entre o que eles não querem dos outros e o que eles oferecem. Usando um tom amigável (ao invés de um moralista), peça aos participantes que descubram por que esta inconsistência existe.

24
Persuasão

Esta atividade foi desenhada para uso em grupos grandes. Ela serve a dois objetivos, através do conteúdo (de uma mudança na cultura organizacional) e do processo (de persuasão).

Objetivo

Foco do conteúdo: explorar fatores críticos associados com a crescente inovação organizacional.

Foco do processo: explorar fatores críticos associados com uma facilitação eficaz.

Participantes

Mínimo: 20.

Máximo: Qualquer número.

Ideal: 30 a 100.
(Os participantes são divididos em duplas.)

Tempo

30 minutos a 1 hora.

Materiais

- Questionário (duas cópias para cada participante, uma para antes do teste e outra para depois dele).
- Atribuição de Função (quatro versões diferentes, cada uma impressa em papel de cor diferente).
- Cronômetro.
- Apito.

Fluxo

Aplique o pré-teste. Diga aos participantes que você lhes dará um questionário de 30 segundos. Distribua cópias do questionário aos participantes. Peça-lhes que escolham uma das duas posições para cada item. Recolha os questionários completos e os entregue a seu co-facilitador. Caso você não tenha um co-facilitador, ponha os questionários de lado.

Atribua as funções. Distribua um número igual das quatro folhas de Atribuição de Função entre os participantes, de modo que cada um receba uma função. Peça aos participantes que passem alguns minutos lendo as instruções. Ao assumir suas funções, lembre os participantes de pôr opiniões pessoais de lado.

Monte áreas de reunião. Designe os quatro cantos da sala para os participantes com as quatro Atribuições de Função diferentes. Por exemplo, aponte para o canto superior direito da sala como o local para as pessoas com a posição de mudança estrutural. Estipule o canto diagonalmente oposto (canto inferior esquerdo) para os participantes com a posição de treinamento. Encaminhe os participantes com posições opostas (determinista *versus* oportunista) relacionadas ao segundo tópico (implantação) para os outros dois cantos diagonalmente opostos da sala.

Forme grupos. Peça aos participantes com a mesma função que sigam para suas áreas determinadas e formem grupos informais de cinco a dez membros cada. Os participantes com a mesma função não devem formar um grupo único.

Desenvolva estratégias. Peça aos participantes em cada grupo para discutir as funções que lhe foram atribuídas e criar estratégias para persuadir os outros na sala a concordarem com suas posições. Eis algumas sugestões de estratégia:

- Criar uma mensagem clara e convincente para transmitir aos outros.
- Desenvolver argumentos lógicos a favor de sua posição.
- Compartilhar estórias pessoais a favor de sua posição.

Anuncie um limite de tempo de 7 minutos para este período de desenvolvimento de estratégias.

Período de conversa. Ao final dos 7 minutos, apite e anuncie o final do período de desenvolvimento de estratégias. Peça aos participantes que mantenham conversas com pessoas das outras partes da sala individualmente, e tentem persuadi-los a aceitar suas posições. Sugira que os participantes falem com pessoas que estavam trabalhando em um tópico diferente antes de tentar persuadir pessoas com posições opostas a seus tópicos. Incentive os participantes a conduzir uma discussão em vez de apresentar sua mensagem e partir em busca de um novo ouvinte. Anuncie um limite de tempo de 10 minutos para esta fase da atividade.

Administre o pós-teste. Após 10 minutos, apite para sinalizar o final do período de conversa. Distribua cópias do questionário (o mesmo utilizado como pré-teste) e peça aos participantes que escolham uma das duas posições para cada item, como antes. Após uma pausa adequada, recolha os questionários completos e rapidamente conte o número de pessoas que escolheram cada uma das quatro alternativas.

Discussões

Discuta os resultados. Anuncie os resultados do pré-teste relacionados ao primeiro tópico em termos do número de pessoas que escolheram mudança estrutural e treinamento. Peça aos participantes que prevejam se esta distribuição mudou no pós-teste. Incentive os participantes a darem estimativas e compartilhar seu raciocínio. Anuncie os resultados reais do pós-teste para o primeiro tópico. Conduza uma discussão sobre as diferenças (ou ausência delas) entre o pré-teste e o pós-teste.

Repita o processo com o segundo tópico.

Discuta o processo. Peça aos participantes que pensem sobre as estratégias que usaram para persuadir os outros. Conduza uma discussão sobre o processo de persuasão utilizando estes tipos de pergunta:

- *Você usou a mesma estratégia para persuadir todos, ou modificou a estratégia de pessoa a pessoa? Se você mudou sua estratégia, quais foram as razões para isto?*
- *Você manteve a estratégia original desenvolvida pelo seu grupo ou a mudou? Se você mudou a estratégia, por que o fez?*
- *Sua escolha pré-teste foi diferente da posição que lhe foi atribuída? Como esta diferença impactou sua estratégia de persuasão?*
- *Se você tivesse de convencer os outros de uma posição que fosse diferente da sua posição inicial, você acabaria mudando sua própria opinião?*
- *Que tipos de estratégia outras pessoas usaram para tentar lhe convencer? Quais estratégias foram eficazes? Quais foram ineficazes?*
- *Você já tentou persuadir alguém com ponto de vista oposto em relação ao mesmo tópico que o seu? Se sim, que estratégias você usou? Quais foram os resultados?*
- *Você teve uma conversa de verdade com as outras pessoas que encontrou? Você ouviu ativamente as mensagens delas?*
- *Você mudou sua própria escolha sobre o outro tópico entre o pré-teste e o pós-teste? Se sim, o que o persuadiu?*
- *Você encontrou duas pessoas com posições opostas sobre o tópico? Qual das duas foi melhor em convencê-lo?*

Questionário de Mudança na Cultura Organizacional

Tópico 1: Qual das seguintes maneiras é a mais eficiente para tornar nossa organização mais inovadora?

- **Posição 1: Fazer mudanças estruturais.** Alterar as relações de hierarquia no organograma e modificar como os funcionários resolvem problemas e conflitos.
- **Posição 2: Oferecer treinamento.** Auxiliar os funcionários a dominar novas habilidades, conhecimentos e atitudes relacionadas a inovação organizacional.

Tópico 2: Qual das seguintes maneiras é a mais eficiente para implantar nosso projeto de maior inovação organizacional?

- **Posição 1: Assumir uma abordagem determinista.** Ter um plano específico e seguir com ele.
- **Posição 2: Ter uma abordagem oportunista.** Ser flexível e desviar do plano sempre que apropriado.

Atribuição de Função 1

Fazer mudanças estruturais. Alterar as relações de hierarquia no organograma e modificar como os funcionários resolvem problemas e conflitos.

Assuma o papel de uma pessoa que mantém esta posição ao tentar tornar nossa organização mais inovadora. Ponha de lado sua posição pessoal se ela for diferente desta posição.

Durante o período de conversa, sua missão é persuadir os outros a aceitar esta posição.

Atribuição de Função 2

Oferecer treinamento. Auxiliar os funcionários a dominar novas habilidades, conhecimentos e atitudes relacionadas a inovação organizacional.

Assuma o papel de uma pessoa que mantém esta posição ao tentar tornar nossa organização mais inovadora. Ponha de lado sua posição pessoal se ela for diferente desta posição.

Durante o período de conversa, sua missão é persuadir os outros a aceitar esta posição.

Atribuição de Função 3

Assumir uma abordagem determinista. Ter um plano específico e seguir com ele.

Assuma o papel de uma pessoa que mantém esta posição como a maneira mais eficiente de implantar nosso projeto de maior inovação organizacional. Ponha de lado sua posição pessoal se ela for diferente desta posição.

Durante o período de conversa, sua missão é persuadir os outros a aceitar esta posição.

Atribuição de Função 4

Ter uma abordagem oportunista. Ser flexível e desviar do plano sempre que apropriado.

Assuma o papel de uma pessoa que mantém esta posição como a maneira mais eficiente de implantar nosso projeto de maior inovação organizacional. Ponha de lado sua posição pessoal se ela for diferente desta posição.

Durante o período de conversa, sua missão é persuadir os outros a aceitar esta posição.

25
Situação Difícil

Recentemente, tive o prazer de ver um voluntário do Peace Corps responder calmamente e sem ficar na defensiva várias perguntas provocativas de uma multidão local em um país em desenvolvimento: "Por que os americanos são tão soltos?", "Por que todo americano tem dois carros?" Seu desempenho eficaz sugeriu uma maneira de treinar funcionários sobre como responder perguntas a respeito de suas organizações.

Objetivo

Oferecer respostas calmas e honestas a perguntas sobre sua organização.

Participantes

Mínimo: 5.

Máximo: Qualquer número.

Ideal: 10 a 30.
(Os participantes são divididos em equipes de 5.)

Tempo

8 a 15 minutos.

Materiais

- Folheto de apoio, Exemplo de Lista de Questões, uma cópia para cada participante.

Fluxo

Organize equipes. Peça aos participantes que se organizem em equipes de cinco membros cada. Distribua os participantes que restarem entre equipes diferentes, de modo que algumas delas ficam com seis membros. Peça aos membros em cada equipe que posicionem suas cadeiras em um círculo, sentados de frente uns aos outros.

Instrua os participantes. Explique que o objetivo do jogo é pensar rápido e responder perguntas inesperadas de maneira rápida, calma e honesta. Convide os participantes a sugerir algumas diretrizes para realizar isto, mas não gaste muito tempo se preparando. Distribua cópias do folheto de apoio e explique que estas são perguntas de exemplo. Demonstre que algumas questões são neutras, enquanto outras são provocativas. Explique que os participantes podem selecionar, modificar e utilizar qualquer uma destas perguntas, ou criar as suas próprias, desde que sejam pertinentes à organização.

Comece a atividade. Em cada grupo, peça à pessoa mais alta que comece a primeira rodada de responder perguntas. Explique que ela estará numa posição difícil nos próximos 2 minutos. Peça aos outros participantes que comecem a gritar as perguntas (certificando-se de que elas são pertinentes à organização) em alta velocidade. Peça à pessoa que dê respostas precisas de uma maneira que não seja defensiva. Diga aos outros que eles não têm de se revezar ou esperar uma resposta completa antes de disparar mais perguntas.

Repita a atividade. Apite ao final dos 2 minutos. Peça a outro participante em cada equipe que fique na posição difícil, e peça aos outros que continuem disparando perguntas como antes. Incentive os participantes a repetir as mesmas perguntas de tempo em tempo. Continue esta rodada por 2 minutos. Apite e troque para a próxima pessoa em situação difícil. Repita até que todos tenham a oportunidade de responder perguntas.

Discussão

Discuta as perguntas difíceis. Reúna todas as equipes para uma discussão. Convide os participantes a identificar as perguntas mais difíceis que eles encontraram. Incentive outros participantes a se lembrarem e sugerir respostas adequadas. Adicione suas sugestões.

Discuta diretrizes. Peça aos participantes que sugiram diretrizes para manter a calma e a objetividade enquanto são bombardeados com perguntas, incluindo as hostis. Incentive os participantes a basear suas sugestões no que fizeram, no que observaram outras pessoas fazerem, e quais outras idéias tiveram. Adicione suas próprias diretrizes quando apropriado.

Exemplo de Lista de Perguntas

1. Como sua companhia recebe comentários de seus clientes?
2. É verdade que sua companhia está planejando fechar suas lojas em cidades pequenas? Qual sua justificativa para esta decisão?
3. Por que seus procedimentos de teste envolvem crueldade com os animais?
4. Por que sua companhia está terceirizando muitos empregos e demitindo seus funcionários?
5. Quais os benefícios que seus funcionários de tempo integral recebem?
6. Há quanto tempo sua companhia tem capital aberto?
7. É verdade que sua companhia está interferindo na política de pequenas nações asiáticas?
8. Qual a política da sua companhia quanto à terceirização?
9. Por que você vende produtos feitos em fábricas de trabalho escravo em países em desenvolvimento?
10. Quais seus planos de curto prazo?
11. Qual sua política de devoluções?
12. Por que sua companhia contrata estrangeiros ilegais?
13. Por que sua sede está localizada nas Ilhas Cayman?
14. Quem é seu atual Diretor-Executivo?
15. Por que sua companhia está exportando as funções de *design* para outros países?
16. Que projetos comunitários sua companhia apóia?
17. Como sua companhia planeja lidar com a competição da China.
18. Quando sua companhia foi fundada?
19. Quantos funcionários sua companhia tem?

20. Como os jovens podem conseguir um emprego em sua companhia?

21. Como sua companhia garante que as pessoas mais pobres possam comprar seus produtos?

22. Qual foi seu lucro total no ano passado?

23. Qual a porcentagem de funcionários que são minorias?

24. Qual sua margem de lucro?

25. Qual a política da sua companhia quanto à proteção ambiental?

26. Por que sua companhia não tem mulheres entre os gerentes de nível mais alto?

27. Por que sua companhia discrimina as mulheres?

28. Qual seu melhor produto?

29. Por que o Diretor-Executivo ganha tanto dinheiro, quando o salário dos funcionários é tão baixo?

30. Por que você não tem uma linha direta para os clientes?

PARTE IV
Trabalho em Equipe

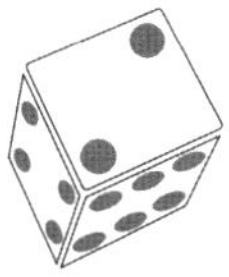

26
CCF

Ao trabalhar com estudos de caso, descobri que as pessoas que escrevem casos aprendem muito mais do que aquelas que analisam casos prontos. Além disso, de um ponto de vista educacional, criar casos fictícios é mais eficaz – e mais divertido – do que criar casos reais. A sigla CCF quer dizer Criação de Caso Fictício. Isto é exatamente o que você irá fazer nesta atividade.

Objetivo

Reconhecer e aplicar os quatro estágios no desenvolvimento de uma equipe.

Participantes

Mínimo: 10.

Máximo: 100.

Ideal: 15 a 30.

(Os participantes são divididos em 5 ou mais equipes, cada uma com 2 a 7 membros.)

Tempo

1 a 2 horas.

Materiais

- Folheto de apoio, Quatro Estágios de Desenvolvimento de Equipes, uma cópia para cada participante.
- Folheto de apoio, Exemplo de Caso 1: A Equipe de Qualidade, uma cópia para cada participante.
- Folheto de apoio, Exemplo de Caso 2: Contato Alienígena, uma cópia para cada participante.
- Um *flip-chart* para cada equipe.
- Canetas para *flip-chart*.
- Cronômetro.
- Apito.
- Fita crepe.

Fluxo

Distribua os folhetos de apoio. Dê uma cópia de cada um dos três folhetos de apoio para cada participante. Peça-lhes que usem alguns minutos para folhear o material.

Instrua os participantes. Depois de uma pausa apropriada, apite e explique como os folhetos irão ajudar o desempenho da tarefa. Explique que os participantes formarão equipes que irão escrever estudos de casos fictícios sobre o desenvolvimento de várias equipes. O folheto sobre os estágios do desenvolvimento de equipes oferecerá o argumento do material de ficção que os participantes irão criar. Ambos os casos de estudo são de equipes anteriores com participantes típicos. Eles não são exemplos perfeitos do que se pede das equipes hoje.

Forme equipes. Peça aos participantes que criem cinco equipes com aproximadamente o mesmo tamanho. Não importa se algumas tiverem um membro a mais do que outras. Peça aos membros das equipes que fiquem de pé em torno do *flip-chart* e se apresentem uns aos outros.

Peça às equipes que escrevam o prólogo. Peça a cada equipe que forneça o contexto para o caso de estudo fictício, escrevendo um prólogo. Recomende que incluam neste prólogo respostas para as perguntas de o quê, por quê e onde relacionadas à equipe, especificando o mandato para a equipe, o contexto organizacional, o número e a natureza de seus membros. Convide os participantes a revisar as seções de prólogo dos dois exemplos de casos. Sugira o limite de uma página de *flip-chart* e anuncie um limite de tempo de 7 minutos para esta atividade.

Peça às equipes que sigam para o próximo *flip-chart*. Após 6 minutos, apite e anuncie um aviso de 1 minuto faltando. Após 7 minutos, apite para indicar o final da atividade. Peça aos participantes que se desliguem emocionalmente do prólogo que criaram e prossigam para o *flip-chart* da próxima equipe com uma mente aberta (a última equipe segue para o *flip-chart* da primeira equipe).

Peça às equipes que escrevam o Capítulo 1. Sugira aos participantes que esqueçam o prólogo anterior que criaram e estudem com cuidado o novo prólogo do *flip-chart* para o qual seguiram. Explique que cada equipe vai escrever o primeiro capítulo do estudo de caso fictício tratando dos detalhes interessantes do estágio de formação no desenvolvimento de equipes descrito neste prólogo. Convide os participantes a revisar os primeiros capítulos dos dois exemplos de caso. Sugira um limite de uma página de *flip-chart* para este capítulo e anuncie um limite de tempo de 7 minutos para esta atividade.

Repita o processo para o Capítulo 2. Após 6 minutos, apite e anuncie um aviso de 1 minuto faltando. Após 7 minutos, apite para indicar o final da atividade. Como antes, faça um rodízio das equipes para os *flip-charts* seguintes. Explique que cada equipe agora vai escrever o segundo capítulo, para continuar a estória em progresso em seus novos *flip-charts*. Antes de começar seu processo criativo, cada equipe deve ler com cuidado o prólogo e o primeiro capítulo para garantir uma continuidade suave. Recomende que as equipes revisem a descrição do estágio de *tempestade* no panfleto de quatro estágios, bem como o segundo capítulo dos dois exemplos de caso. Anuncie o limite de páginas e um limite de tempo de 10 minutos.

Continue o processo. Conclua a atividade do segundo capítulo após 10 minutos. Repita o mesmo procedimento para o terceiro capítulo (normatização) e para o quarto (desempenho).

Conclua a atividade. Após completar o quarto capítulo, peça a cada equipe que poste as cinco páginas de *flip-chart* em uma localização conveniente na parede. Convide a todas as equipes que caminhem pela galeria e leiam os vários estudos de caso, prestando atenção em especial a como as equipes integraram as cinco contribuições diferentes.

Discussão

Peça às equipes que examinem os estágios em seu próprio desenvolvimento. Depois de uma pausa apropriada, reúna todos os participantes de volta para uma sessão de discussão. Resuma rapidamente os detalhes dos quatro estágios no desenvolvimento de equipes e discuta como eles se manifestaram nos cinco casos diferentes. Peça então aos participantes que apliquem estes quatro estágios ao desenvolvimento de sua própria equipe CCF hoje. Pergunte e discuta estas duas questões:

- *Em qual estágio de desenvolvimento sua equipe está?*
- *O que aconteceu à sua equipe durante os estágios anteriores de desenvolvimento?*

Dê continuidade à atividade. Diga aos participantes que você irá digitar os estudos de casos fictícios de hoje e postar todos em um *website* (mantenha esta promessa).

Quatro Estágios do Desenvolvimento de Equipes

Em 1965, B. W. Tuckman, que estudava o comportamento de pequenos grupos, publicou um modelo sugerindo que todas as equipes passam por quatro estágios distintos em seu desenvolvimento.

Formação. O primeiro estágio no desenvolvimento de uma equipe é a *formação*. Durante este estágio, os membros das equipes estão inseguros sobre o que estão fazendo. Seu foco é compreender os objetivos da equipe e seus papéis. Eles se preocupam se os outros membros irão aceitá-los ou não. Os membros da equipe buscam clarificações de seu líder com freqüência.

Tempestade. O segundo estágio no desenvolvimento de uma equipe é a *tempestade*. Durante este estágio, os membros da equipe tentam se organizar. Este estágio é marcado por conflito entre os membros, e entre os membros e seu líder. Através deste conflito, a equipe tenta se definir.

Normatização. O terceiro estágio no desenvolvimento de uma equipe é a *normatização*. Este estágio vem depois do estágio tempestade, depois que os membros da equipe conseguiram resolver seus conflitos. Eles agora se sentem mais seguros um com o outro e com seu líder. Eles negociam com eficiência a estrutura da equipe e a divisão de trabalho.

Desempenho. O quarto estágio no desenvolvimento de uma equipe é o *desempenho*. Durante este estágio, os membros da equipe se comportam de uma maneira madura e se concentram em alcançar seus objetivos. Este estágio é marcado pela comunicação direta de duas vias entre os membros da equipe.

Exemplo de Caso 1: A Equipe de Qualidade

(Criado por Steve, Sara, Les, Matt e Raja)

Prólogo

A pequena agência governamental subitamente precisava criar "equipes de qualidade". Uma equipe de funções diversas, mas surpreendentemente inteligente, foi recrutada a partir de várias unidades da agência. A equipe recebeu um mandato para melhorar o fluxo de trabalho e o *esprit de corps* da agência.

Capítulo 1. Formação

Alguns problemas surgiram imediatamente – o que quer dizer *melhorar o fluxo de trabalho?* Como eles poderiam melhorar o *esprit de corps* da agência? Um grupo dentro da equipe achava que *melhorar o fluxo de trabalho* simplesmente queria dizer acelerar o processo, de modo que os resultados finais poderiam ser produzidos mais rapidamente. Outro grupo achava que isto queria dizer simplificar as tarefas das pessoas que fazem o trabalho de verdade. Ninguém parecia concordar sobre como melhorar o *esprit de corps*.

Capítulo 2. Tempestade

As discussões freqüentes da equipe sugeriam exatamente o oposto de melhor fluxo de trabalho e *esprit de corps*! A equipe concordou em se reunir semanalmente, mas parecia que isto era tudo em que concordara. Arlene foi indicada como líder do comitê pelo diretor da agência. Todavia, os membros não liam seus *e-mails* e não retornavam suas ligações. O funcionário de atendimento ao cliente na equipe dava as costas à funcionária do departamento financeiro sempre que ela falava alguma coisa. Arlene iniciou a reunião.

"Senhoras e senhores", ela disse, "nós simplesmente precisamos ir pra frente. Vou delegar algumas tarefas, e preciso que vocês estejam prontos para relatar sobre elas na reunião da próxima semana". O técnico de informática murmurou algo para o funcionário de atendimento ao cliente, que riu baixo.

"O que foi?", Arlene perguntou.

"Bom, é bom você ficar sabendo logo de uma vez", ele respondeu. "O rumor é que a única razão pela qual você está liderando esta equipe é porque está dormindo com o diretor. As pessoas não estão muito contentes com isso."

Arlene respirou fundo. "Em primeiro lugar", ela disse, "esses rumores não são verdadeiros. Em segundo lugar, eu fui indicada para ser a líder aqui, e espero que estas tarefas sejam executadas".

Ela parou por um minuto. A equipe não tinha estado tão quieta assim desde sua formação. Todos olhavam intensamente para longe um do outro.

"Já que praticamos alguns comportamentos que não são saudáveis", Arlene continuou, "vamos estabelecer algumas regras básicas para o comportamento da nossa equipe".

Capítulo 3. Normatização

Estabelecer regras, concordar em segui-las, e então segui-las acabaram sendo coisas bem diferentes. Na reunião seguinte, Arlene decidiu comentar sobre uma crença pessoal e extremamente errônea sobre sua chegada ao poder. Ela começou a reunião dizendo claramente que o rumor não era verdadeiro. Então, através de um diálogo aberto, as pessoas começaram a acreditar realmente que queriam prejudicar Arlene. Para encerrar a reunião, a equipe revisou seu objetivo e se comprometeu a apoiá-lo e seguir adiante.

Capítulo 4. Desempenho

Assim, depois de um começo muito ruim, a equipe realmente começou a trabalhar em sua tarefa. As coisas não eram perfeitas – eles tiveram problemas e desentendimentos mais tarde – mas todos respeitavam Arlene e aceitaram a importância da tarefa e da honestidade quanto a seus problemas.

Exemplo de Caso 2: Contato Alienígena

(Criado por Steve, Sara, Les, Matt e Raja)

Prólogo

Alienígenas enviaram uma mensagem de rádio para a Terra, anunciando que sua espaçonave virá ao planeta em sete dias. Você foi escolhido como parte de uma equipe para criar idéias e sugestões ao Presidente dos Estados Unidos. Sua equipe deve partir da premissa de que os alienígenas serão hostis, e decidir o que devemos fazer.

Capítulo 1. Formação

Cada membro da equipe é um especialista reconhecido em uma área diferente. A equipe inclui um físico, um estrategista militar, um médico, um engenheiro de sistemas e um antropologista. Um facilitador de inteligência artificial também faz parte do grupo, já que eles são comuns nessa época. Quase que imediatamente, o estrategista militar perguntou aos próprios membros da equipe sua percepção da situação. Em 15 minutos, dois padrões de resposta ficaram aparentes: defesa peremptória *versus* diálogo. O estrategista militar pediu então ao grupo que indicasse o antropologista como líder.

Capítulo 2. Tempestade

A sugestão do estrategista militar desencadeou um debate imediato.

"Por que você está sugerindo que Arthur, o antropologista, seja nosso líder?", perguntou o médico John Richter. "A liderança deve se basear em qualificações, não em indicação."

"Espere um pouco", disse Ken Caulton, o físico. "Certamente precisamos de um processo de tomada de decisão mais amplo que inclua mais que só qualificações. Tenho vinte e cinco anos de experiência, e sou extremamente bem considerado no campo de astrofísica teórica."

"Calma, calma", Arthur Johnson, o antropologista, gritou. "Só temos duas horas para submeter nossas recomendações ao presidente. Não podemos perder tempo precioso com este tipo de discussão."

Capítulo 3. Normatização

"Arthur está certo", disse o engenheiro de sistemas de maneira calma. "Devemos priorizar nossa tarefa. Todos nós concordamos que submeter uma recomendação é nossa maior prioridade? Bom. Então como podemos escolher um líder de maneira rápida, dadas as diferenças de opinião que acabamos de ver?"

A discussão foi curta: a equipe selecionou o facilitador de inteligência artificial para guiar a reunião.

Capítulo 4. Desempenho

Sob a orientação deste robô facilitador, os membros da equipe conseguiram contornar os egos na sala e ver as contribuições que cada um estava dando. O antropologista demonstrou uma compreensão profunda de comunicação inter-racial e ajudou a equipe a decidir quais ações poderiam parecer hostis, e quais poderiam parecer amigáveis, a uma cultura sem qualquer referência comum ao planeta Terra. O médico adicionou algumas especulações sobre as funções biológicas que os alienígenas poderiam ter em comum com os humanos. O General Richter foi firme em sua convicção de atacar primeiro.

"Você está disposto a arriscar a vida de todos na Terra e esses alienígenas não serem hostis? Temos que partir do princípio de que eles vêm nos observando há algum tempo, com sua tecnologia superior. Vamos sangrá-los no nariz agora e eles irão respeitar nossa força quando entrarmos em contato."

Eventualmente, aconteceu uma coisa engraçada. A história, que normalmente está fadada a se repetir, tornou-se o princípio que orientou a decisão do grupo. Arthur sugeriu que a equipe olhasse para conflitos anteriores. Em nenhum ponto da história um ataque peremptório em nome da autodefesa em potencial levou a algo de bom.

O físico sugeriu que o grupo do presidente deveria primeiro tentar se comunicar. "Se não tivermos resposta, talvez devêssemos pensar em um primeiro ataque. Mas como podemos em sã consciência atacar um grupo de pessoas sem compreender totalmente seus motivos? O que faz que estejamos certos neste caso? O que nos torna bons? Atacar primeiro vai contra os valores do nosso planeta."

O estrategista militar limpou a garganta. "É melhor ir contra um valor estúpido e continuar vivo, ou viver por um conjunto de valores e morrer?"

O físico disse: "Claro que é melhor ficar vivo, mas não somos mais que robôs programados a sobreviver a qualquer custo. Temos uma moral que achamos que faz de nós mais do que outra espécie de mamíferos".

O debate continuou por várias horas, culminando em uma estratégia de alto nível que todos na equipe apoiavam. E o estrategista militar e o físico se tornaram grandes amigos.

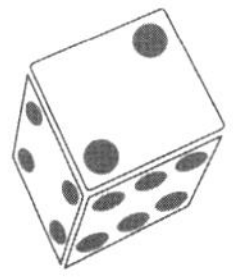

27
Conceitos de Trabalho em Equipe

Seu cérebro lembra imagens mais claramente e por mais tempo do que lembra palavras. Conceitos de Trabalho em Equipe faz você desenhar figuras e as interpretar. O jogo também exige uma combinação interessante de cooperação e competição entre os jogadores.

Objetivo

Revisar e integrar conceitos e princípios de trabalho em equipe.

Participantes

Mínimo: 4.

Máximo: Qualquer número.

Ideal: 10 a 20.
(Os participantes são divididos em grupos de 4 a 7.)

Tempo

15 minutos a 1 hora.

Materiais

- 20 a 30 cartões de jogo relacionados a trabalho em equipe. Cada cartão tem uma palavra, uma frase, ou uma sentença.

  Exemplo de cartões de jogo:

  Palavra: Facilitador.

  Frase: Estágios de desenvolvimento.

  Sentença: Não existe "EU" em trabalho em equipe.
- Papel e lápis.
- Cronômetro.

Fluxo

Artista. Escolha um jogador para ser o primeiro "artista". Peça a este artista que tome um cartão de jogo, leia-o em silêncio e deixe-o escondido dos outros jogadores.

Cronômetro. Peça a um jogador que ajuste o cronômetro para 1 minuto e comece o jogo.

Tarefa. Peça ao artista que desenhe uma série de figuras em uma folha de papel em branco para transmitir a mensagem. O artista não deve usar qualquer texto ou número.

Adivinhação. Enquanto o artista desenha rapidamente as figuras, peça aos outros participantes que tentem adivinhar a mensagem e gritem o que acham.

Conclusão. Se um jogador gritar a mensagem certa, o artista diz "pronto!" e mostra a mensagem do cartão.

Pontuação. O artista e o jogador que adivinhou a mensagem certa ganham um ponto cada.

Tempo. Caso o tempo acabe antes que os jogadores adivinhem a mensagem, ninguém ganha pontos. Nesta situação, o artista mostra o cartão a todos e o coloca em uma pilha de descarte.

Repetição. Escolha outro jogador para ser o artista. Repita o mesmo processo até que acabe o tempo ou os cartões. O jogador com mais pontos ganha o jogo.

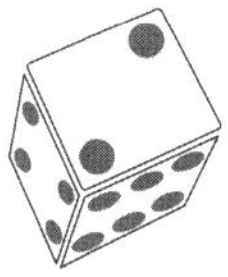

28
Treinadores Secretos

Como facilitador, um de meus objetivos é me levar à falência ao deixar que os membros de uma equipe assumam a responsabilidade por conduzir reuniões eficientes e inclusivas. Treinadores Secretos é uma atividade complementar que pode ser incluída em qualquer reunião regular para garantir a distribuição da facilitação.

Objetivo

Garantir participação igual e eficaz de todos os membros da equipe.

Participantes

Mínimo: 5.

Máximo: 15.

Ideal: 5 a 10.
(Os participantes trabalham individualmente.)

Tempo

Adicione 10 minutos ao tempo planejado para a reunião.

Materiais

- Cartões de papel.
- Papel e lápis.

Fluxo

Estipule protegidos. No começo da reunião, peça a cada participante que escreva seu nome em um cartão de papel. Reúna estes cartões, vire-os com a face para baixo, embaralhe-os e passe-os entre os participantes. Todos retiram uma carta, observando que ela não contenha seus próprios nomes. O nome no cartão (que é mantido escondido dos outros participantes) é o protegido secreto daquela pessoa.

Monitore a participação. Durante a reunião, peça a todos que contribuam para a discussão. Além disso, cada participante monitora seu protegido e garante que ele participe apropriadamente. Os participantes fazem isto sutilmente, sem deixar que os outros adivinhem quem é o protegido de quem.

Exemplo: *Caso seu protegido, John, esteja calado, você pode encorajá-lo dizendo: "o que você acha da idéia de Mary, John?" Por outro lado, se John dominar a discussão, você pode perguntar a Mary: "o que você acha da idéia de John, Mary?"*

Explique: *Lembre-se, a idéia é que você não seja descoberto. Então, faça seus comentários a várias pessoas durante a reunião. Além disso, trabalhe indiretamente através de outra pessoa para treinar seu protegido.*

Conclua a reunião. Reserve 5 minutos no final da reunião. Peça aos participantes que identifiquem seus treinadores. Peça então que cada um revele seu protegido secreto. Identifique a pessoa que realizou seu objetivo sem ser pego como o Facilitador Mais Flexível (ou o Manipulador Mais Furtivo).

29
Mudança

Eu fico irritado quando um cliente remove membros de uma equipe indicados para trabalhar comigo. Talvez eu conseguisse lidar com esta situação com muito mais calma e mais eficiência se eu tivesse jogado Mudança.

Objetivo

Lidar eficientemente com a remoção (ou adição) de um membro da equipe no meio de um projeto ou discussão.

Participantes

Mínimo: 16.

Máximo: Qualquer número.

Ideal: 20 a 40.
(Os participantes são divididos em 4 equipes.)

Tempo

30 a 45 minutos.

Materiais

- *Flip-charts* (um para cada equipe).
- Canetas para *flip-chart.*
- Cronômetro.
- Apito.

Fluxo

Organize equipes. Divida os participantes em um número par de equipes, cada uma com 4 a 7 membros. Não importa se algumas equipes têm um membro a mais do que as outras. Faça as equipes se sentarem o mais longe possível umas das outras.

Exemplo: *Você tem 22 participantes e os divide em quatro equipes. Duas equipes têm cinco membros e as outras duas têm seis. Você encaminha as quatro equipes para quatro salas separadas.*

Atribua tópicos para uma sessão de *brainstorming*. Peça à metade das equipes que discuta este tópico:

Como podemos lidar com problemas associados à perda de alguns membros de uma equipe no meio de um projeto?

Peça à outra metade que discuta este tópico:

Como podemos lidar com problemas associados a novos membros serem adicionados a uma equipe no meio de um projeto?

Diga às equipes que elas terão 10 minutos para completar sua discussão e anotar as idéias nos *flip-charts*.

Exemplo: *As duas primeiras equipes recebem o tópico de "perda" (como lidar com a perda de alguns membros da equipe). As outras duas equipes recebem o tópico "ganho" (como lidar com novos membros).*

Mude os membros das equipes. Depois que as equipes tiverem conduzido a sessão de *brainstorming* por uns 5 minutos, selecione aleatoriamente um ou dois membros de cada equipe de "perda" e peça-lhes que se juntem a uma equipe de "ganho". Faça esta mudança sem chamar muita atenção.

Exemplo: *Você vai à primeira equipe discutindo o tópico de "perda" e pede que dois membros lhe acompanhem. Você os conduz à sala onde uma equipe discute o tópico de "ganho". Você pede que estes dois membros se juntem a esta equipe e trabalhem no tópico "ganho". Você então retorna à equipe original e informa que dois de seus membros receberam outra tarefa importante. Repita este procedimento com os outros pares de equipe.*

Conclua a atividade de *brainstorming*. Ao final de 10 minutos, reúna todas as equipes na mesma sala. Explique que duas das equipes perderam membros e as duas outras ganharam alguns no meio da atividade. Demonstre que a equipe que trabalhava no tópico "perda" perdeu alguns membros, enquanto a equipe que trabalhava no tópico "ganho" ganhou alguns.

Discussão

Conduza uma discussão reflexiva. Peça a cada equipe que reflita sobre como ela reagiu à perda ou ganho de membros. Dê tempo suficiente para esta discussão. Dê prosseguimento, perguntando a cada equipe que revise sua lista de idéias. Depois de uma pausa adequada, convide cada equipe a discutir estas questões:

- *Quando sua equipe perdeu ou ganhou alguns membros, você usou as idéias que havia criado? Caso você não as tenha usado, o que lhe impediu de usá-las? Caso você as tenha usado, qual foi seu efeito?*
- *Quais as desvantagens de se perder alguns membros da equipe no meio de um projeto? Quais as desvantagens de se ganhar novos membros no meio de um projeto?*
- *O que é pior: perder ou ganhar membros?*
- *Em seu trabalho, você já fez parte de uma equipe de projeto que perdeu alguns membros? Você já fez parte de uma equipe que ganhou novos membros? Por que essas mudanças aconteceram? Qual foi o impacto dessas mudanças?*

- *Existem vantagens em perder membros no meio de um projeto? Quais? Quais as vantagens de se ganhar novos membros?*
- *Qual das suas idéias tem maior aplicação para melhorar o trabalho em equipe em sua organização?*

30
Tempo de Exibição Igual

Membros de equipes eficientes se revezam em falar e ouvir, de modo que todos participam igualmente. Tempo de Exibição Igual incentiva este tipo de comportamento ao aumentar a percepção dos membros de uma equipe quanto a falar demais.

Objetivo

Aumentar a percepção de comportamentos dominantes durante reuniões e sugerir algumas diretrizes para reduzi-los.

Participantes

Mínimo: 6.

Máximo: Qualquer número.

Ideal: 10 a 30.
(Os participantes são divididos em equipes.)

Tempo

7 a 12 minutos.

Materiais

- *Flip-charts* (um para cada equipe).
- Canetas para *flip-chart*.
- Cronômetro.
- Apito.

Fluxo

Organize equipes. Divida os participantes em equipes de tamanhos iguais, com seis a dez membros cada. Peça que cada equipe fique de pé próximo a um *flip-chart*.

Dê instruções às equipes. Explique que as equipes têm apenas 4 minutos para completar a tarefa. Nesse tempo, cada equipe deve gerar diretrizes para garantir que todos participem igualmente durante as discussões. Eles devem anotar as diretrizes no *flip-chart* e escolher as três principais.

Comece a atividade. Peça às equipes que comecem, e dispare o cronômetro. Caminhe pela sala e observe o nível de participação igualitária em cada equipe.

Conclua a atividade. Após 3 minutos, dê um aviso de 1 minuto restante. Após 4 minutos, apite novamente e pare a atividade.

Discussão

Explique seu foco. Anuncie que você está mais interessado na habilidade das equipes de falar do que na de criar uma lista brilhante de diretrizes. Diga aos participantes que você irá permitir que cada equipe decida sua eficiência sobre ter permitido tempo de exibição igual para todos seus membros.

Especifique a tarefa. Peça a cada equipe que repasse sua lista de diretrizes e veja quantas delas foram aplicadas à tarefa de preparar diretrizes para participação igualitária. Incentive as equipes a avaliar de maneira crítica sua capacidade de aplicar as diretrizes que listaram em seu próprio comportamento. Anuncie um limite de tempo de 2 minutos para esta atividade.

Incentive o planejamento de ações. Reúna todas as equipes e peça-lhes que compartilhem sua auto-avaliação e *insights*. Sugira que cada participante selecione uma das diretrizes e seja responsável por implantá-la em futuras atividades da equipe.

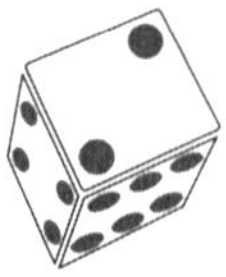

31
Expectativa e Doação

Esta é uma daquelas atividades que parecem ser mais complicadas por escrito do que na prática. Só para lhe dar uma organização antecipada, eis um resumo breve da atividade:

1. Os membros das equipes concordam quanto a um objetivo em comum.
2. Cada membro das equipes escreve três itens que espera ("expectativa") de cada um dos outros membros da equipe.
3. Sem discutir o que espera, cada membro das equipes escreve agora três itens que oferecerá ("doação") a cada outro membro.
4. Os membros das equipes organizam estes itens em uma Matriz de Expectativas e Doações e negociam suas funções e responsabilidades, a fim de alcançar uma melhor pontuação.

Objetivo

Clarificar as funções e responsabilidades de cada membro da equipe em seu esforço conjunto para alcançar um objetivo em comum.

Participantes

Mínimo: 3.

Máximo: 10.

Ideal: 3 a 5.
(Os participantes trabalham individualmente.)

Tempo

30 minutos a 3 horas. As exigências reais de tempo dependem do número de membros nas equipes e de quanto eles entendem as funções e responsabilidades dos outros membros.

Materiais

- Blocos de *Post-it®* em duas cores diferentes.
- Canetas ou lápis.
- *Flip-chart*.

- Canetas para *flip-chart*.
- Calculadora (para calcular a pontuação e porcentagens).

Fluxo

A fim de ilustrar cada passo desta atividade, incluí (em itálico) um detalhamento abrangente de uma reunião recente de uma equipe de planejamento de uma conferência que encontrei recentemente em Zurique.

Especifique um objetivo em comum. Peça aos membros das equipes que discutam seus objetivos, a fim de garantir que tenham uma idéia em comum. Incentive-os a especificar os padrões de qualidade relacionados a este objetivo.

Eric, Heidi, Peter, Sam e Thiagi se reúnem para jogar Expectativa e Doação. Eles começam a atividade lembrando uns aos outros que o objetivo da equipe é criar um folheto para a conferência internacional do próximo ano, em Zurique. Eles discutem os critérios para garantir que o folheto tenha um visual profissional, seja fácil de ler e conveniente de usar.

Apresente a Lista de Expectativas. Dê a cada membro da equipe um bloco verde de *Post-it*. Explique que eles irão criar uma Lista de Expectativas que especifica o que cada membro da equipe espera de cada um dos outros membros para ajudar a alcançar o objetivo. Peça a cada participante que escreva seu nome no topo de uma folha, seguido pela frase "espera de ____________", preenchendo com o nome de outro membro da equipe.

Cada um dos cinco membros da equipe prepara quatro Listas de Expectativas, uma para cada um dos outros membros. Por exemplo, Eric prepara estas quatro listas:

Eric espera de Heidi ...

Eric espera de Peter ...

Eric espera de Sam ...

Eric espera de Thiagi ...

Prepare as Listas de Expectativas. Peça a cada membro que liste três itens que espera de cada um dos outros membros da equipe a fim de garantir que ela alcance o objetivo. Peça a cada pessoa que trabalhe independentemente, sem falar com os outros.

Eis alguns exemplos da Lista de Expectativas de Eric:

Eric espera de Sam:

- *Uma lista de itens a serem incluídos na capa do folheto.*
- *Descrições editadas de oito* workshops *diferentes.*
- *Lista final de itens a serem incluídos no formulário de inscrição.*

Eric espera de Heidi:

- *Biografias curtas dos palestrantes das conferências.*
- *Sugestões para o* design *da capa do folheto.*
- *Aprovação em tempo da diagramação do folheto.*

Recolha as Listas de Expectativas. Após uma pausa adequada, reúna as Listas de Expectativas de cada membro da equipe, certificando-se de que haja uma lista para cada outro membro da equipe. Ponha estas listas de lado sem lê-las.

Como havia cinco membros na equipe, e como cada pessoa escreveu quatro Listas de Expectativas, a equipe produziu um total de vinte Listas de Expectativas.

Apresente as Listas de Doações. Dê a cada membro da equipe um bloco amarelo de *Post-it*. Explique que agora eles vão criar Listas de Doações, que são o contrário das Listas de Expectativas. A Lista de Doações especifica o que cada membro da equipe oferecerá aos outros membros para ajudar a alcançar o objetivo em comum. Peça a cada pessoa que escreva seu nome no topo, seguido pela frase "dá a ___________", preenchendo com o nome de outro membro da equipe.

Cada um dos cinco membros da equipe cria quatro Listas de Doações, uma para cada um dos outros membros da equipe. Por exemplo, Eric prepara estas quatro listas:

Eric dá a Heidi ...

Eric dá a Peter ...

Eric dá a Sam ...

Eric dá a Thiagi ...

Prepare as Listas de Doações. Peça a cada membro da equipe que escreva uma lista de três itens que dará a cada um dos outros membros da equipe para ajudá-la a alcançar seu objetivo. Como antes, peça a cada pessoa que trabalhe independentemente, sem falar com os outros.

Eis alguns exemplos:

Eric dá a Sam:

- *Especificações para o folheto.*
- *Modelo de diagramação de uma descrição de* workshop *típico.*
- *Três alternativas de formatos para o Formulário de Inscrição da Conferência.*

Eric dá a Heidi:

- *Um formulário em branco para listar informações sobre o hotel.*
- *Três exemplos de capa do folheto.*
- *Cópia do esboço, junto com pedidos específicos de* feedback.

Prepare a Matriz de Expectativas e Doações. Enquanto os membros das equipes estão ocupados escrevendo suas Listas de Doações, crie uma matriz no *flip-chart* e intitule cada linha e coluna com os nomes dos membros da equipe, na mesma ordem. Ignore as células diagonais com o nome da mesma pessoa como título tanto para a linha quanto para a coluna. Repare que cada uma das outras células da matriz é identificada com um nome para a linha e um outro diferente para a coluna.

Eis a matriz para a equipe de planejamento da conferência em Zurique:

EXEMPLO DE MATRIZ

	Eric	**Heidi**	**Peter**	**Sam**	**Thiagi**
Eric					
Heidi					
Peter					
Sam					
Thiagi					

Inclua as Listas de Expectativas na matriz. Organize as Listas de Expectativas que você recolheu mais cedo pelo nome da pessoa que aparece como a primeira palavra em cada lista. Trabalhe em cada coluna da matriz e cole cada lista (com seus três itens) na metade de cima de cada célula.

Eis como a matriz ficou com as Listas de Expectativas posicionadas nas células corretas. Repare que as células na diagonal (com o nome da mesma pessoa para a linha e a coluna) estão em branco:

MATRIZ COM AS *LISTAS DE EXPECTATIVAS*

	Eric	**Heidi**	**Peter**	**Sam**	**Thiagi**
Eric		Heidi espera de Eric ...	Peter espera de Eric ...	Sam espera de Eric ...	Thiagi espera de Eric ...
Heidi	Eric espera de Heidi ...		Peter espera de Heidi ...	Sam espera de Heidi ...	Thiagi espera de Heidi ...
Peter	Eric espera de Peter ...	Heidi espera de Peter ...		Sam espera de Peter ...	Thiagi espera de Peter ...
Sam	Eric espera de Sam ...	Heidi espera de Sam ...	Peter espera de Sam ...		Thiagi espera de Sam ...
Thiagi	Eric espera de Thiagi ...	Heidi espera de Thiagi ...	Peter espera de Thiagi ...	Sam espera de Thiagi ...	

Reúna e organize as Listas de Doações. Após uma pausa adequada, reúna as Listas de Doações de cada membro da equipe, certificando-se de que haja uma lista para cada outro membro da equipe. Trabalhe em cada linha da matriz e cole cada lista (com seus três itens) na metade debaixo da célula correspondente.

Eis como a matriz fica neste ponto:

MATRIZ COM AS *LISTAS DE EXPECTATIVAS* E *DOAÇÕES*

	Eric	**Heidi**	**Peter**	**Sam**	**Thiagi**
Eric		Heidi espera de Eric ... – Eric dá a Heidi ...	Peter espera de Eric ... – Eric dá a Peter ...	Sam espera de Eric ... – Eric dá a Sam ...	Thiagi espera de Eric ... – Eric dá a Thiagi ...
Heidi	Eric espera de Heidi ... – Heidi dá a Eric ...		Peter espera de Heidi ... – Heidi dá a Peter ...	Sam espera de Heidi ... – Heidi dá a Sam ...	Thiagi espera de Heidi ... – Heidi dá a Thiagi ...
Peter	Eric espera de Peter ... – Peter dá a Eric ...	Heidi espera de Peter ... – Peter dá a Heidi ...		Sam espera de Peter ... – Peter dá a Sam ...	Thiagi espera de Peter ... – Peter dá a Thiagi ...
Sam	Eric espera de Sam ... – Sam dá a Eric ...	Heidi espera de Sam ... – Sam dá a Heidi ...	Peter espera de Sam ... – Sam dá a Peter ...		Thiagi espera de Sam ... – Sam dá a Thiagi ...
Thiagi	Eric espera de Thiagi ... – Thiagi dá a Eric ...	Heidi espera de Thiagi ... – Thiagi dá a Heidi ...	Peter espera de Thiagi ... – Thiagi dá a Peter ...	Sam espera de Thiagi ... – Thiagi dá a Sam ...	

Pontue a matriz. Informe aos participantes que você irá analisar a matriz e discutir maneiras de melhorar o trabalho em equipe. Explique que cada célula na matriz pode receber um placar máximo de 3 pontos, se os itens da *Lista de Expectativas* forem os mesmos da *Lista de Doações*. Caso o placar final da matriz seja o mesmo que o da pontuação máxima possível, todos os membros da equipe dividem o mesmo mapa mental de como devem interagir entre si. Com a ajuda dos participantes, passe por cada célula na matriz e anote os pontos. Discuta as diferenças.

Eric espera de Heidi biografias curtas dos palestrantes da conferência, sugestões para o design *da capa do folheto e aprovação a tempo da diagramação dele. Heidi oferece a Eric o logotipo da conferência, os nomes dos palestrantes e* feedback *construtivo. Não há concordância entre as "expectativas" e as "doações", de modo que esta célula da matriz recebe um 0!*

Quando a equipe da conferência de Zurique terminou de pontuar todas as células na matriz, eles alcançaram um placar de 27 pontos.

Como havia 20 células na matriz (ignorando as células em branco), a pontuação máxima total era 60 pontos. O resultado final de 27 é 45% do máximo, indicando que havia bastante espaço para melhorias!

Compute e discuta placares de empatia entre membros individuais da equipe. Passe por cada linha e some as pontuações de todas as células contidas nela. Este total indica a correlação entre o que o membro da equipe está disposto a oferecer aos outros, e o que os outros querem dele. Caso o placar total para uma linha seja igual à pontuação máxima possível, este membro da equipe tem um alto nível de empatia, já que esta pessoa oferece aos outros membros exatamente aquilo que eles esperam.

Na matriz da equipe da conferência de Zurique, Heidi recebeu a maior pontuação de empatia, com 5 pontos. Como a pontuação máxima para uma linha era 12 pontos, o nível de empatia de Heidi era de pouco mais de 50%. Os outros membros da equipe pontuaram menos, com Sam pontuando tristes 15%.

Discuta maneiras de progredir para uma pontuação perfeita. Passe por cada célula na matriz. Peça aos dois membros associados à célula que expliquem o que esperam um do outro e o que estão dispostos a oferecer ao outro. Convide os outros membros da equipe a facilitar a discussão. Enfatize o fato de que todos os membros da equipe devem se concentrar em alcançar o objetivo em comum. Com base nestas discussões, revise os itens de Expectativa e Doação em cada célula para alcançar uma pontuação perfeita na matriz.

A equipe de Zurique precisou de mais de uma hora de discussão intensa antes que as expectativas e os comprometimentos de cada membro da equipe estivessem alinhados. Embora a discussão tenha sido exaustiva, todos acabaram se sentindo bem quanto à compreensão mútua.

Discussão

O efeito imediato de Expectativa e Doação é a clarificação eficaz dos papéis dos membros da equipe. Além disso, há o resultado de longo prazo em termos de melhor trabalho em grupo e comunicação. Para enfocar estes resultados, conduza uma discussão usando os seguintes tipos de pergunta:

- *Qual o melhor momento de negociar e renegociar as funções e responsabilidades dos membros da equipe?*
- *Com que freqüência devemos discutir e negociar as funções e responsabilidades – sem desperdiçar tempo produtivo?*
- *Como podemos negociar de maneira eficiente o que queremos uns dos outros e o que estamos dispostos a oferecer uns aos outros?*
- *Em caso de diferenças de opinião sobre funções e responsabilidades, qual a melhor maneira de resolver estes conflitos?*
- *Qual o nível de detalhamento apropriado no qual devemos negociar e planejar?*

32
Dinheiro Fácil

O uso de dinheiro de verdade é especialmente eficiente para explorar conceitos como confiança e assunção de riscos. Conduzir Dinheiro Fácil deve lhe custar cerca de R$ 20, mas o impacto vale a pena.

Objetivo

Explorar a confiança entre os membros.

Participantes

Mínimo: 7.

Máximo: 50.

Ideal: 12 a 25.

Tempo

15 a 45 minutos.

Materiais

- 5 envelopes em branco.
- 5 notas de R$ 20.
- Calculadora.
- Cronômetro.
- Apito.

Fluxo

Distribua os cinco envelopes em branco aleatoriamente entre os jogadores. Explique que os jogadores que receberam os envelopes são investidores, que participarão diretamente do jogo. Os outros jogadores são orientadores e espectadores.

Especifique as restrições de comunicação. Os investidores não podem falar uns com os outros. Os orientadores e espectadores podem falar entre si e com os investidores, mas eles não devem passar informações de um investidor a outro.

Explique o processo de investimento. Cada investidor deve depositar algum dinheiro em seu envelope. O valor do investimento pode variar de nada a R$ 900.

Explique as conseqüências. Você (o facilitador) irá contar o dinheiro dentro dos cinco envelopes, e irá guardá-los. O dinheiro do investimento não será devolvido. Contudo, você irá dar R$ 20 a cada investidor se o valor total dos cinco envelopes somar pelo menos R$ 79,79. Você não está interessado nos investimentos individuais, de modo que mesmo aqueles que lhe deram envelopes vazios irão receber R$ 20. Porém, se o investimento total for menor do que R$ 79,79, nenhum dos investidores recebe dinheiro algum. Você não vai nem mesmo devolver os valores investidos.

Faça uma pausa enquanto os jogadores refletem sobre as regras. Responda qualquer pergunta, repetindo a informação do parágrafo anterior.

Dê as instruções finais. Explique que os investidores terão 3 minutos para tomar suas decisões individuais, depositar em segredo os valores de investimento nos envelopes, fechá-los e escrever suas iniciais na face do envelope. Lembre aos investidores que eles podem discutir com os orientadores e os espectadores, mas não devem se comunicar com os outros investidores.

Recolha os envelopes. Após 3 minutos, apite e recolha os envelopes. Certifique-se de que as iniciais dos investidores estão escritas nos envelopes.

Realize uma auditoria. Promova um dos Orientadores a Auditor. Entregue os envelopes a esta pessoa e peça-lhe que conte o dinheiro dentro de cada envelope, registre o valor na face do envelope, ponha o dinheiro de volta e calcule o total.

Peça estimativas. Enquanto o auditor estiver contando e calculando, peça aos jogadores que façam previsões sobre o valor total (e expliquem a base para suas estimativas).

Anuncie os resultados. Peça ao auditor que relate o valor total de investimento nos envelopes.

Caso este valor seja maior (ou igual) do que R$ 79,79, dê R$ 20 a cada investidor. Fique com os envelopes e o dinheiro.

Caso este valor seja menor do que R$ 79,79, fique com os envelopes e com o dinheiro. Explique que ninguém ganha R$ 20 porque os investidores não alcançaram a exigência mínima.

Peça ao auditor que leia os valores de investimento de cada envelope, sem identificar o investidor.

Discussão

Conduza uma discussão fazendo os seguintes tipos de pergunta:

- *O que você aprendeu desta atividade?*
- *O que você aprendeu sobre confiança?*
- *O que você aprendeu sobre assunção de riscos?*
- *Como você reage a estas generalizações:*
  Algumas pessoas são mesquinhas e outras são generosas.
  Algumas pessoas não confiam nos motivos dos outros.

É possível que um investidor obtenha um lucro de R$ 20.

É mais fácil dar conselho do que tomar sua própria decisão.

A falta de comunicação aumenta a desconfiança entre os membros de uma equipe.

- *De que maneira Dinheiro Fácil lembra eventos de seu ambiente de trabalho?*
- *O que você acha que aconteceria se os investidores pudessem falar entre si, mas ainda tivessem de depositar o dinheiro em segredo nos envelopes?*
- *O que você acha que aconteceria se cada investidor pudesse receber R$ 50 em vez de R$ 20 (mas o valor total de investimento mínimo continuasse o mesmo)?*

Acompanhamento

Caso os participantes não tenham atingido a exigência mínima de investimento e, conseqüentemente, não tenham recebido dinheiro algum, devolva o envelope a cada investidor com o montante de dinheiro investido. Mas só faça isso após a discussão.

Além disso, caso os investidores atinjam a exigência e um ou mais investidores tenham contribuído com valores desproporcionalmente altos de dinheiro, devolva-lhes seu investimento menos os R$ 20 que você lhes deu.

Princípio geral ao conduzir jogos com dinheiro: Sempre pague o dinheiro que os participantes ganharem, e devolva todo o dinheiro deles – mas só faça isso após a discussão.

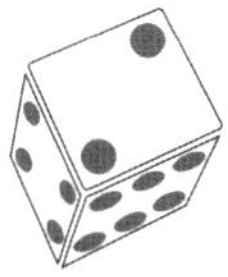

33
Sobrevivente

Gosto de incorporar quebra-cabeças educacionais em jogos de simulação para que eles funcionem como metáforas das realidades do ambiente de trabalho. Sobrevivente incorpora criptogramas para refletir a resolução de problemas baseada em equipes. Mas o principal enfoque deste jogo é o impacto da redução de quadros.

Objetivo

Explorar as causas e conseqüências da redução de quadros.

Participantes

Mínimo: 5.

Máximo: Qualquer número.

Ideal: 20 a 30.
(Os participantes são divididos em equipes de 5 a 7.)

Tempo

30 a 45 minutos.

Materiais

- Cópias do folheto Como Decifrar Criptogramas.
- Cópias do Criptograma de Exemplo.
- Cópias de seis criptogramas diferentes.
- Pedaços de papel em branco.
- Canetas ou lápis.
- Apito.
- Cronômetro.

Fluxo

Forme grupos. Organize os participantes em grupos de 5 a 7 cada. Peça aos membros de cada grupo que se sentem a uma mesa.

Indique Guardas do Jogo. Escolha o membro mais alto de cada grupo para assumir o papel de "Guarda do Jogo". Explique que os outros membros do grupo irão trabalhar como uma equipe para decifrar uma série de criptogramas, mas que os "Guardas do Jogo" não irão participar desta atividade. Em vez disso, o Guarda do Jogo garante que os membros das equipes sigam as regras do jogo.

Explique como decifrar um criptograma. Distribua cópias das instruções para decifrar e dos criptogramas de exemplo para cada equipe. Explique que todos os criptogramas usados durante esta sessão irão lidar com leis de aprendizagem. Demonstre como decifrar o criptograma, guiando os participantes pelo processo (repare que as soluções estão em uma folha seguinte a esta atividade).

Comece a decifrar o primeiro criptograma. Distribua uma cópia do primeiro criptograma para cada equipe. Peça aos membros das equipes que decifrem juntos o criptograma. Peça ao Guarda do Jogo que lhe avise quando a equipe tiver decifrado o criptograma inteiro.

Conclua a atividade de decodificação. Depois que todas as equipes tiverem decifrado o criptograma ou depois de 3 minutos, apite para indicar o fim da primeira rodada. Anuncie a solução correta. Identifique a equipe que decifrou o criptograma primeiro (ou a equipe que decifrou a maior parte das palavras nele contidas) e parabenize seus membros.

Explique a redução de quadros. Anuncie que, em uma ação de redução de quadros, cada equipe tem de eliminar um de seus membros. Peça aos Guardas do Jogo que distribuam pedaços de papel a cada membro da equipe. Peça aos membros das equipes que pensem sobre as contribuições das pessoas durante a decodificação, escrevam em segredo o nome da pessoa que contribui menos e dobrem o papel para esconder seu nome. Enfatize que os membros das equipes devem escrever o nome da pessoa que deve ser eliminada da equipe.

Elimine um membro da equipe. Peça aos Guardas do Jogo que recolham os papéis e os coloquem no meio da mesa, deixando os nomes à mostra. A pessoa cujo nome aparece em mais papéis é eliminada daquela equipe. Em caso de empate, peça aos Guardas do Jogo que escolham um dos nomes empatados para ser eliminado. Peça aos membros eliminados das equipes que se juntem a você na frente da sala.

Siga para o segundo criptograma. Distribua cópias do próximo criptograma para cada equipe. Crie também uma nova equipe, consistindo dos membros eliminados. Repita o processo de pedir às equipes que decifrem o criptograma, conclua a sessão após 3 minutos, anuncie a solução correta e identifique a equipe vencedora.

Elimine um segundo jogador. Peça aos Guardas do Jogo que repitam o processo de distribuir pedaços de papel e eliminar o membro que menos contribui em cada equipe. Conduza o mesmo processo com sua equipe de participantes eliminados anteriormente.

Repita a atividade. Continue com criptogramas adicionais e eliminações de mais jogadores, um jogador por rodada. Crie novas equipes com os participantes eliminados em cada rodada.

Conduza a rodada de eliminação final. Quando a equipe original estiver reduzida a apenas dois jogadores, anuncie uma modificação no processo eliminatório: durante esta rodada, os Guardas do Jogo (que representam o papel de consultores externos) decidem quem será eliminado.

Parabenize o sobrevivente. Identifique a pessoa que não foi eliminada durante esta rodada. Esta pessoa é a vencedora.

Discussão

A fim de garantir o aprendizado máximo desta atividade, conduza uma discussão. Incentive todos a pensar sobre sua experiência, trazer *insights* sobre o trabalho em equipe e compartilhá-los com os outros. Comece perguntando aos sobreviventes como eles se sentem em relação a sua situação atual. Continue com estes tipos de pergunta:

- *Como as pessoas eliminadas na primeira rodada se sentiram? Como as pessoas eliminadas na última rodada se sentiram?*
- *Como os membros se sentiram quanto a escolher alguém para ser eliminado?*
- *Que critérios você usou para decidir qual membro deveria ser eliminado?*
- *Que dilemas você encarou ao escolher a pessoa a ser eliminada?*
- *O que foi mais fácil: escolher a primeira ou a última pessoa a ser eliminada?*
- *O que você aprendeu desta atividade?*
- *Como esta atividade reflete o que acontece no ambiente de trabalho?*
- *O que aconteceria se o sobrevivente final ganhasse um prêmio em dinheiro? Como isto teria mudado o comportamento dos jogadores?*
- *O que aconteceria se você fosse o Guarda do Jogo? Como você teria se comportado?*
- *Que conselho você daria a uma pessoa que vai jogar este jogo pela primeira vez?*

Como Decifrar Criptogramas

Em um criptograma, cada letra na mensagem é substituída por outra letra no alfabeto. Por exemplo, QUE COMECEM OS JOGOS pode se tornar este criptograma:

YZF JSKFJFK SA BSPSA

No criptograma, Y substitui Q, Z substitui U, F substitui E, e assim em diante. Repare que todo o criptograma utiliza as mesmas substituições de letras: todo E na frase é substituído por F, e todo O é substituído por um S.

Eis algumas dicas para decifrar o criptograma:

Freqüência de Letras

As letras mais comuns do Português são a, e, o, s, r, i, n, d, m, u, t e c. As letras que mais aparecem no início de palavras são d, a, e, c e p. As letras que mais aparecem no final de palavras são a, o, e, s e m.

Freqüência de Palavras

As palavras de uma letra são e, a e o (com ou sem acento). As palavras de duas letras mais freqüentes são de, um, se, da, os, do, as, em, no, na, me, ao, eu, so, la, ja e ha. As palavras de três letras mais comuns são que, nao, uma, com, era, por, mas, dos, lhe, foi, ele, das, sua, seu, sem, ser, nem, meu, ela e ate.

Letras Dobradas

As combinações de letras dobradas mais freqüentes são rr e ss. Apenas vogais dobradas existem no final de palavras, como em vôo.

Criptograma de Exemplo

OVR WLIVULIXL: LH KZIGRXRKZMGVH

_ _ _   _ _ _ _ _ _ _ _ _ _: _ _   _ _ _ _ _ _ _ _ _ _ _ _ _ _

ZKIVMWVN Z IVKVGRI XLNKLIGZNVMGLH

_ _ _ _ _ _ _ _   _   _ _ _ _ _ _ _   _ _ _ _ _ _ _ _ _ _ _ _ _ _ _

JFV HZL KIVNRZWLH.

_ _ _   _ _ _   _ _ _ _ _ _ _ _ _.

Criptograma 1

OVR WL ZKIVMWRAWL VNLXRLMZO:

_ _ _ _ _ _ _ _ _ _ _ _ _ _ _ _ _ _ _ _ _ _ _ _ _:

VEVMGLH ZXLNKZMSZWLH KLI

_ _ _ _ _ _ _ _ _ _ _ _ _ _ _ _ _ _ _ _ _ _

VNLXLVH RMGVMHZH IVHFOGZN VN

_ _ _ _ _ _ _ _ _ _ _ _ _ _ _ _ _ _ _ _ _ _ _ _ _

ZKIVMWRAZWL WFIZWLFIL.

_ _ _ _ _ _ _ _ _ _ _ _ _ _ _ _ _ _ _ _.

Criptograma 2

OVR WL ZKIVMWRAZWL ZGREL:

_ _ _ _ _ _ _ _ _ _ _ _ _ _ _ _ _ _ _ _ _:

IVHKLMWVI ZGREZNVMGV KILWFA

_ _ _ _ _ _ _ _ _ _ _ _ _ _ _ _ _ _ _ _ _ _ _ _ _

ZKIVMWRAZWL NZRH VUGXZA JFV LFERI

_ _ _ _ _ _ _ _ _ _ _ _ _ _ _ _ _ _ _ _ _ _ _ _ _ _ _ _ _

LF OEI KZHHREZNVMGV.

_ _ _ _ _ _ _ _ _ _ _ _ _ _ _ _ _.

Criptograma 3

OVR WZ KIZGRXZ V UVVWYZXP:

___ __ _______ _ ________:

ZKIVMWRAVH MZL KLWVN WLNRMZI

__________ ___ _____ _______

SZYRORWZWVH HVN KIZGRXZ IVKVGRWZ

___________ ___ _______ ________

V UVVWYZXP.

_ ________.

Criptograma 4

OVR WZ VCKVIRVMCRZ ZMGVIRLI:

___ __ ___________ ________:

ZKIVMWRAZWL MLEL WVEV HVI

___________ ____ ____ ___

IVOZXRLMZWL (V XLMHGIFRWL HLYIV)

___________ (_ __________ _____)

Z VCKVIRVMCRZ WL ZKIVMWRA.

_ ___________ __ ________.

Criptograma 5

OVR WZH WRUVIVMXZH RMWRERWFZRH:
___ ___ _____ _____:

KVHHLZH WRUVIVMGVS ZKIVMWVN
_____ _____ _____

WZ NZMVIRZH WRUVIVMGVS.
__ _____ _____.

Criptograma 6

OVR WZ IVOVEZMXRZ:
___ __ _____:

L ZKIVMWRAZWL VURXZA V IVLVEZMGV
_ _____ _____ _ _____

KZIZ Z ERWZ V L GIZYZOSL
____ _ ____ _ _ _____

WL ZKIVMWRZ.
__ _____.

100 Jogos Favoritos de Thiagi. Copyright© 2006 por John Wiley & Sons, Inc.
Reproduzido sob permissão de Pfeiffer, uma marca do grupo Wiley. www.pfeiffer.com

Trabalho em Equipe

Soluções (Apenas para o Facilitador)

Criptograma de Exemplo

Lei do reforço: os participantes aprendem a repetir comportamentos que são premiados.

Criptograma 1

Lei do aprendizado emocional: eventos acompanhados por emoções intensas resultam em aprendizado duradouro.

Criptograma 2

Lei do aprendizado ativo: responder ativamente produz aprendizado mais eficaz do que ouvir ou ler passivamente.

Criptograma 3

Lei da prática e *feedback*: aprendizes não podem dominar habilidades sem prática repetida e *feedback*.

Criptograma 4

Lei da experiência anterior: aprendizado novo deve ser relacionado (e construído sobre) à experiência do aprendiz.

Criptograma 5

Lei das diferenças individuais: pessoas diferentes aprendem de maneiras diferentes.

Criptograma 6

Lei da relevância: o aprendizado eficaz é relevante para a vida e o trabalho do aprendiz.

34
Lixo

Existe um enorme conflito entre a competitividade corporativa e a preocupação ambiental. Lixo reflete este dilema.

Objetivo

Explorar o conflito entre proteção ambiental e competição industrial.

Participantes

Mínimo: 3.

Máximo: Qualquer número.

Ideal: 10 a 20.
(3 a 5 participantes são designados para uma mesa. Qualquer número de grupos em mesas pode jogar simultaneamente.)

Tempo

10 a 20 minutos.

Materiais

- Um baralho convencional por mesa.

Fluxo

Organize os participantes. Designe três a cinco jogadores para cada equipe. Peça a eles que separem os quatro naipes dos baralhos.

Explique o significado dos naipes. Neste jogo, os valores das cartas não importam. Todas as cartas vermelhas – sejam de copas ou ouros – são lixo regular. Espadas são lixo tóxico. Paus são cartas de monitoramento, que forçam as pessoas a revelar o que estão descartando.

Distribua as cartas. Peça ao primeiro crupiê em cada mesa que distribua a cada jogador cinco cartas vermelhas quaisquer (ouros ou copas), duas de espadas e uma de paus.

Explique o objetivo do jogo. Diga aos jogadores que a primeira pessoa a descartar todas as cartas de lixo (lixo regular e tóxico) em sua mão ganha o jogo. Os jogadores não precisam (e *não podem*) descartar a carta de monitoramento (paus).

Explique como se joga cada rodada. Durante a rodada, cada jogador escolhe em segredo uma de suas cartas e a coloca, de face para baixo, a sua frente.

Explique o que acontece se ninguém jogar a carta de paus. Caso ninguém jogue a carta de paus, todas as cartas viradas para baixo são recolhidas, embaralhadas e dispostas com a face para cima no meio da mesa ("monte de lixo"). Os jogadores agora podem ver que tipo de lixo foi descartado – mas não quem descartou o quê.

Explique o que acontece se uma ou mais cartas de paus forem jogadas. Caso uma ou mais pessoas jogarem uma carta de paus, todos os jogadores viram a face de suas cartas para cima. Cartas de lixo regular (vermelhas) são jogadas no monte. As cartas de lixo tóxico (espadas) e de monitoramento (paus) são recolhidas pelos jogadores. Cada pessoa que jogou uma carta de paus passa uma carta vermelha de sua mão para aquelas que jogaram uma carta de espadas.

Alan, Barbara, Cathy e David estão jogando em uma mesa. Durante a 1ª Rodada, Alan e Barbara jogam na defensiva e descartam uma carta vermelha. Cathy tenta ficar na dianteira logo no início e descarta uma carta de espadas. David antecipa esta ação e joga sua carta de paus. Quando as cartas são viradas para cima, Alan e Barbara jogam suas cartas no monte de lixo no meio da mesa. Cathy recolhe sua carta de espadas, e David recolhe sua carta de paus. David se livra de uma carta vermelha, passando-a a Cathy como punição.

Explique o que acontece quando se precisa de mais cartas vermelhas. Uma pessoa que jogou paus pode não ter cartas vermelhas suficientes para passar a quem jogou espadas. Nesse caso, após passar todas as cartas vermelhas de sua mão, a pessoa que jogou paus distribui tantas cartas vermelhas do monte de lixo quanto necessário.

Durante a 7ª Rodada do jogo, Alan, Barbara e David jogam espadas. Cathy joga paus. Assim, Cathy irá punir os outros três jogadores. Porém, ela só tem uma carta vermelha, que passa a Alan. Ela toma duas cartas vermelhas do monte de lixo e as passa a Barbara e David.

Explique como processar o lixo tóxico. A qualquer momento do jogo, um jogador pode trocar uma carta de lixo tóxico (espadas) por quatro cartas vermelhas do monte de lixo. Esta troca só pode acontecer quando houver cartas vermelhas suficientes no lixo.

Comece o jogo. Após explicar as regras, responda a qualquer pergunta que os jogadores façam. Peça-lhes que comecem a jogar sua primeira rodada. Caminhe pela sala, esclarecendo as regras, se necessário.

Termine o jogo. Quando um jogador tiver descartado todas as cartas de lixo e tiver ficado só com a carta de paus, o jogo daquela mesa acaba. Este jogador ganha o jogo.

Discussão

Ajude os jogadores a processar sua experiência e extrair generalizações sobre o que as pessoas fazem quando são confrontadas com um embate entre competir com os outros e se preocupar com o meio ambiente. Faça com que relacionem o comportamento metafórico do jogo com eventos da vida real.

Eis algumas generalizações que os jogadores criaram em partidas recentes de Lixo:

- *As pessoas esperam para ver como os outros se comportam antes de decidir o que irão fazer.*
- *Você se sente um idiota quando joga paus e vê que ninguém jogou uma carta de lixo tóxico.*
- *O descarte excessivo de lixo tóxico geralmente é seguido por jogadas zelosas de paus.*
- *As pessoas reagem de maneira diferente quando são pegas – e quando tentam se livrar das cartas tóxicas.*
- *As pessoas se concentram tanto em vencer que não prestam atenção ao significado das cartas de espadas.*
- *Você fica pra trás se empregar todos os seus recursos no monitoramento dos outros. A maioria das tentativas de monitoramento colaborativo (p. ex., revezar-se para jogar a carta de paus) é fútil.*
- *As pessoas dizem uma coisa e fazem outra em situações competitivas.*
- *É difícil seguir as regras quando você sabe que os outros não estão seguindo.*

35
Lute Direito

O gerenciamento de conflito é a fundação para a paz na Terra. No ambiente de trabalho, é uma habilidade de comunicação interpessoal essencial, que pode contribuir diariamente para uma vida pessoal e profissional eficiente. Lute Direito é uma coleção de três jogos de representação que ajudam os participantes a adquirir habilidades de gerenciamento de conflito. Todas essas representações são realizadas em trios. Os participantes avançam de comportamentos naturais através de mediação para a automediação.

Objetivo

Explorar fatores associados ao gerenciamento de conflito, mediar conflitos de maneira eficiente, e utilizar técnicas de automediação para resolver conflitos.

Participantes

Mínimo: 3.

Máximo: Qualquer número.

Ideal: 10 a 30.
(Os participantes são divididos em trios.)

Tempo

45 a 90 minutos.

Materiais

- Os seguintes cenários de representação:

  Gerenciamento de Projeto: A Estória de Alan.

  Gerenciamento de Projeto: A Estória de Barbara.

  Atendimento ao Cliente: A Estória de Bob.

  Atendimento ao Cliente: A Estória de Cathy.

  Prazos: A Estória de Chuck.

  Prazos: A Estória de Angela.

- *Checklist* de Observação (para uso durante a representação de Gerenciamento de Projeto).
- *Checklist* de Mediação (para uso durante a representação de Atendimento ao Cliente).
- Diretrizes de Mediação (para uso durante a representação de Atendimento ao Cliente).
- *Checklist* de Observação (para uso durante a representação de Prazos).
- Cronômetro.
- Apito.
- *Flip-chart*.
- Canetas para *flip-chart*.

Fluxo

Representação 1: Gerenciamento de Projeto

Organize os participantes. Divida os participantes em trios. Caso haja um ou dois participantes a mais, peça-lhes que venham à frente da sala e lhe ajudem a conduzir a atividade distribuindo folhetos de apoio, mantendo o tempo e observando os participantes. Em cada trio, peça aos participantes que se atribuam as letras de identificação A, B e C.

Distribua cópias do *Cenário de Representação Gerenciamento de Projeto*. Em cada trio, A recebe a estória de Alan e B recebe a de Barbara. Peça aos participantes que leiam os cenários e se preparem para a representação.

Instrua os participantes. Chame os Cs à frente da sala e dê-lhes cópias do *Checklist de Observação*. Repasse cada item da lista e responda às possíveis perguntas. Enfatize que a tarefa dos Cs é observar a representação e anotar comportamentos e frases interessantes.

Inicie a representação. Ajuste seu cronômetro para 5 minutos. Peça ao Alan e à Barbara de cada trio que representem o confronto.

Conclua a representação. Ao final dos 5 minutos, anuncie o encerramento da representação. Peça aos atores que aguardem por alguns instantes para saírem de seus personagens e para voltarem à realidade. Incentive os participantes a falarem uns com os outros sobre sua experiência.

Discussão

Discuta a representação. Reúna todos os participantes para uma discussão. Discuta os seguintes tipos de questão:

- *Se você estivesse representando o papel de Alan, acreditaria na estória de Barbara? Qual o motivo para você acreditar ou não?*
- *Se você estivesse representando o papel de Barbara, acreditaria na estória de Alan? Qual o motivo para você acreditar ou não?*

- *Como um ator, como você, se sentiu antes da representação? E durante? E depois?*
- *Quais os dois adjetivos que você usaria para descrever o comportamento da outra pessoa? Quais você usaria para descrever seu próprio comportamento?*
- *O que teria acontecido se você tivesse mais tempo para a representação?*
- *Se você fosse um observador, o que acha que seria o xis do confronto entre Alan e Barbara?*
- *Muitas pessoas acreditam que este conflito aconteceu devido a uma diferença de percepção em vez de uma diferença fundamental de valores ou crenças. Você concorda ou discorda? Por quê?*

Faça uma discussão com os observadores. Leia cada item do *checklist* de observação e peça aos observadores que relatem suas observações durante a representação. Certifique-se de incluir os participantes extras que estão lhe auxiliando. Convide os outros a comentar estas observações.

Transição

Apresente o conceito de mediação. Explique que muitas pessoas acreditam que a presença de um mediador neutro pode ajudar a resolver conflitos de maneira mais eficaz. Pergunte aos participantes se eles concordam com esta opinião. Peça-lhes também que expliquem por que concordam ou discordam.

Representação 2: Satisfação do Cliente

Distribua cópias dos Cenários de Encenação Satisfação do Cliente. Em cada trio, B recebe a estória de Bob e C, a de Cathy. Peça aos participantes que leiam suas estórias, pensem a respeito, e se preparem para representar o confronto.

Instrua os mediadores. Chame todos os As à frente da sala. Dê-lhes cópias do *Checklist* de Mediação e das Diretrizes de Mediação. Explique que eles irão mediar a disputa durante a próxima representação. Repasse os itens do *checklist* com os mediadores, e peça-lhes que leiam as diretrizes. Responda a possíveis perguntas para esclarecer os itens das diretrizes.

Comece a representação. Ajuste seu cronômetro para 8 minutos. Peça aos mediadores que façam suas introduções e comecem a discussão.

Monitore a representação. Caminhe pelos trios, ouvindo as conversas, e anotando atividades de mediação interessantes.

Conclua a representação. Após 8 minutos, anuncie o encerramento da encenação. Peça aos atores que aguardem por alguns instantes para saírem de seus personagens e retornarem à realidade. Incentive os participantes a falarem uns com os outros sobre sua experiência.

Discussão

Faça uma discussão sobre a representação. Peça aos participantes que discutam questões como as seguintes:

- *Se você representou o papel de Bob ou Cathy, acreditou na estória da outra pessoa? Qual o motivo para você acreditar ou não?*
- *Se você representou o papel de Bob ou Cathy, qual foi sua reação ao mediador? O mediador foi neutro, ou ele tomou partido? O mediador ajudou a resolver o conflito de maneira mais eficiente?*
- *Quais os dois adjetivos que você usaria para descrever o comportamento do mediador? Quais os dois adjetivos que você usaria para descrever seu próprio comportamento? Quais os dois adjetivos que você usaria para descrever o comportamento da outra pessoa?*
- *O que teria acontecido se você tivesse mais tempo para a representação?*
- *Se você fosse o mediador, o que você acha que seria o xis do confronto?*
- *Quais foram as principais diferenças entre a representação anterior e esta?*

Discuta os folhetos de apoio. Distribua cópias do *Checklist* de Mediação e Diretrizes de Mediação para os Bs e Cs. Explique que os mediadores usaram estes folhetos de apoio durante a representação. Repasse cada item no *checklist* e convide os participantes a discutirem estas três questões:

- *Com que eficiência o mediador implantou este passo?*
- *Como o mediador agiu para impactar as partes? Como isto contribuiu para a resolução do conflito?*
- *Como o mediador poderia ter atuado melhor?*

Transição

Apresente o conceito de automediação. Explique que não é prático ter um mediador para ajudar a resolver todos os conflitos. Em algumas situações, as duas partes do conflito devem atuar como seus próprios mediadores, monitorando seus comportamentos e fazendo sugestões uns aos outros. Repasse os itens e as diretrizes. Explique que algumas diretrizes (como "peça às partes que falem com você, não uma com a outra") só podem ser usadas com um mediador independente, mas que a maioria pode ser adaptada para a automediação. Discuta como cada diretriz pode ser adaptada adequadamente.

Representação 3: Prazos

Distribua cópias dos *Cenários de Representação de Prazos*. Em cada trio, C recebe a estória de Chuck e A, a de Angela. Peça aos participantes que leiam as estórias, pensem a respeito e se preparem para representar o confronto.

Instrua os observadores. Chame os Bs à frente da sala e distribua cópias do *Checklist* de Observação. Enfatize que eles não irão mediar o conflito, mas sim observar em silêncio os comportamentos das duas partes e anotar o uso de técnicas de automediação.

Comece a representação. Ajuste seu cronômetro para 8 minutos. Peça às pessoas representando Chuck e Angela que comecem sua conversa.

Monitore a representação. Caminhe pelos trios, ouvindo as conversas e anotando atividades de automediação interessantes.

Conclua a representação. Após 8 minutos, anuncie o encerramento da representação. Peça aos atores que aguardem por alguns instantes para saírem de seus papéis e retornarem à realidade. Incentive os participantes a falarem uns com os outros sobre sua experiência.

Discussão

Discuta a representação. Peça aos participantes que discutam questões como as seguintes:

- *Se você representou o papel de Chuck ou Angela, acreditou na estória da outra pessoa? Qual o motivo para você acreditar ou não?*
- *Quais os dois adjetivos que você usaria para descrever o comportamento da outra pessoa? Quais os dois adjetivos que você usaria para descrever seu próprio comportamento?*
- *O que teria acontecido se você tivesse mais tempo para a representação?*
- *Quais foram as principais diferenças entre a primeira representação e esta? De que maneiras os princípios e procedimentos da automediação lhe ajudaram?*
- *Quais foram as principais diferenças entre a representação anterior e esta? Foi fácil ou difícil lembrar e utilizar as técnicas de automediação?*
- *Que sugestões você tem para melhorar o uso das técnicas de automediação?*

Conclua a sessão. Agradeça aos participantes por sua contribuição. Incentive a todos a aplicar as técnicas de automediação para gerenciar futuros conflitos.

Cenário de Representação

Gerenciamento de Projeto: A Estória de Alan

Você é Alan, e esta é sua estória:

Eu achava que minha gerente, Barbara, fosse uma pessoa legal, mas no fim das contas ela é uma idiota. Nos últimos seis meses, ela tem elogiado minha habilidade de gerenciar projetos, mas fiquei sabendo que semana passada ela me apunhalou pelas costas. Alguém me contou que, em uma reunião executiva, um outro gerente perguntou a Barbara se eu seria capaz de liderar uma importante iniciativa de desenvolvimento de produto. Parece que Barbara disse a todos que eu sou muito inexperiente para uma responsabilidade deste tamanho. Eu sei que consigo gerenciar o projeto, e Barbara também sabe. Talvez ela esteja planejando me manter escravizado no departamento dela. Eu pedi pra me reunir com ela, e vou perguntar diretamente se ela está me prendendo.

Cenário de Representação

Gerenciamento de Projeto: A Estória de Barbara

Você é Barbara, e esta é sua estória:

Alan é uma pessoa muito competente, e está progredindo rapidamente em sua carreira. Durante os últimos seis meses, ele lidou com dois projetos diferentes, e completou ambos antes do prazo e dentro do orçamento. Mas Alan é ingênuo quanto à politicagem dentro da empresa, e tenho de agir como uma mentora e protegê-lo. Vários outros gerentes têm inveja e estão tentando se livrar dele. Por exemplo, Peter, um dos outros gerentes, me perguntou inocentemente se Alan seria um bom gerente para a iniciativa de desenvolvimento de produto do Modelo 17. Todo mundo sabe que o projeto irá falhar completamente, e a gerente anterior pediu demissão por causa dele. Peter está procurando um bode-expiatório, e eu não quero que Alan seja culpado pela falha deste projeto condenado. Então, eu disse a Peter que encontrasse outra pessoa com mais experiência.

Cenário de Representação

Atendimento ao Cliente: A Estória de Bob

Você é Bob, e esta é sua estória:

Eu trabalho no departamento de atendimento ao cliente, e acho que minha supervisora, Cathy, é extremamente controladora. Ela nunca larga sua autoridade, e gosta de ficar mandando em todo mundo. Mês passado, a companhia começou a enfatizar a satisfação do cliente, mas Cathy acha que é só moda. Se eu presto mais atenção a um cliente, ela grita comigo e me lembra que minha quota é atender 10 ligações a cada 15 minutos. Mas se eu realmente quero agradar os consumidores, preciso gastar mais tempo com eles, especialmente aqueles que não têm qualquer conhecimento de informática. Cathy está ameaçando me despedir. Como eu não vou aturar esse assédio, mandei uma carta reclamando para o presidente da empresa.

Cenário de Representação

Atendimento ao Cliente: A Estória de Cathy

Você é Cathy, e esta é sua estória:

Contratamos Bob porque ele tem uma personalidade bem amigável, mas eu não acho que ele vai ser um bom funcionário da linha de atendimento ao cliente se não mudar de atitude. Ele acha que todas as pessoas que ligam não sabem nada sobre computadores, e desperdiça muito tempo orientando os clientes sobre coisas básicas, que eles já sabem. Além disso, ele desperdiça tempo conversando com os clientes em vez de resolver problemas técnicos. Todos sabemos que os clientes ficam hostis se ficarem esperando por muito tempo. Por isso é que tenho esta quota de 10 chamadas a cada 15 minutos. Assim, os clientes ficam satisfatoriamente surpresos com a rapidez com que são atendidos. Na verdade, somos reconhecidos como número 1 nesta área. Disse a Bob ontem que, com a personalidade dele, ele seria um grande vendedor. Hoje, fiquei sabendo que ele enviou uma reclamação anônima sobre mim para o presidente da empresa. Vou ter uma reunião com Bob para endireitá-lo.

Cenário de Representação

Prazos: A Estória de Chuck

Você é Chuck, e esta é sua estória:

Eu sempre tento terminar meu trabalho a tempo, mas semana passada fiquei com gripe e preocupado por poder ser alguma coisa tipo antrax, porque abri uma correspondência de publicidade da Flórida. Com toda essa coisa de terrorismo, não consegui me concentrar no trabalho e fui procurar um terapeuta. Daí, Angela gritou comigo porque não terminei as tabelas para o relatório mensal. Aquela mulher é obcecada com detalhes triviais. Ninguém lê estes relatórios, e quem se importa se eles atrasarem alguns dias?

Cenário de Representação

Prazos: A Estória de Angela

Você é Angela, e esta é sua estória:

Chuck nunca termina nada antes do prazo. Nós dois concordamos sobre quando a parte dele do trabalho tem que estar pronta, mas ele sempre atrasa e sempre tem uma desculpa. Mês passado seu filho ficou doente. Este mês ele ficou gripado. Ele tem minha simpatia, mas eu espero que meus colegas de trabalho se comportem de uma maneira profissional. Ele também reclama que ninguém lê os relatórios finais, mas nosso trabalho não é criar políticas para a empresa, não é?

Checklist de Observação para Uso Durante a Representação Gerenciamento de Projeto

1. Do seu ponto de vista, qual foi o xis do conflito?

2. Alan e Barbara pareciam mais interessados em falar ou em ouvir?

3. Que tipos de comportamento de audição ativa você percebeu?

4. Você viu alguma tentativa de estabelecer uma meta e planejar para ocasiões futuras?

5. A maior parte dos conflitos é acompanhada por comportamentos e emoções negativos. Quais são alguns exemplos de comportamentos e emoções negativos (como acusações, traições, dominação, hostilidade, raiva, frustração e sarcasmo) que você observou na conversa entre Alan e Barbara?

6. Algumas conversas de gerenciamento de conflito são acompanhadas por comportamentos e emoções positivos. Quais são alguns exemplos de comportamentos e emoções positivas (como compreensão, pedidos de desculpa, empatia, apoio e esperança) que você observou na conversa entre Alan e Barbara?

Checklist de Mediação

1. Estruture a sessão:
   - Explique que conflitos são um resultado inevitável de uma diversidade sadia.
   - Explique que um conflito bem gerenciado oferece uma oportunidade para crescimento futuro.
   - Destaque a importância de se ouvir o outro.

2. Reúna informações e analise o conflito:
   - Concentre a conversa no conflito presente.
   - Peça às partes que se revezem para contar suas estórias.
   - Mantenha a neutralidade. Não tome partido.

3. Ajude as partes a estabelecer objetivos mútuos:
   - Estabeleça objetivos orientados a tarefas.
   - Estabeleça objetivos de relacionamento.

4. Desenvolva estratégias para alcançar o objetivo:
   - Concentre-se em estratégias em que todos saem ganhando.
   - Use uma variedade de técnicas de *brainstorming*.

5. Escolha a melhor estratégia:
   - Garanta que a estratégia seja justa e igualitária para ambas as partes.
   - Monte uma plano de ação para implantar esta estratégia.
   - Identifique o primeiro passo para implantação imediata.

6. Faça uma discussão com os participantes:
   - Incentive as partes a refletir sobre o que aconteceu.
   - Incentive as partes a dividir seus *insights* sobre prevenir e resolver futuros conflitos.

Diretrizes para Mediação

1. Seja justo, porém firme.
2. Mantenha o controle através do uso apropriado de linguagem corporal, gestos de mão e tom de voz.
3. Fale com ambas as partes ao mesmo tempo.
4. Organize o mobiliário de modo que facilite a conversa, como, por exemplo, não ter uma mesa entre as partes.
5. Peça às partes que falem com você, e não um com o outro.
6. Seja absolutamente imparcial.
7. Não responda às perguntas das partes sobre a sua opinião, percepção ou reação.
8. Peça às partes que se revezem para lhe contar suas estórias.
9. Ouça atentamente.
10. Concentre-se na disputa. Concentre-se em uma única disputa. Concentre-se na disputa atual.
11. Peça fatos específicos e objetivos. Desencoraje inferências e avaliações.
12. Incentive o compartilhamento apropriado de sentimentos.
13. Neutralize linguagem provocativa.
14. Repita frases que precisem de esclarecimento.
15. Evite perguntas abertas ou tendenciosas.
16. Faça perguntas que comecem por o que, quando, onde, quem, de que maneira e como. Nunca faça perguntas que comecem com por que.
17. Não faça sugestões.

Checklist de Observação para Uso Durante a Representação Prazos

1. Do seu ponto de vista, qual foi o xis do conflito?

2. Chuck e Angela pareciam mais interessados em falar ou em ouvir?

3. Que tipos de comportamento de audição ativa você percebeu?

4. Quais são alguns exemplos de comportamentos e emoções negativos (como acusações, traições, dominação, hostilidade, raiva, frustração e sarcasmo) que você observou na conversa entre Chuck e Angela?

5. Quais são alguns exemplos de comportamentos e emoções positivas (como compreensão, pedidos de desculpa, empatia, apoio e esperança) que você observou na conversa entre Chuck e Angela?

6. Como Chuck e Angela demonstraram sua habilidade de usar técnicas de automediação relacionadas aos seguintes itens de *checklist*?
   - Estruture a sessão.
   - Reúna informações e analise o conflito.
   - Estabeleça objetivos mútuos.
   - Desenvolva estratégias para atingir os objetivos.
   - Escolha a melhor estratégia.
   - Faça uma discussão.

36
Newton

A terceira lei de Newton diz que, para cada ação, existe uma reação igual e de sentido contrário. Esta lei é ilustrada nesta atividade (que foi inspirada por Deidre Lakein e Alan Schneider), embora não tenha nada a ver com Física.

Objetivo

Negociar uma solução em que todos saiam ganhando.

Participantes

Mínimo: 2,

Máximo: Qualquer número.

Ideal: 10 a 40.
(Os participantes são divididos em duplas.)

Tempo

2 a 5 minutos.

Materiais

- Cronômetro.
- Apito.

Fluxo

Dê instruções iniciais. Peça aos participantes que formem duplas e fiquem de pé, um de frente para o outro. Peça-lhes que plantem os pés firmemente no chão, levantem ambas as mãos e coloquem palma a palma.

Explique como se ganha. Diga aos participantes que ganha quem conseguir fazer a outra pessoa mover os pés em até 17 segundos depois que você apitar. Repita esta regra mais uma vez.

Comece a atividade. Apite e inicie o cronômetro. A maior parte dos participantes irá usar força bruta para empurrar o parceiro. Uns poucos praticantes de artes marciais podem repentinamente parar de empurrar e deixar que o momento do parceiro jogue-o à frente.

Pare a atividade. Após uma pausa apropriada, apite e pare a atividade.

Discussão

Peça aos participantes que pensem sobre a experiência e comparem as várias estratégias usadas para vencer.

Peça um voluntário para uma demonstração rápida. Assuma a posição inicial, frente a frente, palma a palma. Apite e mexa os pés imediatamente. Diga à outra pessoa: "Você venceu! Ainda temos 11 segundos. Você se importa de também mexer os pés, para que eu também possa ganhar?"

Após a demonstração, os participantes podem reclamar que você trapaceou. Indique que a regra apenas exigia que você fizesse a pessoa mover os pés nos 17 segundos. Não havia nada proibindo que você movesse seus próprios pés. Continue a discussão, trazendo à tona pontos relacionados a presumir coisas, criar situações em que todos saiam ganhando, modelar comportamentos apropriados, resolver conflitos e a futilidade de opor força a força.

37
Segundas Intenções

A maior parte dos jogos de negociação é feita para dois jogadores ou duas equipes. Sempre fiquei intrigado com o que acontece quando três pessoas negociam, cada uma com motivos diferentes. Em Segundas Intenções, três jogadores trazem seu conjunto de cartas e segundas intenções. Eles reúnem um baralho usando cartas de cada jogador. Como algumas intenções se conflitam com outras, enquanto os jogadores se complementam entre si, há bastante espaço para negociação. Depois de reunir o baralho conjunto, os três jogadores revelam suas intenções secretas e calculam os pontos. Esta rodada de calcular o placar oferece uma oportunidade a mais para negociações entre três partes.

Objetivo

Explorar como três pessoas negociam entre si.

Participantes

Mínimo: 3.

Máximo: Qualquer número.

Ideal: 10 a 30.
(Os participantes são organizados em trios.)

Tempo

30 a 45 minutos.

Materiais

- Envelopes.
- Cinco cartas de baralho para cada jogador.
- Folheto de Apoio, Instruções dos Conjuntos de Cartas (três versões diferentes, uma para cada jogador).
- Cronômetro.
- Apito.

Preparação

Reúna três envelopes para cada grupo de três jogadores. Marque estes envelopes com as letras A, B e C.

Dentro do envelope A, coloque quatro cartas quaisquer e uma cópia das Instruções do Conjunto de Cartas para o Jogador A.

Dentro do envelope B, coloque cinco cartas quaisquer e uma cópia das Instruções do Conjunto de Cartas para o Jogador B.

Dentro do envelope C, coloque seis cartas quaisquer e uma cópia das Instruções do Conjunto de Cartas para o Jogador C.

Fluxo

Distribua os envelopes. Distribua-os na seqüência A-B-C, de modo que um número igual de jogadores receba cada um dos três envelopes.

Instrua os jogadores. Explique que o jogo exige que os jogadores trabalhem em grupos de três para reunir e organizar um conjunto de cartas. Cada envelope contém algumas cartas, um conjunto de regras e segundas intenções. A pontuação de um dado jogador depende de o quanto as cartas conjuntas combinam com as segundas intenções. Os jogadores não devem mostrar suas intenções aos outros, nem falar sobre elas.

Peça aos jogadores que vejam o conteúdo de seus envelopes. Peça-lhes que leiam as folhas de instruções e as segundas intenções em silêncio, prestando atenção em especial ao número de pontos atribuídos a cada item nas intenções. Peça-lhes também que contem e inspecionem as cartas em seus conjuntos individuais.

Organize os jogadores em grupos. Após uma pausa apropriada, apite e peça aos jogadores que se organizem em grupos de três. Cada grupo deve ter um jogador com cada um dos três envelopes. Convide os jogadores em cada grupo a se apresentarem uns aos outros.

Caso você tenha um jogador extra com o Envelope A, dê-lhe a opção de se juntar a um grupo (e criar um grupo com quatro jogadores) ou de atuar como um observador. Caso você tenha dois jogadores extras (com Envelopes A e B), peça-lhes que joguem como um grupo de duas pessoas.

Explique o processo de jogar. Apite para chamar a atenção dos jogadores. Enfatize novamente que nenhum jogador pode mostrar (ou contar) suas segundas intenções aos outros. Cada jogador deve então mostrar suas cartas aos outros e trabalhar no conjunto em comum. Eles devem decidir quantas cartas este conjunto deve ter, escolher as cartas apropriadas de cada jogador, e organizá-las de maneira adequada. Este projeto deve ser concluído em 10 minutos.

Explique a função das segundas intenções. Anuncie após 10 minutos que o conjunto em comum criado por cada grupo será comparado aos itens das segundas intenções de cada jogador. A pontuação para cada jogador será calculada somando-se os pontos atribuídos a cada item das intenções que o jogador completou. Embora os jogadores não possam revelar diretamente suas intenções, eles podem negociar a escolha das cartas e sua organização.

Monitore a atividade. Inicie o cronômetro e apite para indicar o começo do projeto. Observe os jogadores em ação, anotando itens interessantes para serem divididos durante a sessão de discussão. Caso algum grupo diga ter completado a tarefa antes dos 10 minutos, peça-lhes que vejam se querem renegociar e modificar as cartas em comum. Anuncie um aviso de 1 minuto restante ao final de 9 minutos. Após 10 minutos, apite para indicar o encerramento do projeto. Diga aos grupos que não alterem suas cartas em comum de maneira alguma.

Prepare-se para a rodada de pontuação. Peça aos jogadores que revelem suas segundas intenções. Anuncie que todos os três jogadores irão comparar em conjunto os itens individuais de cada folha de intenções com o conjunto final de cartas, e os jogadores receberão os pontos apropriados. Os jogadores devem interpretar todos os itens da folha de intenções e acertar qualquer disputa sobre quantos pontos cada jogador deve receber. Anuncie um limite de tempo de 5 minutos para esta atividade.

Conduza a rodada de pontuação. Apite para iniciar a rodada de pontuação. Deixe os jogadores enquanto eles negociam entre si. Caso algum grupo queira que você acerte disputas sobre pontos, rejeite o convite educadamente. Fique ouvindo as conversas, anotando itens interessantes para usar durante a sessão de discussão. Ao final de 5 minutos, apite para indicar o encerramento da rodada de pontuação.

Discussão

Conduza uma discussão dos vários *insights* dos jogadores. Eis algumas sugestões de perguntas:

- *Quem ganhou o jogo? Como os outros jogadores se sentem quanto a esta pessoa?*
- *Em que momento você se sentiu mais frustrado no jogo? Por quê?*
- *Quem fez a primeira sugestão durante o projeto de conjunto em comum? Qual foi a sugestão? Como os outros jogadores reagiram a esta sugestão?*
- *Você tentou adivinhar as segundas intenções dos outros jogadores? Por que você quis fazer isto? Você teve sucesso em adivinhar as intenções dos outros?*
- *Alguns itens das segundas intenções entravam em conflito. Por exemplo, todos vocês tentaram contribuir com a carta de valor mais alto. Que estratégias você usou nesta situação?*
- *Alguns itens das segundas intenções eram complementares. Por exemplo, todos vocês queriam que o pacote de cartas em comum incluísse cinco cartas. Que estratégias você usou nesta situação?*
- *Às vezes, havia conflito entre os itens de suas próprias intenções. Por exemplo, o Jogador C queria cinco cartas e um número igual de cartas vermelhas e pretas. Que estratégias você usou nesta situação?*
- *Às vezes, os membros do grupo têm idéias criativas. Por exemplo, o conjunto de cartas em comum pode ter cinco cartas, com uma delas com a face virada para baixo. Isto permite atender a três itens de intenções diferentes (o conjunto deve conter cinco cartas, uma carta deve ser disposta de uma maneira muito diferente das outras, e um conjunto de cartas deve mostrar um número igual de cartas vermelhas e pretas). Você teve alguma idéia criativa assim? Se não, o que lhe impediu de pensar criativamente?*

- *Algum dos outros jogadores lhe apoiou durante o projeto? Qual foi sua reação?*
- *Durante o projeto, os outros dois jogadores se uniram contra você? Quando isto aconteceu? Por que você acha que isto aconteceu?*
- *Quais foram alguns dos acordos interessantes durante a rodada de pontuação?*
- *Qual foi o elemento de aprendizagem mais importante para você?*
- *Que* insights *você teve sobre negociação entre três pessoas?*
- *O que você aprendeu sobre formar alianças temporárias?*
- *O que você aprendeu sobre seus pontos fortes e fracos em negociação?*
- *A que processos do mundo real este jogo se relaciona?*
- *Qual foi a última vez que você esteve envolvido em uma negociação de três partes? Como aquela situação se compara à deste jogo?*
- *Que conselho você daria a um participante que vai jogar este jogo pela primeira vez?*
- *Considerando o que você aprendeu deste jogo de cartas, como você se comportaria diferente em seu ambiente de trabalho?*

Instruções de Jogo para o Jogador A

- Seu envelope contém algumas cartas, um conjunto de instruções e uma lista de segundas intenções.
- Você irá trabalhar com outros dois jogadores, que têm cartas e segundas intenções diferentes.
- Em grupo, você irá criar um conjunto de cartas em comum, utilizando cartas dos conjuntos individuais.
- Sua lista de segundas intenções contém cinco itens. Ela também especifica o número de pontos que você irá receber por completar cada um deles.
- NÃO mostre suas segundas intenções a qualquer outro jogador. Não diga os itens de sua lista de intenções.
- Durante o projeto em conjunto, faça sugestões que lhe ajudem a completar os itens de suas intenções. Negocie com os outros dois jogadores para aumentar sua pontuação.
- Decida quantas cartas o conjunto em comum deve ter. Escolha as cartas apropriadas de seus três conjuntos individuais. Organize as cartas no conjunto em comum de uma maneira apropriada.
- Seu conjunto de cartas em comum deve ser completado em 10 minutos.
- Ao final dos 10 minutos, o conjunto de cartas em comum será comparado aos itens de sua lista de segundas intenções. Sua pontuação é o total de pontos atribuído aos itens da lista que você completou.

Segundas Intenções

1. O conjunto de cartas em comum deve incluir cinco cartas (você ganha 10 pontos por completar este item).
2. A carta de valor mais baixo do conjunto em comum deve ser sua (você ganha 8 pontos por completar este item).
3. O conjunto de cartas em comum deve ter mais cartas vermelhas (copas ou ouros) do que pretas (espadas ou paus) (você ganha 10 pontos por completar este item).
4. Uma carta do conjunto em comum deve ser posicionada de uma maneira que seja muito diferente das outras (você ganha 6 pontos por completar este item).
5. Uma das cartas do conjunto em comum deve ser de paus (você ganha 1 ponto por completar este item).

Instruções de Jogo para o Jogador B

- Seu envelope contém algumas cartas, um conjunto de instruções e uma lista de segundas intenções.
- Você irá trabalhar com outros dois jogadores, que têm cartas e segundas intenções diferentes.
- Em grupo, você irá criar um conjunto de cartas em comum, utilizando cartas dos conjuntos individuais.
- Sua lista de segundas intenções contém cinco itens. Ela também especifica o número de pontos que você irá receber por completar cada um deles.
- NÃO mostre suas segundas intenções a qualquer outro jogador. Não diga os itens de sua lista de intenções.
- Durante o projeto em conjunto, faça sugestões que lhe ajudem a completar os itens de suas intenções. Negocie com os outros dois jogadores para aumentar sua pontuação.
- Decida quantas cartas o conjunto em comum deve ter. Escolha as cartas apropriadas de seus três conjuntos individuais. Organize as cartas no conjunto em comum de uma maneira apropriada.
- Seu conjunto de cartas em comum deve ser completado em 10 minutos.
- Ao final dos 10 minutos, o conjunto de cartas em comum será comparado aos itens de sua lista de segundas intenções. Sua pontuação é o total de pontos atribuído aos itens da lista que você completou.

Segundas Intenções

1. O conjunto de cartas em comum deve incluir cinco cartas (você ganha 10 pontos por completar este item).
2. A carta de valor mais alto do conjunto em comum deve ser sua (você ganha 8 pontos por completar este item).
3. O conjunto de cartas em comum deve ter mais cartas vermelhas (copas ou ouros) do que pretas (espadas ou paus) (você ganha 10 pontos por completar este item).
4. Uma carta do conjunto em comum deve ser posicionada de uma maneira que seja muito diferente das outras (você ganha 6 pontos por completar este item).
5. Uma das cartas do conjunto em comum deve ser de espadas (você ganha 1 ponto por completar este item).

Instruções de Jogo para o Jogador C

- Seu envelope contém algumas cartas, um conjunto de instruções e uma lista de segundas intenções.
- Você irá trabalhar com outros dois jogadores, que têm cartas e segundas intenções diferentes.
- Em grupo, você irá criar um conjunto de cartas em comum, utilizando cartas dos conjuntos individuais.
- Sua lista de segundas intenções contém cinco itens. Ela também especifica o número de pontos que você irá receber por completar cada um deles.
- NÃO mostre suas segundas intenções a qualquer outro jogador. Não diga os itens de sua lista de intenções.
- Durante o projeto em conjunto, faça sugestões que lhe ajudem a completar os itens de suas intenções. Negocie com os outros dois jogadores para aumentar sua pontuação.
- Decida quantas cartas o conjunto em comum deve ter. Escolha as cartas apropriadas de seus três conjuntos individuais. Organize as cartas no conjunto em comum de uma maneira apropriada.
- Seu conjunto de cartas em comum deve ser completado em 10 minutos.
- Ao final dos 10 minutos, o conjunto de cartas em comum será comparado aos itens de sua lista de segundas intenções. Sua pontuação é o total de pontos atribuído aos itens da lista que você completou.

Segundas Intenções

1. O conjunto de cartas em comum deve incluir cinco cartas (você ganha 10 pontos por completar este item).
2. A carta de valor mais baixo do conjunto em comum deve ser sua (você ganha 8 pontos por completar este item).
3. O conjunto de cartas em comum deve ter um número igual de cartas vermelhas (copas ou ouros) e pretas (espadas ou paus) (você ganha 10 pontos por completar este item).
4. Uma carta do conjunto em comum deve ser posicionada de uma maneira que seja muito diferente das outras (você ganha 6 pontos por completar este item).
5. Nenhuma das cartas do conjunto em comum deve ser de paus (você ganha 1 ponto por completar este item).

38
Sudoku a Três

Muitos jogos de simulação lidam com cooperação e competição. Sudoku a Três dá um sabor diferente aos jogos.

Objetivo

Explorar fatores associados com colaboração e competição entre três pessoas.

Participantes

Mínimo: 3.

Máximo: Qualquer número.

Ideal: 12 a 30.
(Os participantes são divididos em trios.)

Tempo

30 a 40 minutos.

Materiais

- Material de Apoio, Linhas, Colunas e Blocos.
- Material de Apoio, Quebra-cabeça 1.
- Material de Apoio, Solução 1.
- Material de Apoio, Quebra-cabeça 2.
- Material de Apoio, Solução 2.
- Canetas ou lápis.

Fluxo

Forme trios. Organize os participantes em grupos de três pessoas. Caso sobrem uma ou duas pessoas, peça-lhes que atuem como observadores.

Atribua três papéis diferentes. Em cada trio, peça aos participantes que distribuam os papéis de Controlador de Linhas, Controlador de Colunas e Controlador de Blocos entre si.

Distribua cópias do primeiro quebra-cabeça. Distribua também cópias do Material de Apoio, Linhas, Colunas e Blocos. Demonstre que o quebra-cabeça consiste de nove colunas e nove linhas. Além disso, cada quebra-cabeça contém nove blocos de 3 por 3 quadrados com linhas grossas indicando seus limites.

Explique o procedimento de jogo. Chame atenção para o fato de que o quebra-cabeça tem vários quadrados preenchidos com números, e outros em branco. Diga aos participantes que eles irão se revezar para escrever qualquer número de um dígito (de 1 a 9) em qualquer quadrado em branco. Como há 30 quadrados em branco no quebra-cabeça, cada participante irá escrever 10 números.

Explique como os Controladores de Linhas pontuam. Peça aos participantes que estudem o quebra-cabeça no folheto Linhas, Colunas e Blocos. As linhas seguem horizontalmente, da esquerda para a direita. Explique que a Linha 1 é uma linha correta porque contém todos os nove números (de 1 a 9) e nenhum número se repete. Explique que a Linha 5 está incorreta, e pergunte aos participantes por que. Após uma pausa, confirme que ela está incorreta porque o número 5 se repete (e está faltando o 6).

Toda *linha* correta dá pontos ao Controlador de Linhas (e somente a esta pessoa). Assim, quando for sua vez, o Controlador de Linhas deve escrever um número no quebra-cabeça de maneira que forme linhas corretas.

Explique como os Controladores de Colunas pontuam. As colunas seguem verticalmente, de cima para baixo. Explique que a Coluna A é uma coluna correta porque contém todos os nove números (de 1 a 9) e nenhum número se repete. Explique que a Coluna E está incorreta, e pergunte aos participantes por que. Após uma pausa, confirme que ela está incorreta porque o 9 se repete duas vezes (e está faltando o 1).

Toda *coluna* correta dá pontos ao Controlador de Colunas (e somente a esta pessoa). Assim, quando for sua vez, o Controlador de Colunas deve escrever um número no quebra-cabeça de maneira que forme colunas corretas.

Explique como os Controladores de Blocos pontuam. Blocos são um conjunto de 3 por 3 quadrados marcados por linhas mais grossas. Explique que o bloco no centro do quebra-cabeça é um bloco correto porque contém todos os nove números (de 1 a 9) e nenhum número está repetido. Explique que o bloco no canto inferior direito está incorreto, e pergunte aos participantes por que. Após uma pausa, confirme que ele está incorreto porque o número 7 se repete (e está faltando o 6).

Todo *bloco* correto dá pontos ao Controlador de Blocos (e somente a esta pessoa). Assim, quando for sua vez, o Controlador de Blocos deve escrever um número no quebra-cabeça de maneira que forme blocos corretos.

Conduza a atividade. Responda as perguntas dos participantes sobre como jogar. Explique que você irá começar o jogo, fazendo-os jogarem por 5 minutos. Ao final deste período, ou quando todos os 30 quadrados em branco no quebra-cabeça forem completados, a pessoa com mais pontos ganha o jogo. Lembre a todos os participantes que as três pessoas em cada trio irão se revezar para escrever qualquer número de um dígito em um quadrado em branco. Quando uma linha, coluna ou bloco for preenchido corretamente, o controlador apropriado pontua.

Conclua a atividade. Ao final de 5 minutos, apite para indicar o encerramento do tempo de jogo. Peça a cada participante que conte o número de linhas, colunas e blocos preenchidos corretamente e calcule seus pontos. Identifique o participante com mais pontos em cada trio e parabenize esta pessoa.

Distribua a primeira solução. Peça aos participantes que calculem os pontos para os Controladores de Linhas, Colunas e Blocos neste folheto. Faça uma pausa por um período de tempo apropriado e confirme que cada quadrado em branco esteja preenchido corretamente e cada controlador receba 9 pontos, a pontuação máxima possível. Lembre que a colaboração entre os participantes é essencial para que sejam obtidas estas pontuações máximas.

Distribua o segundo quebra-cabeça. Explique que você irá oferecer aos participantes a oportunidade de jogar em modo cooperativo. Explique que este quebra-cabeça contém 30 quadrados em branco, como o anterior.

Conduza a atividade de resolução cooperativa. Peça aos membros do trio que joguem como antes, mas desta vez colaborando atentamente entre si para garantir a pontuação máxima de 9 pontos. Anuncie um limite de tempo de 10 minutos.

Conclua a atividade. Sempre que um trio completar seu quebra-cabeça, peça-lhe que compute seus pontos e verifique se todos têm 9 pontos. Ao final de 10 minutos, apite e peça aos jogadores restantes que parem. Distribua cópias da Solução 2 para todos e peça-lhes que confiram suas respostas mais tarde.

Discussão

Explique que você irá facilitar uma discussão, de modo que todos possam compartilhar seus *insights* sobre a atividade. Inclua os observadores neste processo. Ofereça cada um destes princípios gerais e convide os participantes a oferecerem exemplos a partir desta atividade – e de seu ambiente de trabalho – para corroborar ou desafiar estes princípios:

- *A colaboração resulta em maiores ganhos.*
- *A competição é contagiosa. Uma vez que você estrague as chances de outras pessoas, elas provavelmente tentarão estragar as suas.*
- *A colaboração entre três pessoas é mais difícil do que a colaboração entre duas pessoas.*
- *É mais difícil criar uma estratégia colaborativa do que uma competitiva.*
- *Os limites de tempo e prazos aumentam a tendência à competição.*
- *A colaboração é mais chata do que a competição.*

Linhas, Colunas e Blocos

	Colunas								
Linhas	A	B	C	D	E	F	G	H	I
1	6	5	8	7	4	2	1	9	3
2	1				9				
3	3				5				
4	5			4	7	1			
5	7	4	5	2	3	8	9	5	1
6	2			5	6	9			
7	9				2		4	3	8
8	8				9		5	7	2
9	4				8		7	1	9

Quebra-cabeça 1

		Colunas								
		A	B	C	D	E	F	G	H	I
Linhas	1	2	5	4	3	1		9	8	6
	2				4		2			
	3	7	9	3			6	4	2	1
	4	5	3	1			9	6	4	7
	5	4	6	7	1	3	5			
	6				7			1	5	3
	7		7	9		2	8	5	1	
	8		1	2			3	8	7	
	9		4	5		7	1	3	6	

Solução 1

		Colunas								
		A	B	C	D	E	F	G	H	I
Linhas	1	2	5	4	3	1	7	9	8	6
	2	1	8	6	4	9	2	7	3	5
	3	7	9	3	8	5	6	4	2	1
	4	5	3	1	2	8	9	6	4	7
	5	4	6	7	1	3	5	2	9	8
	6	9	2	8	7	6	4	1	5	3
	7	3	7	9	6	2	8	5	1	4
	8	6	1	2	5	4	3	8	7	9
	9	8	4	5	9	7	1	3	6	2

Quebra-cabeça 2

Linhas \ Colunas	A	B	C	D	E	F	G	H	I
1	5	6		8	9	1	4	3	
2	7	9		4		3	6		8
3	8	3						1	2
4	3	2	6	7	1	9	5	8	4
5				2	4		3	6	9
6	9	4	5		6	8	2	7	1
7	4		3		8				6
8	6		7	9	3	4		2	5
9	2		9			6	1	4	3

Solução 2

Linhas \ Colunas	A	B	C	D	E	F	G	H	I
1	5	6	2	8	9	1	4	3	7
2	7	9	1	4	2	3	6	5	8
3	8	3	4	6	5	7	9	1	2
4	3	2	6	7	1	9	5	8	4
5	1	7	8	2	4	5	3	6	9
6	9	4	5	3	6	8	2	7	1
7	4	5	3	1	8	2	7	9	6
8	6	1	7	9	3	4	8	2	5
9	2	8	9	5	7	6	1	4	3

39
Dicas para Equipes Virtuais

Comparar, contrastar e escolher idéias é uma boa maneira de dominar um tópico de treinamento. Nesta atividade, você começa com uma lista de dez dicas para participar de maneira eficiente como membro de uma equipe virtual. A cada 2 minutos os participantes removem a dica menos preferida da lista, até que fiquem com apenas um item. O objetivo real não é identificar o melhor item, e sim aprender mais sobre trabalho em equipe virtual.

Objetivo

Explorar práticas que contribuem para um trabalho em equipe virtual eficiente.

Participantes

Mínimo: 10.

Máximo: Qualquer número.

Ideal: 10 a 30.

(Os participantes trabalham em duplas que mudam constantemente.)

Tempo

30 a 45 minutos.

Materiais

- Material de Apoio, Dicas para Equipes Virtuais.
- Cronômetro.
- Apito.

Fluxo

Distribua o material de apoio. Dê uma cópia do folheto de Dicas para Equipes Virtuais para cada participante. Você precisa de sete a dez itens relacionados ao tópico que deseja explorar.

Antecipe o procedimento de jogo. Explique que os participantes irão refletir sobre a importância relativa dos itens na lista. Eles também irão discutir os itens entre si. A cada 2 minutos, eles eliminarão gradualmente as dicas, uma a uma, começando com a menos importante. Eventualmente, eles acabarão com a dica mais importante.

Comece a primeira rodada. Peça aos participantes que passem alguns minutos revisando silenciosamente a lista de dicas e organizando-as, mentalmente, em ordem de importância. Após 2 minutos, peça a eles que se levantem, andem pela sala, e falem uns com os outros. Explique que os participantes só podem discutir itens com uma pessoa de cada vez. Durante as discussões, os participantes compartilham suas opiniões sobre os itens, tentando convencer o outro a votar contra um item em particular. Alternativamente, os participantes também podem fazer *lobby* para manter um item que consideram importante. Estas discussões podem ter qualquer duração; incentive os participantes a andarem continuamente pela sala e a falarem com tantas pessoas quanto possível. Caminhe entre os participantes e ouça as conversas.

Conduza a primeira votação. Após 2 minutos, apite e peça a cada participante que escreva um número em um pedaço de papel, dobre-o e lhe entregue. Enfatize que cada participante deve escrever o número do item *menos* preferido da lista. Explique que você irá abandonar o item que receber mais votos de rejeição. Recolha os pedaços de papel dos participantes.

Comece a segunda rodada. Convide os participantes a continuar fazendo *lobby* uns com os outros para remover o próximo item da lista (ou para manter um item importante). Enquanto eles estão fazendo isso, identifique rapidamente o número mais citado entre os votos de rejeição.

Anuncie os resultados da primeira votação. Anuncie o número da dica menos preferida e peça aos participantes que mudem este número para "10". Peça a eles que continuem seu *lobby* sem perder tempo falando sobre esta dica menos preferida. Incentive os participantes a mudarem de parceiros com freqüência.

Conduza a segunda votação. Após mais 2 minutos, apite novamente e peça aos participantes que votem na próxima dica a ser removida. Recolha os pedaços de papel e peça aos participantes que continuem suas discussões para eliminar o próximo item.

Repita o processo. Determine rapidamente a dica que receber mais votos de rejeição e anuncie-a. Peça aos participantes que mudem o número desta dica para 9. Após mais 2 minutos, conduza uma votação para remover a terceira dica. Repita então o processo, removendo uma dica de cada vez.

E então sobrou uma. Ao final da nona rodada, você terá uma única dica. Peça aos participantes que escrevam 1 na frente dela e indique que esta dica foi escolhida como a mais importante. Convide todos a estudar a ordem de importância relativa de todas as dez dicas.

Discussão

Conduza uma discussão de encerramento. Convide os participantes a expressarem opiniões dissidentes e a justificá-las. Faça alguns comentários breves, apresentando sua opinião pessoal e os resultados de sessões anteriores do jogo com a mesma lista de dicas. Remova quaisquer concepções errôneas que você tenha identificado enquanto ouvia as discussões anteriores.

Dicas para Equipes Virtuais

Seguem abaixo dez dicas de um uso recente deste jogo. As três últimas dicas são de três participantes: Anio Kis, Roberta Berg e Nancy Bragard.

1. **Faça uso da diversidade.** Incentive os membros da equipe a usar suas formações culturais e individuais únicas para contribuir com a equipe. Não ignore ou ataque idéias dos outros apenas porque são diferentes do seu modo de pensar.
2. **Esqueça mitos e concepções errôneas.** Não se limite por acreditar (e espalhar) em frases como "equipes precisam de reuniões cara-a-cara para resolver problemas difíceis". Pesquisas dos últimos cinco anos na área demonstram claramente que equipes virtuais freqüentemente têm melhor desempenho do que equipes cujos membros trabalham lado a lado.
3. **Criação de confiança instantânea.** Em equipes virtuais, é preciso ganhar a confiança dos outros, imediatamente, nos primeiros encontros. Isto é possível fazendo todas as suas tarefas, chegando às reuniões virtuais na hora e cumprindo suas promessas.
4. **Escolha a tecnologia apropriada.** Caso os membros da equipe estejam separados por apenas um ou dois fusos horários, use ferramentas sincrônicas (que permitem discussão instantânea), como telefone, áudio ou videoconferência e salas de bate-papo eletrônicas. Caso os membros estejam separados por mais de três fusos horários (exemplo: pessoas no Canadá e na Alemanha), utilize ferramentas assincrônicas (que permitem resposta em diferentes horários), como a Internet, mensagens de voz, *e-mail*, fax e correspondência normal.
5. **Etiqueta de mensagens de voz.** Caso você use telefones e mensagens de voz com freqüência, mude sua saudação diariamente. Quando deixar uma mensagem na caixa postal de outro membro da equipe seja breve, claro e preciso.
6. **Preste atenção a ambas as partes.** Equipes virtuais eficientes devem usar a melhor tecnologia e as melhores pessoas. Os membros da equipe devem dedicar tempo a aprender habilidades relacionadas ao uso de ferramentas tecnológicas. Eles também devem dedicar tempo a aprender habilidades de trabalho em equipe, como estabelecimento de metas, *brainstorm*, ouvir ativamente e oferecer *feedback*.
7. **Habitue-se a reuniões assincrônicas.** Se os membros da equipe estiverem em lugares diferentes que estão separados por cinco ou mais fusos horários, as reuniões assincrônicas são críticas. Este tipo de reunião acontece ao longo de vários dias, e membros diferentes da equipe participam em momentos diferentes. A maioria das reuniões assincrônicas utiliza uma combinação de *e-mails* e *websites*. Algumas reuniões utilizam mensagem de voz, fóruns de discussão eletrônicos e sistemas de reunião eletrônicos.
8. **O que é urgente?** Combine com toda a equipe o que deve ser considerado *e-mail* urgente e o prazo em que se espera uma resposta.
9. **Responda através do canal apropriado.** Se, por exemplo, você receber um *e-mail* demonstrando que a pessoa que o enviou lhe entendeu mal ou está com raiva, em alguns casos é melhor responder por telefone.
10. **O significado do silêncio.** Fale imediatamente sobre o silêncio, e o que ele quer dizer para os membros da equipe. O silêncio não implica necessariamente falta de comprometimento ou de preparo, ou que as pessoas não estão a bordo do projeto. Se os membros compartilharem suas percepções do silêncio, existe menos possibilidade de especulações sem fundamento.

40
A Sabedoria das Massas

Que frase comum está escondida neste quebra-cabeça de palavras?

AMIGOS ENTENDIDO RUIM AMIGOS

A resposta é *mal-entendido entre amigos*. Viu? *Entendido ruim* é o mesmo que *mal-entendido*. Isto está entre as duas ocorrências da palavra *amigos*. Logo, a frase escondida é *mal-entendido entre amigos*.

As pessoas gostam de resolver este tipo de quebra-cabeça. Incorporei uma série deles nesta atividade para ilustrar que uma "massa" como um todo pode ter um desempenho melhor do que qualquer um de seus membros individualmente.

Objetivo

Demonstrar o fato que um grupo de pessoas pode ter um desempenho melhor do que um só indivíduo.

Participantes

Mínimo: 5.

Máximo: Qualquer número.

Ideal: 20 a 50.
(Os participantes trabalham independentemente.)

Tempo

10 a 20 minutos.

Materiais

- Material de Apoio, Folha de Quebra-cabeças, uma cópia por participante.
- Material de Apoio, Folha de Solução, uma cópia por participante.
- Folhas de papel em branco.
- Canetas ou lápis.
- Cronômetro.
- Apito.

Preparação

Tente você resolver os quebra-cabeças. Faça uma cópia da Folha de Quebra-cabeças e tente resolvê-los. Resista à tentação de dar uma olhadinha nas respostas. Veja a Folha de Solução somente após ter dado o melhor de você. Identifique os quebra-cabeças difíceis. Preste atenção em especial ao Item 12 (*listado em ordem alfabética*). Nossas experiências de campo com centenas de participantes indicam que este é o mais difícil.

Organize seus cúmplices. Bem antes da sessão, encontre-se com um ou mais cúmplices e mostre-lhes a Folha de Solução. Deixe-os resolver alguns dos quebra-cabeças. Dê a solução correta do Item 12 e explique a lógica por trás da resposta. Dê as respostas de outros itens difíceis e peça veementemente a seus cúmplices que se lembrem delas.

Fluxo

Instrua os participantes. Distribua cópias da Folha de Quebra-cabeças a todos os participantes. Explique como resolver os quebra-cabeças. Demonstre a solução do primeiro item. Instrua os participantes a trabalharem independentemente e a escreverem suas respostas para cada item. Anuncie um limite de tempo de 3 minutos.

Pare a atividade de resolução. Após 3 minutos, apite. Peça aos participantes que parem seu trabalho intelectual.

Peça aos participantes que pontuem suas respostas. Distribua cópias da Folha de Solução a todos os participantes. Peça a cada um que conte o número de respostas corretas. Descubra quantos participantes resolveram todos os quebra-cabeças. É improvável que alguém tenha uma pontuação perfeita. Porém, se alguém resolver corretamente todos os quebra-cabeças, parabenize esta pessoa.

Resolva cada um dos quebra-cabeças. Repasse cada quebra-cabeça e peça àqueles que o resolveram que fiquem de pé (ou levantem a mão). Enfatize que pelo menos um participante resolveu corretamente cada item. Seus cúmplices serão a garantia de alguém que sabe a solução, mesmo para os itens mais difíceis.

Discussão

Apresente o conceito de sabedoria das massas. Explique que, num grupo, pessoas diferentes têm habilidades, percepções, experiências e conhecimentos diferentes. Isto sugere que grupos grandes são mais capazes de oferecer respostas corretas do que qualquer indivíduo. Reenfatize que o grupo como um todo teve um desempenho melhor do que o indivíduo mais brilhante na atividade de resolver os quebra-cabeças. Em seu livro *The Wisdom of Crowds*, James Surowiecki diz que grupos grandes são muito eficientes em resolver problemas, acalentar inovações, chegar a decisões sábias e predizer o futuro.

Discuta o conceito. Peça aos participantes que dêem exemplos de como o público em geral e grupos de clientes, freqüentemente, têm melhor desempenho do que especialistas. Use estes tipos de questão para estruturar discussões adicionais:

- *Quais as vantagens e limitações da sabedoria das massas?*
- *O que causa a superioridade da sabedoria das massas?*
- *Como podemos usar a sabedoria das massas para alcançar resultados úteis?*
- *Como podemos aumentar o impacto positivo da sabedoria das massas e diminuir os aspectos negativos do pensamento de grupo?*

Folha de Quebra-cabeças

1

AMIGOS ENTENDIDO RUIM AMIGOS

2

SIM NÃO
SIM
SIM
SIM
SIM

3

MAnhã

4

NU B O
O MÃO S
L

5

SINFON

6

LIGA

7

8

CLASSE

9

0
—
TV

10

AMOR
VISTA
AMOR
AMOR
AMOR

11

OU
NADA
OU

12

A I L S T

13

~~SEGUIR-ME~~

14

DICIONÁRIO

15

ENCARRNAÇÃO

16

MINUTO
MINUTO
MINUTO
MINUTO PRONTO

17

BOM ↑ VEJA
MAU

18

RENDA
RENDA

19

1 OSSAP

20

como stereo

Folha de Solução

1. Mal-entendido entre amigos
2. Mais vezes sim que não
3. Início da manhã
4. Nu com a mão no bolso
5. Sinfonia inacabada
6. Liga infantil
7. Sem retorno
8. Classe alta
9. Nada na TV
10. Amor à primeira vista
11. O dobro ou nada
12. Lista em ordem alfabética
13. Pára de me seguir
14. Pequeno dicionário
15. Reencarnação
16. Pronto no último minuto
17. Ver o lado bom
18. Duas rendas
19. Um passo para trás
20. Estereótipo

PARTE V
Liderança

41
Pesquisa sobre Liderança

Todo mundo odeia quebra-gelos triviais e irrelevantes. Pesquisa sobre Liderança é um quebra-gelo que usamos como abertura em nossos *workshops* sobre liderança. Esta atividade concentra a atenção dos participantes no conteúdo do *workshop*.

Objetivo

Preparar os participantes com uma pesquisa informal relacionada a liderança.

Participantes

Mínimo: 6.

Máximo: 30.

Ideal: 12 a 24.
(Os participantes são divididos em equipes de 2 a 6 membros cada.)

Tempo

15 a 45 minutos.

Materiais

- Cartões de papel.
- Canetas ou lápis.

Preparação

Estime o número de equipes. Para esta atividade, você irá organizar os participantes de seu *workshop* em três a cinco equipes, cada uma com dois a seis membros. Não há problema se algumas das equipes tiverem um membro a mais do que as outras. Determine quantas pessoas irão participar de seu *workshop*. Use esta estimativa para calcular quantas equipes você terá.

Exemplo: *Caso você antecipe 19 participantes, organize-os em três equipes de cinco membros e uma de quatro.*

Construa perguntas de pesquisa. Você precisa de uma pergunta para cada equipe. Escreva cada questão em um cartão de papel. Eis algumas especificações para preparar estas perguntas de pesquisa:

- Elas devem ser relacionadas ao conteúdo que você planeja cobrir durante o *workshop*.
- Elas devem ser abertas e permitir várias respostas apropriadas.
- Elas devem exigir respostas curtas.

Exemplo: *Seguem abaixo as quatro perguntas de pesquisa que preparei para um* workshop *recente sobre liderança:*

1. *Qual a qualidade mais importante em um líder?*
2. *Que líder do século XX melhor exemplifica coragem?*
3. *Qual uma das maiores reclamações sobre líderes políticos?*
4. *Que tipos de situação exigem uma liderança séria e centralizada?*

Fluxo

Apresente a pesquisa. Explique que você irá conduzir uma pesquisa informal relacionada a liderança. Forneça estes detalhes adicionais (em suas próprias palavras):

- *Isto não é um teste; não há respostas certas ou erradas.*
- *Vou fazer algumas perguntas abertas.*
- *Cada participante irá escrever uma resposta curta (uma palavra ou frase) em um cartão de papel.*
- *Não escreva seu nome em seu cartão de resposta.*
- *Vou recolher os cartões de resposta, após cada pergunta.*

Faça a primeira pergunta. Distribua cartões de papel para cada participante. Leia sua primeira questão. Faça uma breve pausa enquanto os participantes escrevem suas respostas. Recolha os cartões de resposta e coloque-os em uma pilha com seu cartão de pergunta por cima.

Continue a pesquisa. Repita o mesmo procedimento com cada uma das outras perguntas. Certifique-se de ter misturado os cartões de resposta que você recolheu.

Processe as respostas. Divida os participantes em tantas equipes quanto o número de questões. Dê um conjunto de cartões de resposta (com o cartão de pergunta correspondente no topo) para cada equipe. Peça aos membros das equipes que separem os cartões de acordo com as respostas. Eles devem organizar os cartões com a mesma resposta (ou respostas parecidas) em uma pilha, e organizar as pilhas em ordem de freqüência.

Conduza o exercício de previsão. Escolha uma equipe e peça que um de seus membros leia a pergunta que processaram. Peça às outras equipes que façam previsões sobre a resposta mais freqüente. Os membros das outras equipes devem discutir várias alternativas e escrever suas escolhas finais.

Identifique as melhores previsões. Peça a cada equipe que leia sua previsão. Peça à equipe que processou as respostas que as anuncie, bem como sua freqüência. Parabenize a equipe (ou equipes) que fez as melhores previsões.

Repita o processo. Conduza o exercício de previsão com cada uma das outras perguntas.

Discussão

Conecte o *workshop* à pesquisa. Apresente um resumo do conteúdo dele. Descreva como ele está relacionado à atividade de pesquisa.

Reutilização

PESQUISA DE LIDERANÇA É UM ARCABOUÇO PARA JOGOS: Você pode utilizar sua estrutura para criar uma atividade de abertura apropriada para vários tópicos de treinamento. Tudo que precisa fazer é preparar um conjunto de perguntas que sejam pertinentes ao tópico de treinamento.

42
Conselho sobre Liderança

Hoje, quando procurava livros sobre liderança na Amazon.com, me deparei com uma lista em potencial de 15.483 itens. Tenho certeza de que este número irá aumentar ainda mais amanhã, porque escrever e publicar livros com conselhos sobre liderança é uma indústria em crescimento.

Conselho sobre Liderança oferece uma alternativa mais rápida, mais barata e melhor do que comprar e ler muitos livros: você bebe da sabedoria do grupo – e de seus modelos.

Objetivo

Identificar e analisar os conselhos dos participantes sobre estilos, características, atitudes, comportamentos e habilidades de liderança.

Participantes

Mínimo: 5.

Máximo: Qualquer número.

Ideal: 10 a 30.

Tempo

20 a 50 minutos, dependendo do número de participantes e do nível de profundidade da discussão.

Materiais

- Cartões de papel.
- Canetas ou lápis.

Fluxo

Escolha uma pessoa-modelo. Todo mundo tem um ou mais líderes-modelo que conheceu pessoalmente ou sobre quem lera. Peça aos participantes que escolham individualmente pessoas que serviram de modelo para inspirá-los. Esta pessoa pode ser um parente, um professor da escola, um chefe no trabalho, um capitão da indústria, um líder político, um treinador esportivo, um gênio militar, um mentor espiritual, um escritor, um herói fictício ou um guia profético. Peça a cada participante que tenha uma imagem clara deste líder.

Indique as pessoas-modelo. Distribua os cartões de papel entre os participantes. Peça-lhes que escrevam os nomes das pessoas-modelo que são reconhecíveis (*exemplo: Madre Teresa*). Se não, peça que os participantes escrevam um breve resumo sobre seus personagens (*exemplo: minha professora de terceira série*). Faça uma pausa enquanto os participantes completam esta tarefa individualmente.

Conselhos da pessoa-modelo. Peça aos participantes que assumam o papel dos modelos que escolheram. Peça-lhes que imaginem uma pessoa jovem pedindo conselhos sobre liderança para este personagem. Peça também a eles que escrevam em seus cartões de papel um conselho importante que os personagens dariam a este jovem. O conselho pode ser sobre estilos, características, atitudes, comportamentos ou habilidades de liderança. Incentive os participantes a se limitarem a uma ou duas frases curtas. Faça uma pausa enquanto eles completam esta tarefa.

Troque os cartões de conselhos. Peça aos participantes que virem a face escrita de seus cartões para baixo e os troquem com outra pessoa. Repita este processo até que todas as cartas tenham sido trocadas. Apite para chamar a atenção dos participantes e peça-lhes que parem o processo.

Leia o conselho. Peça aos participantes que leiam o conselho nos cartões que receberam. Convide-os a pensar sobre este conselho, e sobre como ele os ajudaria a se tornarem um líder melhor. Incentive-os a pensar sobre como aplicar este conselho em suas vidas pessoais e profissionais. Dê um tempo enquanto os participantes fazem isto.

Leia em voz alta. Escolha um participante aleatoriamente. Peça a esta pessoa que se levante e leia o conselho do cartão, sem revelar a pessoa-modelo. Peça a todos que ouçam atentamente. Se necessário, peça ao participante que repita o conselho.

Adivinhe a pessoa-modelo. Peça a todos que pensem sobre o conselho por um minuto. Peça-lhes, então, que adivinhem quem poderia ser a pessoa-modelo (líder) que deu este conselho. Convide os participantes a expressarem sua opinião em voz alta. Demonstre que a maioria dos líderes tem características, percepções, comportamentos e idéias semelhantes. Peça ao participante que leu o cartão que identifique a pessoa-modelo especificada.

Leia conselhos semelhantes. Convide os outros participantes cujos cartões contêm conselhos parecidos a lê-los em voz alta. Identifique as pequenas diferenças entre estas idéias. Discuta o impacto potencial destas diferenças.

Leia conselhos opostos. Peça aos participantes que revisem os conselhos em seus cartões e vejam se estes contradizem o conselho lido anteriormente. Convide cada participante com conselhos opostos a lê-los em voz alta.

Reconcilie as diferenças. Mostre que, embora estes conselhos se contradigam, um deles não é mais correto do que o outro. Isto se deve ao fato de que a liderança eficiente exige uma variedade de estilos flexíveis, dependendo da natureza da situação, do tipo de seguidores e da personalidade do líder. Discuta o contexto no qual cada um dos conselhos contraditórios é eficaz.

Continue o processo. Escolha outro participante aleatoriamente (que ainda não tenha lido seu cartão) e peça-lhe que leia o conselho do cartão em voz alta. Prossiga, pedindo que os participantes adivinhem a pessoa-modelo, e então lendo e discutindo os cartões com pontos de vista semelhantes e contraditórios.

Escolha um conselho. Após as discussões, peça aos participantes que pensem sobre os vários conselhos das pessoas-modelo e escolham aquele que desejam implantar em suas vidas pessoais e profissionais. Peça aos participantes que não contem o número de conselhos que receberam, e sim que façam com que o conselho que escolheram conte. Incentive-os a implantar este conselho imediatamente.

Ajustes

Não tem tempo o bastante? Você não tem tempo para ler e discutir todas as cartas. Conclua a atividade a qualquer momento, seguindo diretamente para o passo final (de seleção pessoal e implantação). Após a sessão, recolha todos os cartões, digite os conselhos e envie-os aos participantes.

Não tem participantes o bastante? Peça a cada participante que escreva dois conselhos de liderança diferentes, um em cada cartão. Durante o estágio de troca de cartões, peça aos participantes que repassem seus dois cartões, cada um para uma pessoa diferente.

43
Ato de Liderança

Se a beleza está nos olhos de quem vê, também é o caso como verias outras coisas associadas à arte. Sou fascinado com a maneira como as pessoas interpretam desenhos, pinturas, esculturas – e testes de Rorschach. Nesta atividade, usamos interpretações alternativas de arte gráfica para explorar elementos de liderança.

Objetivo

Identificar as características de líderes eficientes.

Participantes

Mínimo: 2.

Máximo: Qualquer número.

Ideal: 10 a 30.
(Os participantes são divididos em grupos de 4 a 6.)

Tempo

20 a 45 minutos.

Materiais

- Folhas de papel em branco.
- Caixas de lápis de cera.
- Apito.

Fluxo

Forme equipes. Divida os participantes em equipes de tamanhos iguais, com quatro a seis membros cada. Faça as equipes se sentarem ao redor de uma mesa.

Distribua os materiais. Coloque folhas de papel em branco e caixas de lápis de cera no meio de cada mesa. Peça a cada participante que pegue uma folha de papel e que divida os lápis.

Hora de desenhar. Convide cada participante a desenhar uma figura abstrata que capture as características de um líder eficiente. Desencoraje-os de se concentrarem na qualidade artística e incentive-os a dar vazão a seus pensamentos e sentimentos intuitivos. Proíba os artistas de usar qualquer palavra, letra, número ou símbolo encontrado em um teclado de computador. Também aconselhe aos participantes a não olharem os trabalhos de arte dos outros. Anuncie um limite de tempo de 5 minutos para esta atividade.

Hora de parar. Ao final de 5 minutos, apite e diga aos artistas que encerrem sua atividade. Assegure-os de que não é importante que os trabalhos de arte tenham sido terminados.

Interprete as figuras das outras pessoas. Em cada mesa, peça que os participantes se revezem mostrando suas figuras. Enquanto fazem isso, peça a cada pessoa que faça a difícil tarefa de se manter calada. Convide outros participantes na mesa a tratar a figura como uma representação simbólica de características de liderança eficientes, e que falem o que vêem. Não é preciso que os participantes se revezem para apresentar suas interpretações. Qualquer um pode oferecer seus *insights* quando se sentir inspirado.

Interprete sua própria figura. Depois que todas as figuras tiverem sido interpretadas, peça a cada participante que repita o processo de levantar seu desenho. Porém, desta vez, cada participante deve descrever que característica de liderança a figura pretende transmitir.

Discussão

Incentive uma discussão final em cada mesa. Utilize questões semelhantes a estas a fim de estruturar esta discussão:

- *Que características de liderança foram mencionadas com mais freqüência?*
- *Que características de liderança foram inesperadas e únicas?*
- *Com que precisão os outros interpretaram seus desenhos?*
- *Com que precisão você interpretou os desenhos dos outros?*
- *Qual característica de liderança é seu ponto forte? Você incluiu esta característica em seu desenho?*
- *Que característica de liderança lhe falta? Você a incluiu em seu desenho?*

44
Envelopes de Liderança

O treinamento em liderança é uma indústria em franco crescimento. Por mais de um milênio, as pessoas têm articulado princípios básicos de liderança. De Buda e Confúcio a Bennis e Covey, filósofos, políticos, sociólogos e gurus de gerenciamento resumiram os princípios mais importantes de ser um líder eficaz. Para nos tornarmos melhores líderes, tudo que precisamos é traduzir estes princípios em prática. Envelopes de Liderança ajudam os participantes a fazerem exatamente isto.

Objetivo

Explorar aplicações de princípios de liderança no cotidiano.

Participantes

Mínimo: 10.

Máximo: Qualquer número.

Ideal: 12 a 30.
(Os participantes são divididos em 5 equipes.)

Tempo

30 a 90 minutos.

Materiais

- **Envelopes de princípios de liderança.** Escreva um princípio de liderança na face de cada envelope.
- **Cartões de resposta.** Quatro cartões de papel para cada equipe.
- Canetas ou lápis.
- Cronômetro.
- Apito.

Montagem

Organize as mesas em um formato aproximadamente circular, com as cadeiras em torno de cada mesa.

Fluxo

Organize os participantes. Divida os participantes em quatro a seis equipes de três a sete membros. As equipes devem ser aproximadamente do mesmo tamanho.

Instrua os participantes. Revise os princípios de liderança. Explique aos participantes que a atividade exige que eles traduzam estes princípios em comportamentos do dia-a-dia do trabalho.

Distribua o material. Dê um envelope de princípio de liderança e quatro cartões de papel para cada equipe.

Conduza a primeira rodada. Peça aos membros da equipe que discutam o princípio de liderança do envelope que receberam e identifiquem como este princípio pode ser aplicado a decisões e comportamentos do trabalho. Diga aos membros da equipe que escrevam frases curtas, descrevendo estes exemplos de aplicação em um cartão de papel. Anuncie um limite de tempo de 3 minutos, e incentive as equipes a trabalharem rapidamente. Explique que os cartões de resposta das equipes serão eventualmente avaliados em termos tanto do número quanto da qualidade das idéias de aplicação.

Conclua a primeira rodada. Após 3 minutos, apite e anuncie o final da primeira rodada. Peça a cada equipe que coloque seu cartão de resposta (o cartão de papel com as idéias de aplicação) dentro do envelope e repasse este para a próxima equipe, sem lacrá-lo. Avise às equipes que não abram os envelopes que receberem.

Conduza a segunda rodada. Peça às equipes que leiam o princípio de liderança no envelope que receberam, mas que não olhem os exemplos de aplicação no cartão de resposta que está dentro. Diga às equipes que listem idéias de aplicação relacionadas a este princípio em um novo cartão de resposta. Após 3 minutos, apite e peça às equipes que coloquem o cartão de resposta dentro do envelope e repassem-no à próxima equipe.

Conduza mais rodadas. Conduza mais duas rodadas do jogo, usando o mesmo procedimento.

Conduza uma rodada de avaliação. Comece a quinta rodada exatamente como as anteriores. Porém, diga às equipes que elas não terão de escrever mais idéias de aplicação. Em vez disso, as equipes devem avaliar os quatro cartões de resposta que estão dentro do envelope. Para fazer isso, elas revisarão os exemplos em cada cartão de resposta, e então irão comparar o mérito geral dos cartões entre si. As equipes têm 100 pontos para distribuir entre os quatro cartões de resposta para indicar o mérito relativo de cada um. Anuncie um limite de tempo apropriado para esta atividade de avaliação.

Apresente os resultados. Ao final do limite de tempo, cheque as equipes para se certificar de que elas completaram a tarefa e anotaram o número de pontos dados em cada cartão de resposta. Escolha uma equipe aleatoriamente para apresentar os resultados de sua avaliação. Peça à equipe que anuncie o princípio de liderança no envelope e que leia os exemplos de aplicação em cada cartão, começando pelo cartão que recebeu o menor número de pontos. A equipe deve ler os cartões em ordem ascendente de pontos atribuídos. Depois de ler todos os quatro cartões, a equipe deve informar como distribuiu os 100 pontos e explicar rapidamente os critérios utilizados para esta distribuição.

Determine o vencedor. Instrua as equipes a colocarem todos os cartões de resposta em uma mesa na frente da sala; chame então cada equipe para recolher seus cartões. Peça às equipes que somem os pontos em seus cartões para determinar sua pontuação total. Convide os membros de cada equipe a anunciarem sua pontuação total. Identifique e parabenize a equipe com mais pontos.

Discussão

Conduza uma discussão de encerramento para agregar valor à atividade. Eis alguns exemplos de perguntas:

- *Quais os padrões interessantes entre os exemplos de aplicação?*
- *Você consegue encontrar semelhanças entre exemplos de aplicação relacionados a princípios de liderança diferentes?*
- *Para qual princípio de liderança foi mais difícil criar exemplos de aplicação? Para qual foi mais fácil? Por quê?*
- *Reflita sobre sua situação no trabalho. Qual a idéia de aplicação de princípio de liderança que você poderia implantar imediatamente?*

Reutilização

ENVELOPES DE LIDERANÇA É UM ARCABOUÇO PARA JOGOS: Você pode utilizar sua estrutura em uma atividade adequada para explorar vários tópicos de treinamento. Tudo que precisa fazer é preparar um conjunto de envelopes com princípios que sejam pertinentes ao tópico de treinamento escolhido.

45
Epigramas

Gosto de colecionar, criar e usar ditados curtos. Contudo, quero ir além de só fazer pôsteres estáticos desses ditados. Epigramas é minha tentativa de incorporar interatividade a estas palavras de sabedoria. Esta atividade oferece uma abertura eficiente para *workshops* de treinamento em liderança.

Objetivo

Refletir sobre princípios de liderança importantes.

Participantes

Mínimo: 2.

Máximo: 30.

Ideal: 5 a 15.

Tempo

10 a 45 minutos.

Materiais

- Cartões de epigramas (vide abaixo).
- Canetas ou lápis.
- Material de Apoio, Epigramas de Liderança.

Preparação

Crie cartões de epigramas. Reúna ou crie vários ditados, frases, aforismos, máximas, *slogans*, truísmos ou provérbios relacionados a liderança. Imprima ou escreva cada item em um cartão diferente. Faça uma cópia extra de cada epigrama.

Fluxo

Distribua os epigramas. No início da sessão, distribua os cartões de epigramas de modo que:

- cada participante receba dois epigramas diferentes;
- cada epigrama seja dado a dois participantes diferentes.

Convide à reflexão. Peça aos participantes que reflitam sobre cada epigrama, descubram seu significado mais profundo e identifiquem sua aplicação pessoal. Avise aos participantes que você irá pedir que façam uma apresentação curta de ambos os epigramas que receberam.

Peça a apresentação em pares. Após uma pausa adequada, escolha aleatoriamente um dos epigramas da lista. Leia-o ou exiba-o na tela. Peça aos dois participantes que receberam os cartões com este epigrama que se revezem e façam suas apresentações.

Incentive a discussão. Após as duas apresentações, solicite comentários dos outros participantes. Caso seja apropriado, peça aos participantes que votem (por aplausos) na melhor apresentação.

Continue a atividade. Repita o processo com outros epigramas escolhidos aleatoriamente.

Conclua a atividade. Caso tenha um grupo maior, não é necessário convidar cada participante para fazer uma apresentação. Após algumas apresentações em pares, convide os participantes, que acham que têm *insights* importantes, para compartilhar e fazerem suas apresentações. Conclua a atividade distribuindo um folheto contendo a lista completa de epigramas de liderança.

Variações

Apresentações distribuídas. Em vez de conduzir todas as apresentações em pares ao final da atividade, você pode distribuí-las durante a sessão de *workshop*. Por exemplo, você pode conduzir duas apresentações de pares após cada intervalo para café e para almoço.

Reutilização

EPIGRAMAS É UM ARCABOUÇO PARA JOGOS: Você pode utilizar sua estrutura para criar uma atividade adequada para explorar vários tópicos de treinamento. Tudo que precisa fazer é reunir uma lista de frases relacionadas ao tópico de treinamento.

Epigramas de Liderança

1. Grandes necessidades exigem grandes líderes. (Abigail Adams)
2. A liderança deve nascer da compreensão das necessidades daqueles que serão afetados por ela. (Marian Anderson)
3. Nenhum homem será um grande líder se quiser fazer tudo sozinho ou receber todo o crédito por fazê-lo. (Andrew Carnegie)
4. Você não precisa ter um cargo para ser um líder. (Anthony J. D'Angelo)
5. Não se lidera dando na cabeça das pessoas – isto é agressão, não liderança. (Dwight D. Eisenhower)
6. Um senso de humor é parte da arte da liderança, de se dar bem com as pessoas, de realizar as coisas. (Dwight D. Eisenhower)
7. A massa dá novas forças ao líder. (Evenius)
8. Tudo que fizer será insignificante, mas é muito importante que você faça. (Mahatma Gandhi)
9. A liderança não é praticada tanto em palavras, mas em atitudes e em ações. (Harold Geneen)
10. O líder deve ser prático e realista, mas ao mesmo tempo deve falar a língua do visionário e idealista. (Eric Hoffer)
11. A liderança tem um trabalho mais duro a fazer do que apenas escolher lados. Ela precisa reuni-los. (Jesse Jackson)
12. O único treinamento de verdade para liderança é a própria liderança. (Anthony Jay)
13. A liderança e a aprendizagem são indispensáveis uma à outra. (John F. Kennedy)
14. A tarefa do líder é levar seu povo de onde está para onde ainda não foi. (Henry Kissinger)
15. Por causa de não ousar estar à frente do mundo, uma pessoa torna-se a líder do mundo. (Lao-tsé)
16. Quando o líder eficiente termina seu trabalho, as pessoas dizem que ele aconteceu naturalmente. (Lao-tsé)
17. Eu sou seu líder, eu na verdade devo segui-los. (Alexandre Auguste Ledru-Rollin)
18. O teste final de um líder é que ele deixe atrás de si a convicção e a vontade de seguir adiante em outros homens. (Walter J. Lippmann)
19. A função da liderança é produzir mais líderes, e não mais seguidores. (Ralph Nader)
20. Um líder ... quase sempre age subconscientemente, e então pensa nas razões para suas ações. (Jawaharlal Nehru)
21. A liderança se baseia na inspiração, não na dominação; na cooperação, não na intimidação. (William A. Wood)

46
Decodificação

O estilo *centralizador* de liderança tem uma reputação ruim nestes tempos de inclusão e participação. Todavia, quando há uma emergência e você é a pessoa mais competente, há muito o que ser dito sobre chamar para você a responsabilidade.

O verdadeiro nome deste jogo é Chame a Responsabilidade, mas se você usar este nome estará entregando o aspecto de aprendizagem secreto.

Objetivo

Explorar fatores que facilitam ou inibem uma pessoa de assumir um estilo de liderança centralizador.

Participantes

Mínimo: 10.

Máximo: Qualquer número.

Ideal: 15 a 30.
(Os participantes são divididos em equipes de 4 a 7.)

Tempo

30 a 45 minutos.

Materiais

- Uma cópia da Folha de Instruções para cada jogador.
- Uma única cópia da Folha de Instruções Secretas.
- Uma cópia do Criptograma para cada jogador.
- Uma única cópia da Folha de Resposta para o facilitador.
- Folhas de papel em branco.
- Canetas ou lápis.
- Apito.
- Cronômetro.

Fluxo

Organize as equipes. Divida os participantes em equipes de quatro a sete membros cada. Faça cada equipe se sentar ao redor de uma mesa.

Instrua os participantes. Pergunte quantos participantes já resolveram criptogramas antes. Explique brevemente o que é um criptograma (usando as informações da Folha de Instruções). Explique que, neste jogo, todas as equipes irão resolver um criptograma.

Explique os limites de tempo e o sistema de pontuação. Se uma equipe resolver um criptograma inteiro corretamente em 2 minutos, ela recebe 200 pontos. Caso ela precise de mais de 2 minutos, porém menos de 3, a equipe recebe 50 pontos. Se ela levar mais de 3 minutos, ela não recebe qualquer ponto.

Explique o apoio das instruções. Antes de receber o criptograma, cada participante irá receber uma folha de instruções com dicas sobre como resolver criptogramas. Os participantes podem estudar esta folha por 2 minutos. Eles não devem fazer marcas na folha de instruções, mas podem tomar notas em uma folha de papel em branco. As folhas de instruções serão recolhidas após 2 minutos.

Explique o apoio do consultor. Em qualquer momento após receber o criptograma, uma equipe pode enviar um de seus membros para pedir ajuda do facilitador. O facilitador irá decifrar qualquer uma das palavras do criptograma escolhida pelo membro da equipe.

Distribua a folha de instruções. Insira a folha de instruções secretas no meio de uma pilha de folhas de instruções normais. Coloque um número apropriado de folhas de instruções viradas para baixo em cada mesa.

Conduza uma atividade auto-instrutiva. Ajuste o cronômetro para 2 minutos. Peça a cada participante que tome uma das folhas de instruções e a estude independentemente e em silêncio. Distribua folhas de papel em branco e canetas ou lápis a todos os participantes, para fazerem anotações. Após 2 minutos, apite, anuncie o fim do período de auto-instrução e peça aos participantes que coloquem suas folhas de instruções no meio da mesa.

Distribua os criptogramas. Coloque um número apropriado de criptogramas virados para baixo em cada mesa.

Inicie a atividade de resolver os criptogramas. Ajuste o cronômetro para 2 minutos e peça às equipes que comecem a decifrar o criptograma. Lembre aos participantes que você pode decifrar qualquer uma das palavras para o benefício da equipe.

Monitore a sessão. Quando os membros da equipe vierem lhe pedir para decifrar uma palavra, consulte a folha de respostas e dê a palavra correta. Observe também o comportamento de "líder" (a pessoa que recebeu a folha de instruções secreta).

Conclua a sessão. Se alguma equipe tiver decifrado toda a mensagem corretamente antes de 2 minutos, diga-lhe que ela ganhou 200 pontos. Ao final de 2 minutos, anuncie o tempo e ajuste o cronômetro para mais um minuto. Após 3 minutos, anuncie o fim da sessão. Caso as equipes ainda não tenham resolvido o criptograma, leia a solução correta.

Revele o segredo. Explique que um dos participantes recebeu instruções secretas sobre a melhor estratégia para vencer o jogo. Explique que esta técnica simulou a competência especializada deste participante, e lhe deu um papel de liderança.

Discussão

A fim de ganhar o máximo de *insight* desta atividade e relacioná-la ao objetivo de aprendizagem, conduza uma sessão de discussão. Use questões escolhidas dentre a lista a seguir para começar a discussão:

- *As instruções especiais dadas a um participante escolhido aleatoriamente deram conhecimento extra a esta pessoa. Isto garante que ele será aceito automaticamente como líder? Que outras habilidades e características são necessárias para ser um líder eficiente?*
- *Como a pessoa selecionada comunicou a estratégia aos colegas de equipe e ao grupo como um todo? Se você fosse o líder, como você agiria?*
- *Como a pessoa escolhida convenceu os outros a seguir a estratégia cooperativa? Se você fosse o líder, como você agiria?*
- *Como a pessoa escolhida interagiu com os outros participantes? Se você fosse o líder, como você agiria?*
- *A maioria dos grupos com quem utilizei este jogo anteriormente não conseguiu implantar a estratégia. Quais foram, para você, as razões para a incapacidade dos líderes de jogos anteriores em implantar a estratégia preferida?*
- *Como os relacionamentos anteriores e as experiências em comum entre os participantes tornaram a tarefa do líder mais fácil ou difícil?*
- *Alguma outra pessoa sugeriu a mesma estratégia? O que este participante fez?*
- *O que aconteceria se outro participante tivesse recebido as mesmas instruções secretas? Como isto teria mudado a tarefa do líder?*
- *Como o limite de tempo atrapalhou o líder em sua tarefa? Como o limite de tempo o ajudou? Como você agiria como líder se tivesse bastante tempo?*
- *Você já esteve em uma situação na qual você tinha uma estratégia eficiente para um desafio, mas se segurou e não a partilhou com outras pessoas? Por quê?*

Folha de Instruções

Você provavelmente está familiarizado com códigos e criptogramas desde a infância. Em um criptograma, cada letra na mensagem é substituída por outra letra do alfabeto. Por exemplo:

QUE COMECEM OS JOGOS!

pode se tornar este criptograma:

YZF JSKFJFK SA BSPSA!

No criptograma, Y substitui Q, Z substitui U, F substitui E, e assim em diante. Repare que todo o criptograma utiliza as mesmas substituições de letras: todo E na frase é substituído por F, e todo O é substituído por um S.

Eis algumas informações para lhe ajudar a resolver criptogramas:

Freqüência de Letras

- As letras mais comuns do Português são a, e, o, s, r, i, n, d, m, u, t e c.
- As letras que mais aparecem no início de palavras são d, a, e, c e p.
- As letras que mais aparecem no final de palavras são a, o, e, s e m.

Freqüência de Palavras

- As palavras de uma letra são e, a e o (com ou sem acento).
- As palavras de duas letras mais freqüentes são de, um, se, da, os, do, as, em, no, na, me, ao, eu, só, lá, já e há.
- As palavras de três letras mais comuns são que, não, uma, com, era, por, mas, dos, lhe, foi, ele, das, sua, seu, sem, ser, nem, meu, ela e até.
- As palavras de quatro letras mais comuns são este, esta, isto, isso, será, eles, elas.

Folha de Instruções Secretas

Os outros participantes estão aprendendo como resolver um criptograma. Mas você foi especialmente selecionado para receber algumas instruções secretas.

Esqueça o procedimento de resolver criptogramas.

Eis algumas estratégias para ganhar o jogo:

- As equipes devem cooperar entre si.
- Cada equipe deve pedir ao facilitador que decifre uma palavra diferente.
- As equipes devem dividir as palavras compartilhadas entre si.
- Elas devem ajudar uma à outra para decifrar a mensagem inteira.
- Todas as equipes podem vencer, desde que decifrem a mensagem dentro do limite de tempo.

Compartilhe esta estratégia com todos. Convença-os a utilizá-la.

Criptograma

MZL KIVHFNZ JFV Z FMRXZ NZMVRIZ WV EVMXVI

___ _______ ___ _ _____ _______ __ ______

V XLNKVGRMWL. ZH EVAVH, Z NVOSLI NZMVRIZ

_ __________. __ _____, _ ______ _______

WV EVMXVI V XLLKVIZI XLN LH LFGILH.

__ ______ _ ________ ___ __ ______.

Folha de Resposta

NÃO PRESUMA QUE A ÚNICA MANEIRA DE VENCER

(MZL KIVHFNZ JFV Z FMRXZ NZMVRIZ WV EVMXVI)

É COMPETINDO. ÀS VEZES, A MELHOR MANEIRA

(V XLNKVGRMWL. ZH EVAVH, Z NVOSLI NZMVRIZ)

DE VENCER É COOPERAR COM OS OUTROS.

(WV EVMXVI V XLLKVIZI XLN LH LFGILH.)

47
Lixo

Especificar metas de desempenho é um elemento essencial do gerenciamento eficiente. Por exemplo, o sucesso de avaliações anuais de desempenho depende do estabelecimento de metas para o funcionário. Esta é uma simulação leve que utiliza objetos do dia-a-dia para enfocar aspectos importantes da especificação de metas de desempenho.

Objetivo

Especificar metas de desempenho relacionadas ao trabalho no nível certo de desafio, utilizando a escolha certa de palavras.

Participantes

Mínimo: 6.

Máximo: Qualquer número.

Ideal: 10 a 30.

Tempo

20 a 40 minutos.

Materiais

- Uma lata de lixo, uma caixa vazia, ou algum outro contêiner convencional.
- Muitas folhas de papel.
- Cronômetro.

Fluxo

Um elemento essencial desta simulação é apresentar com clareza diferentes tipos de metas expressas de maneira inapropriada ou incompleta. As instruções a seguir são oferecidas em maior nível de detalhamento (em comparação com as outras atividades) a fim de garantir uma diferenciação clara entre os tipos de metas.

1ª Rodada: "Não-Metas"

Montagem. Antes de começar esta rodada, certifique-se de que há uma lata de lixo (ou outro contêiner) por perto. Contudo, não chame atenção para ela. Amasse um pedaço de papel. Dê a um dos participantes (vamos chamar esta pessoa de Ajudante 1).

Apresentação. Evite olhar para o Ajudante 1. Fale com o grupo sobre a atividade que você irá conduzir. Explique que ela é chamada Lixo porque, no original, "Trash", em inglês, é uma sigla para "avaliação de respostas direcionadas de auxiliares subordinados" (*Targeted Response Assessment for Surbordinate Helpers*). A atividade basicamente lida com o estabelecimento de metas para pessoas que trabalham para você. Explique rapidamente a importância de se estabelecer metas mútuas em qualquer empreendimento de gerenciamento de desempenho.

Culpa. Pare no meio de sua explicação (de preferência no meio de uma frase) e olhe para seu relógio. Vire-se para o Ajudante 1 e comunique a seguinte mensagem, em suas próprias palavras:

Seu tempo acabou. Você tinha de jogar aquele papel na lata de lixo e não o fez. Deveria ser óbvio para você. Eu tenho mesmo que ficar lhe dizendo o que fazer o tempo todo? Você não consegue entender as coisas sozinho? Será que eu tenho que ficar esclarecendo o óbvio?

Minidiscussão. Pergunte ao Ajudante 1 como ele se sente. Pergunte aos outros participantes como eles se sentiriam em uma situação parecida. Tente conseguir reações de irritação, de ficar na defensiva e de ser insultado.

Explicação. Explique que você estava demonstrando uma situação de "não-meta". Peça aos participantes exemplos desta situação no trabalho, e seu impacto sobre a produtividade.

2ª Rodada: Meta Trivial

Montagem. Recolha o pedaço de papel amassado e escolha o próximo participante (Ajudante 2). Coloque a lata de lixo perto dele e comunique a seguinte mensagem, em suas próprias palavras:

Eis aqui um pedaço de papel. E aqui está uma lata de lixo. Jogue o lixo na lata. Você vai receber mais lixo dos outros. Jogue todos na lata de lixo. Seu desempenho será avaliado em termos do número de pedaços de papel jogados na lata de lixo.

Tarefa. Peça aos outros participantes que amassem mais folhas de papel. Dê o seu pedaço de papel para o Ajudante 2 e observe sua reação. Convide os outros a passarem pedaços de papel amassados ao Ajudante 2. Diga que o tempo acabou após 30 segundos, conte o número de folhas de papel na lata do lixo, e parabenize o Ajudante 2.

Minidiscussão. Como antes, pergunte ao Ajudante 2 como ele se sente. Pergunte aos outros participantes como eles se sentiriam em uma situação parecida. Tente obter reações de achar o trabalho chato, subutilização de talentos e ser tratado com condescendência.

Explicação. Explique que você estava demonstrando a situação de meta trivial. Peça aos participantes exemplos desta situação no trabalho, e seu impacto sobre a produtividade.

3ª Rodada: Meta Impossível

Montagem. Esvazie a lata de lixo, pegue uma das folhas de papel e escolha o próximo participante, que será o Ajudante 3. Comunique a seguinte mensagem em suas próprias palavras:

Fique a 3 metros de distância da lata de lixo. Use sua mão esquerda (ou a direita, se for canhoto) para arremessar este papel na lata de lixo. Fique de olhos fechados quando fizer o arremesso. Nós vamos lhe dar mais folhas de papel. Continue arremessando as folhas de olhos fechados. Além disso, lembre-se de que eu estarei mudando a lata de lixo de lugar. Não abra os olhos para espiar onde está a lata. Seu desempenho será avaliado em termos do número de folhas de papel que você acertar na lata de lixo durante os próximos 30 segundos.

Tarefa. Conduza a atividade como você a descreveu em sua mensagem. Indique o final do tempo após 30 segundos e peça ao Ajudante 3 que abra os olhos.

Minidiscussão. Tente obter reações do Ajudante 3 e dos outros participantes. Você provavelmente irá ouvir sobre frustração, incompetência, falta de *feedback* e o sentimento de ser posto em uma situação de fracasso certo.

Explicação. Explique que você estava demonstrando a situação de meta impossível. Peça aos participantes exemplos desta situação no trabalho (geralmente disfarçadas de metas ambiciosas), e seu impacto sobre a produtividade.

4ª Rodada: Meta Incompreensível

Montagem. Esvazie a lata de lixo. Dê uma folha de papel a um outro participante, o Ajudante 4. Comunique esta mensagem em suas próprias palavras (mas preservando o jargão técnico).

Sua exigência de desempenho é posicionar estes esferóides recicláveis de celulose em planos fractais, dentro de um cone de metal truncado oco. Arremesse o projétil esferóide em um arco parabólico, cujo foco esteja exatamente 125 centímetros acima da superfície superior de seu crânio. Leve em consideração a velocidade do vento, a massa inercial do projétil e a aceleração devido à gravidade de 9,81 m/s^2. Sua avaliação de desempenho nível 4 incluirá o índice em que estes projéteis alcançam velocidade terminal zero dentro do contêiner cônico truncado.

Minidiscussão. Antes mesmo que o Ajudante 4 comece a tarefa, pergunte como ele se sente. Peça comentários dos outros participantes. Tente obter as reações de confusão e de se sentir massacrado por jargão burocrático.

Explicação. Explique que você estava demonstrando a situação de meta incompreensível. Peça aos participantes exemplos desta situação no trabalho, e seu impacto sobre a produtividade.

5ª Rodada: Metas Excêntricas

Montagem. Escolha o Ajudante 5 e apresente a mensagem a seguir em suas próprias palavras, tendo o cuidado de manter uma aparência imperturbável.

Respire profundamente e se imagine vivenciando o estado máximo de realização pessoal. Ache seu centro e torne-se uno com esta linda realidade cósmica. Confie em sua intuição para conectar o recurso e o contêiner. Visualize uma união cármica perfeita entre a folha de papel e seu destino final.

Minidiscussão. Antes que o Ajudante 5 comece a tarefa, pergunte como ele se sente. Pergunte aos outros participantes como eles se sentiriam em uma situação parecida, especialmente se eles não tivessem qualquer noção anterior do que deveria ser feito. Tente obter os sentimentos de confusão e embaraço.

Explicação. Explique que você estava demonstrando a situação de meta excêntrica, que produz um impacto semelhante ao da situação de meta incompreensível anterior. Peça aos participantes exemplos desta situação no trabalho (geralmente disfarçada de funcionários motivadores), e seu impacto sobre a produtividade.

6ª Rodada: Metas "Verborrágicas"

Montagem. Escolha o Ajudante 6 e apresente a seguinte mensagem em suas próprias palavras, pronunciando-as de maneira própria e falando em tom monótono.

Você receberá uma variedade de resíduos de escritório, incluindo, embora não limitado, folhas de papel amassadas de várias cores e pesos. Você também terá acesso a uma das sete latas de lixo de padrões diferentes, geralmente posicionadas no chão. Utilizando procedimentos para levantar objetos definidos como seguros pelo Ministério do Trabalho, e alternando entre utilizar sua mão de preferência, e a outra a fim de evitar doenças de esforço repetitivo, você deve ser capaz de jogar o lixo fora, a uma taxa superior a cinco folhas a cada 30 segundos. Durante seu desempenho, você não pode consultar qualquer anotação ou material de apoio e tampouco solicitar a assistência de seus colegas ou supervisores.

Minidiscussão. Antes que o Ajudante 6 possa ajudar, grite que o tempo acabou. Pergunte as reações deste ajudante e dos outros participantes. Tente obter sentimentos de tédio, confusão e paranóia.

Explicação. Explique que você estava demonstrando a situação de meta "verborrágica". Peça aos participantes exemplos desta situação no trabalho (geralmente disfarçada de precisão), e seu impacto sobre a produtividade.

Aplicações Positivas

Demonstre que os exemplos de metas problemáticas nas simulações anteriores foram inventados. Mesmo assim, eles incorporam alguns princípios importantes. Sugira que os participantes devem fazer exatamente o oposto de tudo aquilo que você demonstrou, e que estabeleçam metas específicas, não-triviais, não-frustrantes e breves em linguagem simples.

Peça aos participantes que formem duplas e escrevam metas relacionadas à atividade de arremessar lixo. Anuncie um limite de tempo de 3 minutos.

Leia algumas metas, poucas metas selecionadas, e peça aos participantes que comentem se são apropriadas ou não. Convide os participantes a identificar elementos triviais, impossíveis, incompreensíveis, excêntricos ou "verborrágicos" – caso estejam presentes.

Peça, então, a cada participante que trabalhe individualmente e escreva metas para um desempenho relacionado ao trabalho. Anuncie um limite de tempo de 5 minutos.

Após 5 minutos, peça a voluntários que leiam suas metas. Peça aos outros que comentem cada meta, utilizando o mesmo arcabouço que antes.

Ajustes

O tamanho de grupo ideal para esta atividade é seis, com um participante assumindo o papel principal em cada rodada. Já conduzi este exercício de simulação tanto com grupos pequenos quanto com grandes. Seguem abaixo algumas sugestões sobre como modificar a atividade para adequá-la a grupos de vários tamanhos:

Com menos de seis participantes, simplesmente faça o rodízio do papel de Ajudante de modo que alguns participantes o representam mais que uma vez.

Com dez a vinte participantes, posicione a lata de lixo na frente da sala. Escolha os Ajudantes aleatoriamente, dentre as diferentes partes da sala, e peça-lhes que venham à frente. Certifique-se de que os outros membros da platéia possam observar as ações do participante.

Com centenas de participantes, faça com que grupos de sete a dez participantes se sentem em torno de mesas redondas e posicione as latas de lixo, convenientemente, por perto. Dê instruções para cada rodada na frente da sala. Durante as sessões de minidiscussão, peça aos participantes de cada mesa que conversem entre si. Caminhe em torno de algumas mesas para relatar trechos interessantes de suas conversas.

48
Freelancer

Muitos dos meus amigos que trabalhavam como gerentes no ano passado se tornaram facilitadores este ano. Se você é como eles, sabe que as pessoas têm dificuldade em definir o que exatamente um facilitador faz. Este jogo ajuda os participantes a descobrirem e discutirem os fatores que tornam um facilitador eficiente.

Objetivo

Identificar as características desejáveis em um facilitador.

Participantes

Mínimo: 10.
Máximo: Qualquer número.
Ideal: 10 a 30.
(Os participantes são organizados em equipes de 3 a 7 na parte final do jogo.)

Tempo

45 minutos a 1 hora.

Materiais

- Material de Apoio 1, Tenha um *Flip-chart*, Vamos Viajar!
- Material de Apoio 2, Características Desejáveis em um Facilitador.
- *Flip-chart*.
- Folhas de papel em branco.
- Canetas ou lápis.
- Canetas para *flip-chart*.
- Cronômetro.

Fluxo

Anuncie-se. Distribua cópias do Material de Apoio 1, Tenha um *Flip-chart*, Vamos Viajar! Peça aos participantes que leiam o folheto e redijam um anúncio para vender seus serviços como um facilitador *freelancer*. Anuncie um limite de 3 minutos para esta atividade.

Forme equipes. Divida os participantes em duas a cinco equipes, com três a sete membros cada. As equipes devem ter aproximadamente o mesmo tamanho (algumas equipes podem ter um membro extra). Peça aos membros de cada equipe que se sentem pertos uns dos outros e longe das outras equipes.

Recolha e distribua os anúncios. Recolha os anúncios de cada equipe, conferindo se todos têm um número e se não há dois números iguais. Organize os anúncios de cada equipe em pacotes separados. Dê um conjunto de anúncios de uma equipe à próxima (os anúncios da última equipe vão para a primeira).

Avalie os anúncios e escolha um facilitador. Peça a cada equipe que avalie os anúncios e escolha um candidato para a posição de facilitador. Todos os membros da equipe devem estar envolvidos neste processo de seleção, e podem usar qualquer critério para escolher o facilitador. Anuncie um limite de tempo de 5 minutos para esta atividade.

Nomeie facilitadores para as equipes. Peça a cada equipe que leia o número do anúncio do candidato selecionado. Identifique e nomeie cada facilitador selecionado para a equipe apropriada. Neste processo, cada equipe perde um membro para uma outra e ganha um facilitador de uma terceira.

Identifique as características ideais em um facilitador. Peça aos facilitadores que liderem suas equipes na próxima atividade. Cada equipe deve fazer uma lista de características desejáveis em um facilitador. Esta lista deve se basear nos critérios que a equipe usou para selecionar o facilitador. Os membros da equipe podem avaliar os anúncios para identificar as características desejáveis que eles refletem. A equipe tem 5 minutos para identificar cinco ou mais características desejáveis em um facilitador.

Compare com a lista-mestra. Peça a cada equipe que leia sua lista de características desejáveis em facilitadores. Anote estes itens no *flip-chart*. Distribua cópias do Material de Apoio 2, Características Desejáveis em um Facilitador. Explique que esta lista se baseia na análise das pesquisas acadêmicas sobre facilitação. Peça a cada facilitador que conduza uma discussão em sua equipe a fim de comparar sua lista com a lista-mestra. Anuncie um limite de tempo de 5 minutos para esta atividade.

Compare palavras com ações. Como atividade final, peça a cada equipe que leia o anúncio escrito por seu facilitador. Peça aos membros da equipe que discutam se o comportamento do facilitador foi igual, melhor ou pior do que o prometido no anúncio. Estipule um limite de tempo de 3 minutos para esta atividade.

Discussão

Conduza uma discussão sobre os *insights* dos participantes. Eis, a seguir, algumas sugestões de perguntas de discussão:

- *Que fatores você destacou em seu anúncio?*
- *Que fatores você usou para avaliar os anúncios?*
- *Como você se sentiu quanto a não ser escolhido como facilitador? Para aqueles que receberam esta tarefa, como se sentiram ao serem escolhidos?*

- *Cada equipe conduziu a primeira atividade (selecionar o melhor candidato a facilitador) sem um facilitador, e a segunda atividade (listar as características desejáveis em um facilitador) com este. Houve diferença no desempenho de sua equipe?*
- *Qual o* insight *mais importante que você teve nesta atividade?*
- *Houve diferença entre o que o facilitador prometeu em seu anúncio e como ele se comportou? Se sim, quais você acha que foram os motivos para a diferença?*
- *Se você participasse deste jogo novamente, como reescreveria seu anúncio?*

Tenha um *Flip-chart*, Vamos Viajar!

Em 2010, a *Lei Taksum-Home* removeu a maior parte das camadas do governo americano. Para competir, organizações comerciais e sem fins lucrativos se simplificaram abruptamente. Não existem mais departamentos ou setores. Nada mais de gerentes ou supervisores.

Os funcionários se organizaram em equipes multifuncionais e trabalham em projetos. Facilitadores coordenam e apóiam estas equipes. Quando um projeto é completado, o facilitador segue adiante para outra equipe em outra organização.

Você é um facilitador *freelancer*. Seu ganha-pão é vender seus talentos para equipes de projetos. Você está atrasado nas prestações de sua casa, e precisa desesperadamente de um novo trabalho. A competição entre facilitadores é dura. Você precisa se apresentar de um modo atraente para equipes que, potencialmente, podem lhe contratar.

Você decide fazer um anúncio de classificados na revista Facilitador de Fortuna. Esta revista limita anúncios a 75 palavras, e proíbe o uso de gráficos. Escreva um anúncio no espaço abaixo a fim de atrair equipes que possam lhe contratar. Enfatize todas as suas competências únicas e qualidades desejáveis.

Inclua o número de seu anúncio. Escolha qualquer número de quatro dígitos que você possa lembrar facilmente.

O número de seu anúncio: ____________________

Características Desejáveis em Facilitadores

- Alegria
- Aprendizagem contínua
- Assertividade
- Autoconfiança
- Autoconhecimento
- Auto-estima
- Auto-suficiência
- Capacidade de improviso
- Capacidade de agregar
- Capacidade de ouvir com empatia
- Confiança
- Consistência entre palavras e atos
- Crença nos valores dos participantes
- Criatividade
- Disposição para dividir responsabilidades
- Distanciamento emocional
- Eficiência
- Entusiasmo
- Espírito de aventura
- Experiência técnica
- Flexibilidade
- Foco de longo prazo
- Honestidade
- Imparcialidade
- Integridade
- Inteligência interpessoal
- Mentalidade de serviço
- Mente aberta
- Neutralidade
- Objetividade
- Preferência por diversidade
- Realismo
- Resiliência emocional
- Respeito
- Responsabilidade
- Senso de humor
- Simplicidade
- Sinceridade
- Técnicas intuitivas e racionais
- Técnicas qualitativas e quantitativas
- Tolerância por ambigüidade
- Versatilidade

49
Tarefas de Gerenciamento

Uma vez me disseram que não tenho capacidade de delegar como gerente. Então, decidi criar uma atividade que ajuda outros gerentes a delegarem melhor.

Objetivo

Explorar fatores relacionados a delegação por gerentes.

Participantes

Mínimo: 5.

Máximo: Qualquer número.

Ideal: 10 a 20.
(Os participantes são divididos em grupos de 5.)

Tempo

30 a 40 minutos.

Materiais

- Um pacote de cinco folhas de instruções para cada grupo (um para o gerente, um para o gerente-assistente e três para os funcionários).
- Uma cópia do Formulário de Cumprimento de Tarefas.
- Folhas de papel em branco.
- Canetas ou lápis.

Preparação

Prepare-se para a atividade. Faça cópias das Folhas de Instruções. Leia o conteúdo. Sublinhe o tópico de *Delegação* na folha de instruções do gerente. Sublinhe o tópico *Feedback* na folha de instruções do gerente-assistente. Sublinhe um tópico diferente (entre motivação, gerenciamento de tempo e treinamento) em cada uma destas folhas de instruções. Faça também cópias dos Formulários de Cumprimento de Tarefas para os gerentes.

Lembre estes dois aspectos importantes: Embora o foco desta atividade seja *delegação*, você pode dar a aparência que este tópico foi atribuído aleatoriamente ao gerente, dentre vários tópicos de gerenciamento diferentes. O gerente tem consideravelmente mais trabalho para fazer do que qualquer outro membro do grupo. Não deixe isto claro, para que os participantes achem que todos têm a mesma quantidade de trabalho.

Fluxo

Organize grupos. Divida os participantes em grupos de cinco e dê as folhas de instruções para cada grupo. Peça a cada membro do grupo que pegue uma folha de instruções, garantindo uma distribuição aleatória dos papéis. Peça ao gerente e ao gerente-assistente, em cada grupo, que se identifiquem. Distribua cópias do Formulário de Cumprimento de Tarefas aos gerentes.

Instrua os participantes. Apresente a atividade como uma exploração de comportamentos gerenciais. Explique rapidamente o fluxo da atividade, identificando os cinco tópicos diferentes (*feedback*, motivação, gerenciamento de tempo, delegação e treinamento) e as duas questões associadas a cada.

Comece a atividade. Peça aos gerentes que anotem a hora e peça a todos que comecem. Caminhe pelos grupos, observando a atuação dos participantes sem interferir com suas atividades.

Conclua a atividade. Encerre o jogo após 5 minutos. Verifique se os gerentes completaram suas listas e preencheram os Formulários de Cumprimento de Tarefas.

Discussão

Faça uma discussão com o grupo. Leia as várias Folhas de Instrução e indique que os gerentes não tiveram tempo suficiente para completar suas tarefas, enquanto os outros membros do grupo tiveram bastante tempo livre. Explique que o foco desta atividade foi explorar por que os gerentes não delegam.

Explore oportunidades para delegação. Leia a Folha de Instruções do Gerente novamente e peça aos participantes que identifiquem as tarefas que o gerente poderia ter delegado. Esta lista pode incluir delegação de tarefas logísticas (como observar o tempo) para uma pessoa, delegação de tarefas parciais para todos (como preencher o Formulário de Cumprimento de Tarefas), e pedir a contribuição de todos para a tarefa principal (desenvolver uma lista de doze itens relacionados a delegação). Descubra se algum gerente delegou alguma destas atividades. Parabenize estes gerentes.

Explore por que os gerentes não delegaram. Peça a cada gerente que leia a lista de motivos pelos quais gerentes não delegam tarefas. Discuta quantos destes motivos se aplicam à tarefa de preparar a lista dada ao gerente.

Investigue motivos adicionais para não delegar. Ofereça qualquer um dos itens da lista a seguir, se ele não tiver aparecido nas listas dos gerentes:

- *Ninguém disse ao gerente que ele podia delegar.*
- *É necessário muito tempo para explicar a tarefa aos outros.*
- *Os gerentes acham que apenas eles entenderam o que era necessário.*

- *Os gerentes acham que apenas eles podem cumprir a tarefa.*
- *Os gerentes acham que eles podem cumprir a tarefa melhor do que qualquer um dos outros.*
- *Os gerentes acham que ninguém pode alcançar seus altos níveis de exigência.*
- *Os gerentes não confiam nos outros.*
- *Os gerentes não têm tempo para treinar e ensinar os outros.*
- *Os gerentes não gostam de ser mandões.*
- *Os gerentes acham que não estarão fazendo seu papel se delegarem suas tarefas aos outros.*
- *Os gerentes não sabem como delegar.*
- *Os gerentes acham que os outros estão muito ocupados em suas próprias tarefas.*
- *Os gerentes querem estar no controle de tudo.*

Discuta como os gerentes podem fazer um melhor trabalho em delegar. Peça aos gerentes que leiam suas respostas à segunda pergunta relacionada a delegação: como podem delegar de maneira mais eficiente? Discuta estas idéias e peça aos outros participantes que ofereçam sugestões adicionais.

Sugira uma continuidade. Enfatize rapidamente a necessidade de aplicar os *insights* desta atividade à ação de delegar tarefas em seus ambientes de trabalho. Explique que você irá delegar a tarefa de planejamento de aplicação para cada participante individual.

Folha de Instruções do Gerente

Você tem 5 minutos para completar esta tarefa.

Você tem dois conjuntos de responsabilidades:

- Supervisionar os outros.
- Completar sua atividade de preparar uma lista.

Responsabilidades de Supervisão

- Certifique-se que um tópico diferente da Lista Atividade de Preparação de Lista seja atribuído a todos (incluindo você),
- Preencha o Formulário de Cumprimento de Tarefas durante a atividade.
- Mantenha um olho no relógio. Anuncie o tempo que resta ao final de cada período de 1 minuto.

Tarefa de Preparação de Lista

Você (e todos os outros em seu grupo de trabalho) recebeu um dos tópicos a seguir. Seu tópico está sublinhado:

Feedback

- Por que os gerentes não oferecem *feedback* útil?
- Como eles podem oferecer mais *feedback* útil?

Motivação

- Por que os gerentes não motivam seus funcionários?
- Como eles podem motivar seus funcionários de uma maneira mais eficiente?

Gerenciamento de Tempo

- Por que os gerentes não conseguem gerenciar seu tempo com eficiência?
- Como eles podem gerenciar seu tempo de uma maneira mais eficiente?

Delegação

- Por que os gerentes não conseguem delegar tarefas de maneira eficiente?
- Como eles podem delegar de uma maneira mais eficiente?

Treinamento

- Por que os gerentes não treinam seus funcionários?
- Como eles podem se tornar treinadores mais eficientes?

Sua tarefa é criar uma lista de seis respostas para cada uma das duas perguntas relacionadas a seu tópico. Use uma folha de papel à parte para preparar sua lista.

Formulário de Cumprimento de Tarefas

Cargo	Nome	Tópico Atribuído	Hora de Conclusão

Folha de Instruções do Gerente-Assistente

Você tem 5 minutos para completar a tarefa.

Você (e todos os outros em seu grupo de trabalho) recebeu um dos tópicos a seguir. Seu tópico está sublinhado:

Feedback

- Por que os gerentes não oferecem *feedback* útil?
- Como eles podem oferecer mais *feedback* útil?

Motivação

- Por que os gerentes não motivam seus funcionários?
- Como eles podem motivar seus funcionários de uma maneira mais eficiente?

Gerenciamento de Tempo

- Por que os gerentes não conseguem gerenciar seu tempo com eficiência?
- Como eles podem gerenciar seu tempo de uma maneira mais eficiente?

Delegação

- Por que os gerentes não conseguem delegar tarefas de maneira eficiente?
- Como eles podem delegar de uma maneira mais eficiente?

Treinamento

- Por que os gerentes não treinam seus funcionários?
- Como eles podem se tornar treinadores mais eficientes?

Sua tarefa é criar uma lista de uma resposta para cada uma das duas perguntas relacionadas a seu tópico. Use uma folha de papel à parte para preparar sua lista.

Caso o gerente lhe peça para fazer uma outra coisa, faça-a imediatamente (mas não seja um voluntário).

Folha de Instruções dos Funcionários

Você tem 5 minutos para completar a tarefa.

Você (e todos os outros em seu grupo de trabalho) recebeu um dos tópicos a seguir. Seu tópico está sublinhado:

Feedback

- Por que os gerentes não oferecem *feedback* útil?
- Como eles podem oferecer mais *feedback* útil?

Motivação

- Por que os gerentes não motivam seus funcionários?
- Como eles podem motivar seus funcionários de uma maneira mais eficiente?

Gerenciamento de Tempo

- Por que os gerentes não conseguem gerenciar seu tempo com eficiência?
- Como eles podem gerenciar seu tempo de uma maneira mais eficiente?

Delegação

- Por que os gerentes não conseguem delegar tarefas de maneira eficiente?
- Como eles podem delegar de uma maneira mais eficiente?

Treinamento

- Por que os gerentes não treinam seus funcionários?
- Como eles podem se tornar treinadores mais eficientes?

Sua tarefa é criar uma lista de uma resposta para cada uma das duas perguntas relacionadas a seu tópico. Use uma folha de papel à parte para preparar sua lista.

Caso o gerente lhe peça para fazer uma outra coisa, faça-a imediatamente (mas não seja um voluntário).

PARTE VI
Diversidade

50
Diferenças

Eu sempre me sinto surpreso e confuso com o fato de que somos todos diferentes de tantas maneiras. Uso Diferenças para instigar as pessoas a perceberem que a diversidade vai muito além de diferenças raciais ou étnicas.

Objetivo

Identificar as muitas maneiras pelas quais as pessoas são diferentes entre si.

Participantes

Mínimo: 6.

Máximo: Qualquer número.

Ideal: 12 a 24.

Tempo

12 a 30 minutos.

Materiais

- Folheto de apoio, Categorias de Diferenças.
- Canetas ou lápis.
- Folhas de papel em branco.

Fluxo

Conduza um exercício de completar frases. Escreva parte de uma frase no *flip-chart*:

Sou um(a) ______________________________.

Peça aos participantes que completem mentalmente a frase usando uma palavra ou mais que os diferencie dos outros.

Peça aos participantes que escrevam a palavra ou frase. Garanta que todos os participantes tenham papel e caneta ou lápis. Instrua-os a escrever a palavra (ou frase) que preenche o espaço.

Repita o processo. Peça aos participantes que completem a mesma frase de dez maneiras diferentes e que listem as alternativas de palavras (ou frases) na mesma folha de papel.

Troque as listas. Peça a cada participante que venha à frente da sala e coloque a folha de papel com o lado escrito para baixo sobre a mesa. Depois disto, peça aos participantes que peguem a lista de uma outra pessoa da mesa.

Distribua a lista de Categoria de Diferenças. Explique que este folheto se baseia em rodadas anteriores, em outras vezes que esta atividade foi realizada. Peça aos participantes que organizem os itens na lista que pegaram em categorias.

Classifique a primeira palavra. Peça aos participantes que digam a categoria para as primeiras palavras em suas listas. Discuta se as primeiras palavras tendem a favorecer alguma categoria.

Peça exemplos de várias categorias. Repasse a lista de categorias e peça aos participantes que dêem exemplos das listas que pegaram. Identifique as categorias mais populares e as menos usadas, e discuta-as.

Crie novas categorias. Peça itens da lista que não pertencem a qualquer das categorias listadas. Com a ajuda dos participantes, crie novas categorias para acomodar estes itens.

Discussão

Destaque os principais pontos de aprendizagem. Peça aos participantes que discutam os *insights* que ganharam nesta atividade. Use perguntas apropriadas para chegar à conclusão de que existem mais dimensões de diferenças do que a raça ou o país de origem.

Categorias de Diferenças

1. nível de atividade (*sedentário*)
2. idade (*de terceira idade*)
3. associações (*membro da Mesa*)
4. signo astrológico (*Áries*)
5. crença (*pró-vida*)
6. ordem de nascimento (*primogênito*)
7. etnicidade (*hispânico*)
8. tipo de família (*pessoa de uma família grande*)
9. sexo (*mulher*)
10. interesses (*leitor de estórias de mistério*)
11. idioma (*falante de espanhol*)
12. estado civil (*mulher divorciada*)
13. origem nacional (*africano*)
14. preferência política (*petista*)
15. organização (*funcionário da IBM*)
16. características pessoais (*pessoa impaciente*)
17. tipo de personalidade (*introvertido*)
18. características físicas (*pessoa alta*)
19. ideologia política (*capitalista*)
20. profissão (*treinador*)
21. abordagem profissional (*behaviorista*)
22. raça (*caucasiano*)
23. região (*nordestino*)
24. religião (*católico*)
25. classe social (*desfavorecido*)
26. *status* socioeconômico (*patricinha*)
27. estilo de raciocínio (*analítico*)
28. tribo (*Kpelle*)

51
Trios

Trabalho como membro de várias equipes multiculturais, e as desvantagens são óbvias: temos dificuldade de comunicação entre nós, somos extremamente cuidadosos para não violar os valores das outras culturas, e entramos em discussões sem fim. Mesmo assim, eu não trocaria meus colegas de equipe por clones que compartilhem todos os meus valores, crenças, preferências e estilos de trabalho.

Objetivo

Fazer o melhor uso da diversidade em um grupo.

Participantes

Mínimo: 6.

Máximo: Qualquer número.

Ideal: 12 a 30.
(Os participantes são divididos em trios.)

Tempo

20 a 30 minutos.

Materiais

- Folhas de papel em branco.
- Canetas ou lápis.
- Alfinetes.

Fluxo

Crie uma lista de características. Distribua papel e canetas ou lápis. Peça aos participantes que completem esta frase e escrevam a palavra que escolherem.

Sou um(a) ________________________.

Dê alguns exemplos (como *sou um motoqueiro. Sou um afro-descendente. Sou um gerente*). Depois que os participantes tiverem escrito a primeira palavra, peça-lhes que completem a mesma frase de dez maneiras diferentes e escrevam as outras escolhas em suas folhas de papel.

Exiba as listas. Peça aos participantes que pendurem suas listas de dez palavras na roupa, como um enorme crachá. Convide-os a caminhar pela sala e se organizarem em trios com o máximo de diversidade.

Concentre-se na diversidade complementar. Em cada trio, peça aos participantes que criem um empreendimento comercial que explore a combinação única dos três membros. O empreendimento deve pôr em uso as diferenças culturais e individuais dos membros. Um teste de interdependência entre os membros da equipe é que, se um membro sair, será impossível continuar com o empreendimento.

Exemplo: *Meu trio decide criar um programa de treinamento em vídeo para ensinar inglês como segunda língua a indianos. Eis como este empreendimento irá se utilizar de nossas diferenças:*

Sou um indiano e um criador de programas de instrução. Vou contribuir com o desenho instrucional e análise de mercado e oferecer sugestões para garantir que o programa de treinamento seja atraente a indianos.

Howard é um produtor de vídeo e do Meio-Oeste americano. Ele irá cuidar da produção e agir como a principal voz nos vídeos.

Ainda é uma professora de inglês para estrangeiros e uma mulher. Ela irá cuidar dos aspectos de ensino de idioma e oferecer sugestões para garantir que o programa de treinamento seja atraente a mulheres.

Coordene os relatórios das equipes. Após 5 minutos, peça aos trios que se revezem para apresentar seus planos de negócios. Escreva os nomes de cada empreendimento no *flip-chart*.

Discussão

Durante uma sessão de discussão, destaque como a quantidade de diversidade cultural em um país pode proporcionar uma vantagem decisiva na competitividade global.

52
Batatinhas

As pessoas muitas vezes me confundem com outras pessoas da Índia. Eu sei, nós somos todos iguais! A seguir, uma atividade interessante que ilustra uma variedade de pontos de aprendizagem.

Objetivo

Incentivar um exame consciente das características únicas de objetos e pessoas.

Participantes

Mínimo: 10.

Máximo: Qualquer número.

Ideal: 10 a 30.
(Os participantes são divididos em pequenos grupos por parte da atividade.)

Tempo

15 a 30 minutos.

Materiais

- Um pacote de batatas pequenas.
- Uma sacola de supermercado para cada mesa.
- Uma caixa de papelão ou cesta.

Fluxo

Distribua as batatas. À medida que os participantes chegarem, dê uma batata para cada pessoa. Se preferir, você também pode esperar que todos cheguem e então passe o pacote de batatas entre os participantes e peça-lhes que peguem uma cada.

Distraia os participantes. Se alguém perguntar sobre a batata, dê de ombros e diga: "vou explicar mais tarde". Comece a discutir alguns outros tópicos (como os objetivos para o *workshop* ou onde ficam os banheiros).

Pegue as batatas de volta. Peça aos participantes que as tragam à frente da sala e depositem-nas na caixa de papelão. Misture as batatas e espalhe-as na mesa.

Peça aos participantes que peguem suas batatas de volta. Diga-lhes que peguem suas batatas (as que tinham antes) da pilha sobre a mesa. Apenas alguns participantes serão capazes de cumprir esta tarefa. Após uma pausa apropriada, peça a eles que peguem qualquer batata, se não tiverem conseguido reconhecer sua batata original.

Peça aos participantes que estudem suas batatas. Envie os participantes de volta a seus assentos e instrua cada um a passar o próximo minuto inspecionando com cuidado a batata, e identificando suas características únicas. Avise aos participantes que eles deverão reconhecer e recolher suas batatas mais tarde.

Conduza uma atividade de mesa. Coloque uma sacola de mercado em cada mesa. Peça aos participantes desta mesa que coloquem todas as batatas dentro da sacola, as misturem e as joguem de volta sobre a mesa. Peça a cada participante que pegue sua batata. Sugira que os participantes com dificuldades para reconhecer suas batatas devem estudá-las melhor.

Repita a atividade na frente da sala. Peça aos participantes que coloquem suas batatas na caixa de papelão. Misture as batatas e as jogue sobre a mesa. Convide os participantes a localizar suas batatas o mais rápido que conseguirem.

Conclua a atividade. Mande os participantes de volta a seus assentos. Convide-os a levar suas amigas batatas para casa.

Discussão

Este exercício simples tem inúmeros aspectos de aprendizagem importantes. Ajuda os participantes a refletirem sobre a experiência e compartilhar seus *insights*. Escolha e use questões da lista a seguir para começar a discussão:

- *Por que a maioria dos participantes não foi capaz de localizar suas batatas durante a primeira atividade?*
- *Em geral, tendemos a classificar os objetos e as pessoas em termos de categorias gerais (como uma batata ou uma pessoa de cor) em vez de prestar atenção às características individuais únicas (como uma batata com um nódulo no meio, um pouco de poeira deste lado, e uma pele descascada ou um homem de Gana de 2 metros de altura que manca um pouco e tem um Ph.D. em psicologia clínica). Como este princípio foi ilustrado nesta atividade?*
- *Como você se classifica? Quais são algumas categorias gerais às quais você pertence?*
- *Como as outras pessoas lhe classificam? Que categorias gerais elas aplicam a você?*
- *Quando você estudou a batata, a que características você prestou atenção? O que fez a sua batata diferente das outras?*
- *Que características da sua batata eram defeitos, quais eram méritos, e quais eram apenas qualidades de uma batata?*
- *Quais são suas características únicas que lhe distinguem dos outros que pertencem à mesma categoria geral? Estas características únicas são defeitos, méritos ou qualidades neutras?*

- *Quais são algumas características únicas que outras pessoas vêem em você? Elas são defeitos, méritos ou qualidades neutras?*
- *Quais as diferenças entre identificar as características únicas de objetos (como batatas) e pessoas (como você)?*
- *Algumas pessoas marcam suas batatas ou as beliscam para ficar mais fácil identificá-las. Você tentou fazer algo assim? Você já tentou deixar a sua marca nas pessoas, a fim de tornar mais fácil identificá-las ou se relacionar com elas?*
- *Algumas pessoas têm uma capacidade maior de diferenciar batatas? É possível aprender esta capacidade?*
- *Algumas pessoas têm uma capacidade maior de diferenciar pessoas e identificar suas características únicas? Este é um talento útil? É possível aprender esta capacidade?*
- *O que aconteceria se você tivesse de se preocupar com duas batatas? Como seu comportamento mudaria?*
- *Como você se sentiu quando não conseguiu localizar sua batata? Você já teve dificuldade em reconhecer alguém que já tinha conhecido?*
- *Como esta atividade se relaciona ao conceito de estereótipos?*

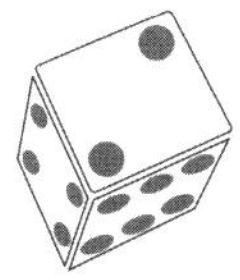

53
Segundo os Números

Eis uma atividade rápida que nos ajuda a explorar alguns aspectos de se tirar conclusões precipitadas.

Objetivo

Explorar as causas e as conseqüências de tirar conclusões precipitadas.

Participantes

Mínimo: 1.

Máximo: Qualquer número.

Tempo

5 a 10 minutos.

Fluxo

Instrua os jogadores. Diga-lhes que você irá apresentar alguns conjuntos de três números. Peça-lhes que ouçam com atenção e descubram o padrão entre os três números de cada conjunto. Apresente estes quatro exemplos:

Conjunto A. 3 – 6 – 7

Conjunto B. 14 – 28 – 29

Conjunto C. 5 – 10 – 11

Conjunto D. 2 – 4 – 5

Convide os participantes. A maioria dos participantes vai demonstrar um aspecto de saber a resposta, enquanto outros podem até falar sua explicação para a relação entre os números. Todavia, peça a todos que ouçam com atenção suas instruções. Diga-lhes que lhe ofereçam conjuntos-teste, gritando três números. Peça aos jogadores que esperem até que você tenha dito "sim" ou "não" para cada conjunto-teste antes de apresentar um outro.

Ofereça *feedback*. Os jogadores irão lhe dar conjuntos-teste que se encaixam no padrão número – número vezes dois – número vezes dois mais um. Ouça cada conjunto e diga "sim" para confirmar que o conjunto segue o padrão.

Provoque os jogadores. Após verificar alguns conjuntos-teste, pergunte aos jogadores como estão se sentindo. Faça comentários sobre o semblante vaidoso da maioria. Apresente a informação a seguir, em suas próprias palavras:

Muitos de vocês estão caindo na armadilha de generalizações precipitadas. Vocês descobriram a fórmula que liga os números. Vocês imediatamente começaram a oferecer sua hipótese, propondo conjuntos-teste que se encaixam na fórmula. Vocês se sentem bem quando seu conjunto recebe um "sim". Vocês propõem mais conjuntos-teste do mesmo tipo e aproveitam a sensação de inteligência e superioridade. Vocês têm bastante cuidado em não apresentar qualquer conjunto-teste bobo porque, se receberem um "não", todos vão pensar que vocês são estúpidos. Vocês mesmos se sentiriam assim.

Porém, um verdadeiro cientista mantém uma mente aberta e tenta provar que sua hipótese está errada. Então, por que vocês não tentam me oferecer alguns conjuntos-teste desenhados para receber um "não"?

Ofereça *feedback*. Ouça os novos conjuntos-teste e responda "sim" e "não", dependendo se eles contêm *três números inteiros em ordem ascendente.*

De acordo com esta fórmula, estes conjuntos-teste receberão um "sim":

7 – 9 – 14

19 – 24 – 25

10 – 20 – 2.000

8 – 6 milhões – 7 bilhões

E estes receberão um "não":

5 – 9 – 8

9 – 8 – 2.001

98 – 15 – 3

Volte a provocá-los. Sempre que o conjunto-teste de alguém receber um "não", pergunte a esta pessoa como se sente. Explique que a maioria das pessoas se sente deprimida quando sua hipótese é rejeitada. Na verdade, um "não" oferece informações valiosas, algumas vezes mais valiosas do que um "sim".

Acelere o processo. Explique que você irá experimentar alguns conjuntos-teste seus. Use conjuntos insanos (como 5 – 78 – 2.365.897) e dê um forte "sim" a todos.

Explique o padrão. Peça aos jogadores que digam a fórmula ou padrão que você está usando. Confirme a fórmula de três números inteiros em ordem ascendente.

Discussão

Relacione a experiência ao processo de tirar conclusões precipitadas. Explique que esta atividade simples ilustra a tendência humana a fazer generalizações precipitadas. Muitas vezes, reforçamos nossas conclusões infundadas buscando seletivamente a mesma característica entre novos exemplos.

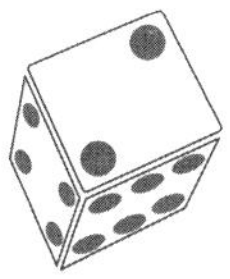

54
Tempo Livre

Uma maneira de encorajar as pessoas a serem mais inclusivas é deixar que experimentem a sensação de se serem excluídas. Isto é o que esta atividade faz.

Objetivo

Explorar a sensação de ser excluído – e de excluir os outros.

Participantes

Mínimo: 10.

Máximo: Qualquer número.

Ideal: 10 a 30.
(Os participantes são divididos em dois grupos.)

Tempo

10 a 20 minutos.

Materiais

- Pontos vermelhos e verdes autocolantes.
- Cinco *slides* de *Power Point*®, cada um com instruções secretas para os verdes.
- Projetor e telão.
- Folhas de papel em branco e canetas ou lápis.
- Apito.

Preparação

Atribua cores a cada participante. À medida que os participantes chegarem à sessão, atribua aleatoriamente um ponto verde ou vermelho. Distribua um número aproximadamente igual de pontos das duas cores. Peça aos participantes que colem estes pontos em seus crachás ou em suas testas.

Fluxo

Instrua os participantes. Peça a todos os participantes que decidam independentemente como gastarão os 5 minutos de tempo livre no meio da sessão.

Atribua estratégias de planejamento. Explique que você irá conduzir um experimento sobre estratégias de planejamento dos lados esquerdo e direito do cérebro. Peça aos participantes que verifiquem os pontos coloridos que receberam. Instrua as pessoas com pontos verdes ("verdes") a escrever uma lista de atividades para o período de 5 minutos. Peça aos participantes com pontos vermelhos ("vermelhos") que fechem os olhos e imaginem o que estarão fazendo durante os 5 minutos de tempo livre. Peça aos vermelhos que continuem imaginando de olhos fechados até que você apite.

Dê instruções secretas aos verdes. Peça aos verdes que mantenham os olhos abertos. Projete as mensagens a seguir na tela, uma por vez.

Shh!... Siga estas instruções ***secretas*** *para os verdes.*

Quando eu apitar, comece uma conversa animada. Compartilhe suas idéias sobre como gastar o período de 5 minutos de tempo livre.

Fale apenas com outros verdes. Ignore os vermelhos. Não fale com eles.

Grite para falar com outros verdes que estejam longe. Se necessário, caminhe para se encontrar com outros verdes.

Se os vermelhos falarem com você, não responda. Ignore-os.

Comece o período de discussão. Desligue o projetor e, após 1 minuto, apite e peça aos vermelhos que abram os olhos. Convide todos os participantes a compartilharem seus planos para o período livre de 5 minutos. Observe as discussões. Apite após 3 minutos e anuncie o final do período de discussão.

Discussão

Siga esta seqüência sugerida:

Pergunte "Como você se sentiu?". Estabeleça que os vermelhos se sentiram desconfortáveis quanto a serem ignorados e excluídos. Estabeleça também que alguns verdes se sentiram desconfortáveis quanto a ignorar e excluir os outros.

Pergunte "O que aconteceu?". Como um verde, o que você fez e por que o fez? Como um vermelho, o que você fez e por que o fez?

Quando os verdes explicarem que estavam apenas seguindo as instruções, explique a montagem para os vermelhos. Exiba as instruções secretas no telão novamente. Continue com a discussão.

Pergunte aos verdes "Por quê?". Discuta por que os verdes escolheram seguir as instruções, mesmo se sentindo desconfortáveis quanto a elas. Demonstre que você os "doutrinou" em apenas alguns segundos. Pergunte a eles o quão forte seria seu comportamento se você os tivesse "aculturado" por vários anos.

Relacione ao ambiente de trabalho. Pergunte "de que maneiras esta atividade é semelhante ao que acontece em seu ambiente de trabalho?" Discuta as respostas dos participantes.

Faça perguntas do tipo "E agora?". Use perguntas como "sabendo o que você aprendeu nesta atividade, como você mudaria a maneira que inclui ou exclui pessoas que são membros de grupos diferentes?"

55
Piquenique da Empresa

A maioria dos treinamentos de representação, especialmente os de duas pessoas ou de grupos pequenos, tende a ser chata e ineficiente. Em comparação, Piquenique da Empresa é uma atividade de representação para o grupo inteiro que envolve todos e proporciona uma mensagem poderosa. Esta atividade é o meu toque pessoal em um jogo de improvisação que aprendi com Alain Rostain.

Objetivo

Examinar os comportamentos associados com *status* e suas conseqüências.

Participantes

Mínimo: 12.

Máximo: Qualquer número.

Ideal: 25 a 50.

Tempo

10 a 20 minutos.

Materiais

- Um baralho normal (use baralhos adicionais se você tiver um número grande de participantes).
- Cronômetro.
- Apito.

Fluxo

Distribua as cartas. Remova os curingas dos baralhos e embaralhe as cartas. Peça aos participantes que venham à frente da sala e recebam uma carta. Instrua cada participante a segurar a carta em sua testa, com a face para fora, de modo que todos possam ver a carta menos a pessoa que a recebeu. Ninguém pode olhar sua própria carta até o final do jogo. Caso alguém tenha visto a carta acidentalmente, instrua a pessoa a devolver a carta e receber uma outra.

Monte o cenário e atribua os papéis. Ofereça este tipo de contexto e instruções em suas próprias palavras:

Vocês todos trabalham em um fabricante multinacional de parafernálias e se reuniram para um piquenique de verão, para comemorar um primeiro semestre de muito sucesso. Durante os próximos minutos, você irá interagir com o maior número de pessoas que conseguir. Trate cada pessoa como se seu status *na empresa correspondesse à carta na testa (2 é a carta mais baixa, ás a mais alta). Por exemplo, um 2 pode trabalhar na sala de correio, um ás pode ser o diretor-presidente, um rei pode ser um vice-presidente, e um 10 pode ser um gerente de divisão. Seu objetivo é oferecer, sutilmente, dicas sobre as cartas que tem, enquanto analisa as pistas que os outros dão sobre sua carta. Não diga aos outros qualquer coisa direta sobre suas cartas. E não diga nada que você não diria normalmente.*

Comece a representação. Anuncie um limite de 4 minutos, inicie o cronômetro e apite. Incentive os participantes a se misturarem.

Pare a representação. Quando os 4 minutos passarem, apite e peça aos participantes que ainda não olhem suas cartas. Peça a todos que formem uma fila única da carta mais baixa (2) à mais alta (ás), em função de qual *status* eles acham que têm. Peça aos participantes que façam isto sem olhar para suas cartas e sem dizer aos outros se eles estiverem no lugar errado. Quando a fila única tiver sido formada, diga aos participantes que verifiquem suas cartas e vejam se acertaram seus *status*.

Discussão

Pergunte aos participantes como eles se sentiram quanto a esta atividade. A maioria das pessoas irá dizer que se divertiu, e umas poucas podem confessar que se sentiram desconfortáveis. Confira com as pessoas nos extremos (2 e ás) seus sentimentos e comportamentos.

Relacione os comportamentos ao mundo real. Pergunte aos participantes se Piquenique da Empresa refletiu eventos e processos do mundo real. Incentive os participantes a relacionarem a representação àquilo que acontece na sociedade, em suas comunidades e em suas empresas.

Pergunte sobre sinais de *status* no mundo real. Questione os participantes quanto ao equivalente das cartas na empresa. Que tipos de relógios de pulso, jóias, mobílias, celulares e carros indicam a posição de uma pessoa na hierarquia corporativa?

Faça perguntas do tipo *e se...?* Eis algumas sugestões:

- *E se eu tivesse conduzido a representação por 10 minutos?*
- *E se eu tivesse outra rodada de representação com as cartas reembaralhadas e redistribuídas?*
- *E se só tivéssemos um ás e vários 2 e 3?*
- *E se você topasse com seu chefe durante a representação – e ele tivesse um 2?*

Faça as pessoas se auto-examinarem. Pergunte quantas pessoas se sentiram desconfortáveis porque acreditavam em tratar todos igualmente, mas esta representação as impediu de fazê-lo. Prossiga perguntando por que elas persistiram neste comportamento apesar do desconforto. Lide com respostas do tipo *você nos obrigou a fazer isto* ou *as regras exigiam* incentivando os participantes de modo gentil a examinarem que coisas desconfortáveis eles fazem no mundo real simplesmente por causa de pressões externas e de regras e regulamentos arbitrários.

PARTE VII
Resolução de Problemas

56
Zoom

Sessões de *brainstorm* e outras técnicas criativas têm aplicações óbvias à resolução de problemas. As mesmas técnicas também podem ser utilizadas como ferramentas interativas no início, no meio e no final de uma sessão de treinamento. Zoom é um exemplo de técnica de *brainstorm* especializada que pode ser usada como uma atividade de abertura (para apresentar conceitos de vendas e marketing), uma atividade no meio (para apresentar o conceito de níveis de abstração) ou no final (como um exercício de aplicação).

Objetivo

Gerar e integrar idéias de vendas e de marketing.

Participantes

Mínimo: 6.

Máximo: Qualquer número.

Ideal: 12 a 30.
(Os participantes são divididos em duas ou mais equipes de 3 a 7 membros cada.)

Tempo

25 a 40 minutos.

Materiais

- Cartões de estímulo de *brainstorm* em cinco níveis de abstração (ver sessão de Preparação).
- *Flip-charts*, um para cada equipe.
- Canetas para *flip-chart*.
- Cronômetro.
- Apito.

Preparação

Prepare cinco cartões de estímulo de *brainstorm* diferentes:

Nível 1. *De que maneiras podemos vender livros a profissionais pela Internet?*

Nível 2. *De que maneiras podemos vender livros pela Internet?*

Nível 3. *De que maneiras podemos vender coisas pela Internet?*

Nível 4. *De que maneiras podemos vender coisas?*

Nível 5. *De que maneiras podemos persuadir e influenciar os outros?*

Produza cópias suficientes de cada cartão, de modo que cada equipe receba todos os cinco.

Fluxo

Forme equipes. Divida os participantes em duas ou mais equipes de três a sete membros cada. Não importa se algumas equipes tiverem um membro a mais do que as outras. Peça a cada equipe que fique de pé em torno de um *flip-chart*.

Conduza a primeira rodada de *brainstorming*. Distribua os cartões de estímulo de *brainstorm* com a pergunta de Nível 1 a cada equipe. Peça às equipes que leiam a pergunta e passem 3 minutos gerando várias opções de respostas. A equipe deve anotar suas respostas no *flip-chart* ou em uma folha de papel.

Conduza a segunda rodada de *brainstorming*. Após 3 minutos, apite e anuncie o final da rodada. Distribua os cartões com a pergunta de Nível 2 a cada equipe. Como antes, os membros das equipes devem gerar várias opções de respostas para esta pergunta e anotá-las no *flip-chart*. Anuncie um limite de tempo de 3 minutos e incentive as equipes a desenvolver respostas elaborando as anteriores.

Continue com rodadas adicionais de *brainstorming*. Ao final de 3 minutos, apite e distribua os cartões com as perguntas de Nível 3. Peça às equipes que leiam a pergunta e anotem várias opções de respostas no *flip-chart*. Repita este processo mais duas vezes, encerrando com as respostas da pergunta de Nível 5.

Sintetize as idéias. Peça às equipes que releiam suas respostas e escolham as idéias mais úteis nos cinco níveis. Também instrua as equipes a integrarem as idéias em planos de ação para seus esforços de vendas e de marketing.

57
Um a Dez

Se duas pessoas fossem trocar dólares, ambas terminariam onde começaram. Mas se elas trocassem idéias, ambas acabariam com duas idéias cada, em uma taxa de retorno de 100% do investimento. Em Um a Dez, alavancamos este princípio demodo que todos os participantes recebem uma taxa de retorno de 1.000% sobre seu investimento de idéias.

Objetivo

Gerar e compartilhar idéias para resolver um problema ou para aproveitar uma oportunidade.

Participantes

Mínimo: 6.

Máximo: Qualquer número.

Ideal: 10 a 30.
(Os participantes são divididos em equipes de 3 a 6 membros cada.)

Tempo

20 a 40 minutos.

Fluxo

Organize as equipes. Divida os participantes em duas ou mais equipes de tamanho aproximadamente igual, cada uma com três a seis membros.

Em uma recente Conferência de Treinadores em Vancouver, usamos Um a Dez como uma atividade de encerramento. Tivemos aproximadamente 70 participantes distribuídos em equipes de cinco ou seis membros em mesas redondas.

Instrua os participantes. Especifique um problema a ser solucionado, um tópico a ser explorado ou uma oportunidade a ser aproveitada. Peça a cada participante que trabalhe independentemente, a fim de criar uma idéia relacionada ao tópico. Faça uma pausa por um período de tempo apropriado para permitir que os participantes desenvolvam suas idéias.

Compartilhe suas idéias com alguém de outra equipe. Convide os participantes a caminharem pela sala e formarem duplas com alguém de uma equipe diferente. Os dois participantes devem compartilhar suas idéias entre si. Peça aos participantes que ouçam com atenção ao outro, de modo que possam repetir a idéia do outro mais tarde.

Apresente duas idéias de sua equipe. Depois de uma pausa adequada, dê um aviso de 30 segundos restantes. Peça aos participantes que se certifiquem de que os dois membros de cada dupla trocaram suas idéias. Após 30 segundos, peça aos participantes que voltem a suas equipes. Peça, então, a eles que se revezem apresentando duas idéias: as suas próprias e as idéias que ouviram de seus parceiros durante a etapa anterior. Cada membro da equipe deve apresentar as idéias em ordem aleatória, sem identificar a quem pertence cada uma. Em outras palavras, eles devem apresentar a idéia de seu parceiro como se fosse sua. Depois que cada participante terminar de apresentar as duas idéias, os outros membros da equipe tentam adivinhar qual é a idéia do apresentador e qual foi tomada emprestada de outra pessoa. O apresentador identifica a sua idéia. Este procedimento se repete até que todos na equipe tenham apresentado duas idéias.

Escolha as idéias úteis. Peça aos membros de cada equipe que analisem em silêncio as idéias que ouviram e escolham aquelas que podem usar imediatamente. Após uma pausa de uns 30 segundos, peça a cada membro de equipe que diga aos outros quantas idéias úteis eles recolheram.

58
Um, Dois e Mais

Será que as pessoas preferem trabalhar sozinhas, com um parceiro ou em uma equipe? Tudo depende da situação.

Um, Dois e Mais é uma atividade flexível para explorar vários tópicos, utilizando conjuntos de perguntas diferentes. Uma característica única desta atividade é que se responde a cada pergunta em três modos: individual, em dupla e em equipe.

Objetivo

Explorar os modos de trabalho individual, em parceria e em equipe.

Participantes

Mínimo: 6.

Máximo: 30.

Ideal: 12 a 24.
(Os participantes são divididos em duplas e em equipes.)

Tempo

20 a 40 minutos.

Materiais

- Cartões de identificação (para detalhes, ver Duplas e Equipes).
- Folhas de papel em branco.
- Canetas ou lápis.
- *Slides* com perguntas de discussão.
- *Flip-charts* para o trabalho em equipe.
- Canetas para *flip-chart*.
- Apito.
- Cronômetro.

Preparação

Especifique um tópico a ser explorado. Selecione um tópico abrangente sem fazer com que ele soe vago ou abstrato.

Especifique uma lista de perguntas. Você pode utilizar qualquer seqüência de sugestões de perguntas apropriadas de acordo com processos como resolução de problemas, sistemática, tecnologia de desempenho humano ou resolução criativa de problemas. Três a cinco questões propiciam um conjunto eficiente.

Exemplo:

1. *Que coisas estamos fazendo excepcionalmente bem em termos de satisfação do cliente?*
2. *Quais são alguns elementos em comum entre as melhores práticas em nossos esforços de satisfação do cliente?*
3. *Como podemos aplicar estas melhores práticas em outras áreas de nossa organização?*

Fluxo

Instrua os participantes. Apresente o tópico de discussão (por exemplo: *"satisfação de nossos clientes"*). Explique que você irá explorar o tópico respondendo a três perguntas-chave. Demonstre que os participantes trabalharão individualmente, em duplas e em equipes.

Faça a primeira pergunta. Projete um *slide* com uma pergunta ou a escreva no *flip-chart*. Exemplo: "*Que coisas estamos fazendo excepcionalmente bem em termos de satisfação do cliente?*"

Atribua trabalho individual. Peça aos participantes que trabalhem individualmente, criando várias respostas para a pergunta. Incentive-os a escrever notas para você. Anuncie um limite de tempo de 2 minutos.

Distribua os cartões de identificação aos participantes. Após 2 minutos, apite e dê um cartão com uma letra e um número (A1, A2, A3, B1, B2, B3, etc.) para cada participante.

Atribua trabalho com um parceiro. Peça a cada participante que verifique seu cartão e forme uma dupla com outra pessoa que tem o mesmo número, mas uma letra diferente (*exemplos:* A1-B1, A2-B2 e A3-B3). Convide os parceiros a discutirem suas respostas à pergunta. Anuncie um limite de tempo de 3 minutos. Incentive os parceiros a tomarem notas sobre suas conclusões.

Atribua trabalho em grupo. Após 3 minutos, apite e peça a cada participante que verifique seu cartão e forme uma equipe com as pessoas que têm a mesma letra, mas números diferentes (*exemplos:* A1, A2, A3 e B1, B2, B3). Convide os membros da equipe a compartilharem informações de suas discussões anteriores em duplas e que discutam as mesmas perguntas mais uma vez. Anuncie um limite de tempo de 5 minutos. Incentive os membros das equipes a usarem o *flip-chart* (se disponível) ou papel e lápis para tomar notas.

Processe a segunda pergunta. Projete um *slide* com a pergunta ou a escreva no *flip-chart* (exemplo: "*Quais são alguns elementos em comum entre as melhores práticas em nossos esforços de satisfação do cliente?*"). Explique que os participantes responderão a pergunta usando os três modos diferentes, como antes. Porém, você irá mudar a seqüência. Comece pedindo aos participantes que primeiro formem duplas e discutam a pergunta. Depois do limite de tempo, forme equipes e peça-lhes que compartilhem suas conclusões das discussões em duplas anteriores. Finalmente, peça aos participantes que utilizem alguns minutos para refletir individualmente sobre a pergunta e tomem notas sobre suas respostas pessoais.

Processe a terceira pergunta. Use uma abordagem semelhante como antes, mas mude a seqüência. Apresente a pergunta (exemplo: "*Como podemos aplicar estas melhores práticas em outras áreas de nossa organização?*"). Comece com o modo de trabalho em equipe. Peça, então, aos participantes que trabalhem individualmente. Conclua a rodada pedindo aos participantes que trabalhem com seus parceiros.

Conclua a sessão. Recapitule rapidamente o tópico e as três perguntas. Convide os participantes a relatarem respostas para cada uma destas perguntas. Agradeça aos participantes e os encoraje a aplicar suas conclusões desta atividade.

Discussão

Nesta atividade, os participantes vivenciam três modos diferentes de trabalhar: individualmente, com um parceiro e em uma equipe. No final da sessão, você pode conduzir uma discussão para incentivar os participantes a refletirem sobre estas experiências e ganharem *insights* sobre seus estilos de trabalho preferidos. Seguem algumas sugestões de perguntas para a discussão final:

- *Que modo você preferiu: trabalhar independentemente, trabalhar com um parceiro ou trabalhar com uma equipe?*
- *Que modo foi mais produtivo: trabalhar independentemente, trabalhar com um parceiro ou trabalhar com uma equipe?*
- *Quais as vantagens de responder as perguntas individualmente?*
- *Em que condições o trabalho individual é preferível ao trabalho com outras pessoas?*
- *Quais as vantagens de começar uma atividade com o trabalho individual?*
- *Quais as vantagens de concluir uma atividade com o trabalho individual?*
- *O que teria acontecido se você não tivesse trabalhado com mais ninguém, e tivesse respondido a três perguntas sozinho?*
- *O que teria acontecido se tivéssemos pulado a atividade individual e discutíssemos as respostas a todas as três perguntas com outras pessoas?*
- *Quais as vantagens de trabalhar com um parceiro para responder as perguntas e tomar decisões?*
- *Em que condições trabalhar com um parceiro é preferível a trabalhar sozinho?*
- *Quais as vantagens de começar uma atividade com um parceiro?*
- *Quais as vantagens de concluir uma atividade com um parceiro?*
- *O que teria acontecido se você tivesse trabalhado exclusivamente com um parceiro?*
- *O que teria acontecido se não tivéssemos trabalhado com um parceiro em momento algum desta atividade?*
- *Quais as vantagens de trabalhar como uma equipe?*

- *Em que condições trabalhar em uma equipe é preferível a trabalhar sozinho ou com um parceiro?*
- *Quais as vantagens de começar uma atividade com o trabalho em equipe?*
- *Quais as vantagens de concluir uma atividade com o trabalho em equipe?*
- *O que teria acontecido se você tivesse trabalhado exclusivamente em equipes enquanto discutia todas as três perguntas?*
- *O que teria acontecido se tivéssemos pulado o trabalho em equipe e discutíssemos as respostas a todas as três perguntas individualmente? E se você tivesse trabalhado com um único parceiro durante toda a atividade?*
- *O que você preferiria: trabalhar com o mesmo parceiro ou com parceiros diferentes? Por quê?*
- *O que você preferiria: trabalhar com os mesmos membros de equipe ou com membros de equipe diferentes? Por quê?*

Duplas e Equipes

Use a tabela abaixo para criar cartões para montar duplas e equipes.

Se tiver um número ímpar de participantes, reserve um cartão para você, de modo que forme uma dupla com um dos participantes e se torne parte de uma equipe. Fique atento para não dominar a discussão quando participar do trabalho em dupla ou em equipe.

Número de Participantes	Cartões	Número de Duplas	Número de Equipes	Membros em Cada Equipe
6	A1, A2, A3, B1, B2, B3	3	2	3
8	A1, A2, A3, A4, B1, B2, B3, B4	4	2	4
10	A1, A2, A3, A4, A5, B1, B2, B3, B4, B5	5	2	5
12	A1, A2, A3, A4, A5, A6, B1, B2, B3, B4, B5, B6	6	2	6
14	A1, A2, A3, A4, A5, A6, A7, B1, B2, B3, B4, B5, B6, B7	7	2	7
16	A1, A2, A3, A4, B1, B2, B3, B4, C1, C2, C3, C4, D1, D2, D3, D4	8	4	4
18	A1, A2, A3, A4, A5, B1, B2, B3, B4, B5, C1, C2, C3, C4, D1, D2, D3, D4	9	4	4-5
20	A1, A2, A3, A4, A5, B1, B2, B3, B4, B5, C1, C2, C3, C4, C5, D1, D2, D3, D4, D5	10	4	5
22	A1, A2, A3, A4, A5, A6, B1, B2, B3, B4, B5, B6, C1, C2, C3, C4, C5, D1, D2, D3, D4, D5	11	4	5-6
24	A1, A2, A3, A4, A5, A6, B1, B2, B3, B4, B5, B6, C1, C2, C3, C4, C5, C6, D1, D2, D3, D4, D5, D6	12	4	6
26	A1, A2, A3, A4, A5, B1, B2, B3, B4, B5, C1, C2, C3, C4, D1, D2, D3, D4, E1, E2, E3, E4, F1, F2, F3, F4	13	6	4-5
28	A1, A2, A3, A4, A5, B1, B2, B3, B4, B5, C1, C2, C3, C4, C5, D1, D2, D3, D4, D5, E1, E2, E3, E4, F1, F2, F3, F4	14	6	4-5
30	A1, A2, A3, A4, A5, B1, B2, B3, B4, B5, C1, C2, C3, C4, C5, D1, D2, D3, D4, D5, E1, E2, E3, E4, E5, F1, F2, F3, F4, F5	15	6	5

59
Dupla Negativa

Você lembra, em suas aulas de álgebra, que o negativo de um negativo é um positivo? Usamos este princípio na atividade Dupla Negativa para gerar idéias. Esta técnica é eficiente porque seu cérebro se estimula sempre que você faz alguma coisa negativa e travessa.

Objetivo

Gerar um conjunto de idéias para alcançar um objetivo.

Participantes

Mínimo: 2.

Máximo: Qualquer número.

Ideal: 10 a 40.

(Grupos de participantes maiores são divididos em 2 a 5 grupos, cada um com 4 a 6 membros.)

Tempo

20 a 40 minutos, dependendo do seu objetivo e do número de participantes.

Materiais

- Folhas de papel em branco.
- Canetas ou lápis.
- *Flip-charts.*
- Canetas para *flip-chart.*

Preparação

Especifique suas metas. Escreva a meta relacionada a um problema ou a uma oportunidade.

Exemplo: *Os participantes do* workshop *devem voltar logo após o fim do intervalo.*

Escreva a "atem". Uma "atem" é exatamente o oposto de um objetivo. Na maioria dos casos, você pode criar uma "atem" substituindo o verbo em sua meta por seu antônimo.

Exemplo: *Os participantes do* workshop *não devem voltar logo após o fim do intervalo.*

Fluxo

Forme equipes. Se você tiver de 2 a 7 participantes, peça-lhes que trabalhem em uma única equipe. Com mais participantes, divida-os em 2 a 5 equipes, cada uma com 4 a 6 membros. Não há problema se algumas equipes tiverem um membro extra.

Peça aos participantes que gerem estratégias para alcançar a "atem". Ignore sua meta original e apresente a "atem". Peça aos participantes, em tom sério, que escrevam uma lista de idéias para alcançar a "atem". Você provavelmente vai receber alguns olhares estranhos deles.

Seguem algumas idéias diferentes de um grupo recente para garantir que os participantes do *workshop* não retornarão logo após o intervalo:

- *Faça os participantes que chegarem primeiro esperarem pelos que chegarem atrasados.*
- *Repita o que você já tiver feito, para benefício dos que chegarem atrasados.*
- *Puna os participantes que retornarem cedo.*
- *Recompense os que chegarem atrasados.*
- *Garanta que os participantes não tenham o que esperar depois do intervalo.*
- *Incentive os participantes a checarem suas caixas postais e a responderem ligações durante o intervalo.*
- *Garanta que os que chegarem atrasados não irão perder nada de importante.*
- *Aceite o hábito de chegar atrasado como uma diferença cultural. Seja politicamente correto e evite impor seus valores culturais sobre os outros.*
- *Dê intervalos infreqüentes, de modo que os participantes tenham muito que fazer.*
- *Dê intervalos tão curtos que seja impossível retornar a tempo.*
- *Dê intervalos tão longos que as pessoas se distraiam.*
- *Conduza seu* workshop *em um ambiente de distrações.*
- *Volte atrasado do intervalo. Dê o exemplo de chegar atrasado.*
- *Não especifique uma hora exata de retorno. Deixe os participantes decidirem quando devem voltar.*
- *Certifique-se de que sua apresentação seja tão chata que os participantes não queiram retornar à sessão.*

Demonstre como reverter as idéias. Peça a um participante (ou equipe) que lhe dê uma de suas idéias para alcançar a "atem". Escreva esta idéia no *flip-chart*. Trabalhe com os participantes para desenvolver o oposto desta idéia, e também a escreva no *flip-chart*.

Idéia original: *Faça os participantes que chegarem primeiro esperarem pelos que chegarem atrasados.*

Reverso: *Comece no horário. Não espere pelos retardatários.*

Demonstre como criar mais de uma idéia reversa. Às vezes, você pode reverter uma estratégia de mais de uma maneira. Demonstre como fazer isto no *flip-chart*.

Idéia original: *Puna os participantes que retornarem cedo.*

Reverso 1: *Recompense os participantes que chegarem cedo.*

Reverso 2: *Puna os participantes que chegarem atrasados.*

Edite sua lista de reversos. Quando você reverter suas idéias para alcançar sua "atem", você pode acabar tendo idéias para atingir sua meta. Examine cada idéia e a reescreva de modo a torná-la mais específica e prática.

Reverso 1: *Puna os participantes que chegarem atrasados.*

Idéia editada: *Peça aos atrasados que cantem uma canção.*

Expanda sua lista. Sua lista de idéias editadas pode sugerir mais idéias. Continue acrescentando idéias a sua lista.

Discussão

Incentive uma discussão final para esta atividade. Use perguntas como as seguintes:

- Muitas pessoas acham que realizar uma sessão de *brainstorm* para idéias negativas é mais energizante do que o *brainstorming* tradicional de idéias positivas. Você teve esta sensação? O que faz este tipo de psicologia reversa funcionar para a maioria das pessoas?
- Vamos aplicar a abordagem de Dupla Negativa ao uso desta técnica. Rápido, crie uma estratégia para não usar Dupla Negativa. Agora, reverta esta idéia pelo menos duas vezes.
- Dupla Negativa é uma ferramenta de resolução de problemas. Você também pode usá-la como uma ferramenta de treinamento. Quais as vantagens de usar Dupla Negativa para treinamento?
- Existem danos em potencial no uso de Dupla Negativa como uma ferramenta de treinamento? Quais são estes danos, e como você pode removê-los ou minimizá-los?

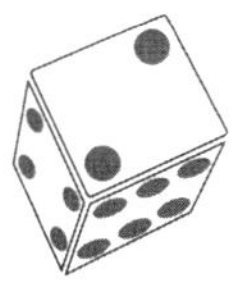

60
Letras e Números

Objetivo

Criar idéias que sejam atraentes a várias partes interessadas.

Participantes

Mínimo: 9.

Máximo: Qualquer número.

Ideal: 16 a 20.
(Os participantes se organizam e se reorganizam em duas equipes.)

Tempo

15 a 30 minutos.

Materiais

- Tabela de Alocação de Equipes para o facilitador.
- Folhas de papel em branco.
- Canetas ou lápis.
- Cronômetro.
- Apito.
- Blocos de folha de *flip-charts.*
- Canetas para *flip-chart.*
- Fita crepe.

Fluxo

Instrua os participantes. Explique que você irá facilitar uma atividade de *brainstorm* estruturada em duas partes. Especifique a meta da sessão de *brainstorm* (por exemplo: como podemos aumentar nossa fatia de mercado?).

Forme equipes. Use a Tabela de Alocação de Equipes para escolher o conjunto apropriado de Cartões de Alocação de Equipes. Distribua estes cartões, um para cada participante. Demonstre que cada cartão contém uma combinação de letras e números. Peça aos participantes que encontrem outros com a mesma letra e se organizem em equipes. Dependendo do número total de participantes, você pode ter de três a seis equipes.

Atribua papéis. Explique que cada equipe irá representar uma parte interessada específica. Atribua papéis de acordo com esta lista:

Equipe A = cliente
Equipe B = *designer*
Equipe C = marketing
Equipe D = fabricante
Equipe E = distribuidor
Equipe F = vendedores

Utilize tantos papéis quanto houver grupos. Dependendo do número total de participantes, pode haver três, quatro, cinco ou seis papéis diferentes.

Gere idéias. Peça aos membros de cada equipe que desenvolvam estratégias para alcançar a meta a partir do ponto de vista do papel que estão representando. Peça às equipes que gerem várias idéias, as discutam e escolham as dez melhores. Solicite a alguém em cada equipe que anote as idéias. Anuncie um limite de 9 minutos para esta atividade.

Forme equipes mistas. Após 9 minutos, apite e pare a atividade. Diga aos participantes que você irá reorganizá-los em um novo conjunto de equipes. Peça a eles que confiram seus Cartões de Alocação de Equipes mais uma vez e encontrem as outras pessoas com o mesmo número para formarem novas equipes.

Gere idéias. Peça aos membros das novas equipes que continuem a sessão de *brainstorm* para alcançar sua meta original. Peça-lhes que se mantenham fiéis aos papéis da rodada anterior, mas que tentem se concentrar em satisfazer as necessidades e preferências das outras partes interessadas. Incentive-os a lembrar e compartilhar suas idéias da rodada anterior e a manter a mente aberta em relação a outras perspectivas. Como antes, peça às equipes que escolham as dez melhores idéias e as anotem em uma folha de *flip-chart*. Anuncie um limite de 9 minutos para esta atividade.

Apresente as listas de idéias. Apite ao final de 9 minutos e peça às equipes que pendurem suas listas em áreas convenientes da parede. Convide todos os participantes a caminharem pela "galeria" e lerem as listas das outras equipes.

Planos de ação pessoal. Convide cada participante a escolher uma ou duas idéias dos pôsteres na parede que desejam defender e implantar.

Discussão

Conduza uma discussão final sobre os *insights* obtidos pelos participantes. Seguem algumas sugestões de perguntas para esta discussão:

- *Quais foram as diferenças em seu raciocínio (e em suas discussões) entre as duas rodadas? De qual rodada você gostou mais?*

- *O papel da parte interessada foi muito diferente do seu papel "real" no trabalho? Você teve dificuldades para representar o papel que lhe foi atribuído?*
- *O que teria acontecido se eu pedisse que os participantes representassem seus papéis da vida real na primeira rodada? Quais as vantagens e desvantagens de trabalhar em seu papel natural?*
- *Você teve dificuldades na transição de seu papel da primeira para a segunda rodada? Como você equilibrou as necessidades do seu papel de parte interessada com as necessidades de todas as partes?*
- *Durante a segunda rodada, algum membro da equipe agiu de modo teimoso para manter seu papel da rodada anterior? Como os outros membros da equipe reagiram a este tipo de comportamento?*
- *Durante a atividade, que* insights *você teve sobre o problema, sobre você mesmo e sobre o modo como as pessoas interagem quando estão resolvendo problemas?*
- *Que* insights *você teve ao realizar o* brainstorm *e avaliar idéias da perspectiva das várias partes?*
- *O que você aprendeu sobre as semelhanças e as diferenças entre as necessidades, percepções e preferências de diferentes grupos de partes interessadas?*
- *Esta atividade pode ser usada para objetivos de resolução de problemas ou para treinamento? Que tópicos e objetivos de treinamento podem tirar vantagem do uso desta atividade? Como você garantiria a aprendizagem eficaz de seus participantes?*
- *Como você conduziria esta atividade se só houvesse cinco participantes na sessão?*

Tabela de Alocação de Equipes

Participantes	Cartões de Alocação de Equipes				
9	A1, A2, A3	B1, B2, B3	C1, C2, C3		
10	A1, A2, A3, A4	B1, B2, B3	C1, C2, C3		
11	A1, A2, A3, A4	B1, B2, B3, B4	C1, C2, C3		
12	A1, A2, A3, A4	B1, B2, B3, B4	C1, C2, C3, C4		
13	A1, A2, A3, A4, A5	B1, B2, B3, B4	C1, C2, C3, C4		
14	A1, A2, A3, A4, A5	B1, B2, B3, B4, B5	C1, C2, C3, C4		
15	A1, A2, A3, A4, A5	B1, B2, B3, B4, B5	C1, C2, C3, C4, C5		
16	A1, A2, A3, A4	B1, B2, B3, B4	C1, C2, C3, C4	D1, D2, D3, D4	
17	A1, A2, A3, A4, A5	B1, B2, B3, B4	C1, C2, C3, C4	D1, D2, D3, D4	
18	A1, A2, A3, A4, A5	B1, B2, B3, B4, B5	C1, C2, C3, C4	D1, D2, D3, D4	
19	A1, A2, A3, A4, A5	B1, B2, B3, B4, B5	C1, C2, C3, C4, C5	D1, D2, D3, D4	
20	A1, A2, A3, A4, A5	B1, B2, B3, B4, B5	C1, C2, C3, C4, C5	D1, D2, D3, D4, D5	
21	A1, A2, A3, A4, A5	B1, B2, B3, B4	C1, C2, C3, C4	D1, D2, D3, D4	E1, E2, E3, E4
22	A1, A2, A3, A4, A5	B1, B2, B3, B4, B5	C1, C2, C3, C4	D1, D2, D3, D4	E1, E2, E3, E4
23	A1, A2, A3, A4, A5	B1, B2, B3, B4, B5	C1, C2, C3, C4, C5	D1, D2, D3, D4	E1, E2, E3, E4
24	A1, A2, A3, A4, A5	B1, B2, B3, B4, B5	C1, C2, C3, C4, C5	D1, D2, D3, D4, D5	E1, E2, E3, E4
25	A1, A2, A3, A4, A5	B1, B2, B3, B4, B5	C1, C2, C3, C4, C5	D1, D2, D3, D4, D5	E1, E2, E3, E4, E5
26	A1, A2, A3, A4, A5, A6	B1, B2, B3, B4, B5	C1, C2, C3, C4, C5	D1, D2, D3, D4, D5	E1, E2, E3, E4, E5
27	A1, A2, A3, A4, A5, A6	B1, B2, B3, B4, B5, B6	C1, C2, C3, C4, C5	D1, D2, D3, D4, D5	E1, E2, E3, E4, E5
28	A1, A2, A3, A4, A5, A6	B1, B2, B3, B4, B5, B6	C1, C2, C3, C4, C5, C6	D1, D2, D3, D4, D5	E1, E2, E3, E4, E5
29	A1, A2, A3, A4, A5, A6	B1, B2, B3, B4, B5, B6	C1, C2, C3, C4, C5, C6	D1, D2, D3, D4, D5, D6	E1, E2, E3, E4, E5
30	A1, A2, A3, A4, A5, A6	B1, B2, B3, B4, B5, B6	C1, C2, C3, C4, C5, C6	D1, D2, D3, D4, D5, D6	E1, E2, E3, E4, E5, E6

61
Palavras Grandes

Como mágico, eu às vezes uso um cúmplice na platéia para me ajudar a realizar efeitos intrigantes. Palavras Grandes não é um truque de mágica, mas utiliza um cúmplice para demonstrar um ponto importante. Aliás, o nome original deste jogo era Planejamento Proativo. Porém, este nome entrega um segredo importante. Então, eu o mudei para seu atual nome sem graça.

Objetivo

Enfatizar a importância do planejamento de longo prazo.

Participantes

Mínimo: 2.

Máximo: Qualquer número.

Ideal: 10 a 20.
(Os participantes trabalham individualmente.)

Tempo

10 a 20 minutos.

Materiais

- Material de Apoio, Como Jogar Palavras Grandes.
- Canetas ou lápis.

Preparação

Material de apoio com sugestões de palavras. Faça cópias do material de apoio para cada jogador. Em cada cópia, em algum lugar da margem, escreva duas das palavras a seguir, usando palavras diferentes para cada cópia:

acordos, apartamentos, aposentadoria, apresentações, arranjos, artistas, audiência, corrente, distanciamento, empreendimento, geradores, imitar, intérprete, interrogar, líder, magistrado, pragmatismo, pré-acordo, pressentimento, programadores, protesto, rearranjos, reclamar, regenerar, renegociar, representação, segmentação, tamanduá, tangerinas, transparente e *transportar.*

Um cúmplice secreto. Bem antes de conduzir o jogo, encontre um cúmplice adequado. Explique a esta pessoa que você irá realizar um jogo de palavras em três rodadas.

Dê a esta pessoa uma cópia do material de apoio e peça-lhe que a leia. Tenha certeza de que esta pessoa entendeu como jogar o jogo. Diga a esta pessoa que você irá ensinar uma estratégia secreta que lhe garantirá a vitória. Escreva estas três palavras na margem e peça que seu cúmplice as utilize nesta ordem para as três rodadas do jogo:

EU
GERENCIAMENTO
REPÓRTERES

Explique a seu cúmplice que ele irá perder a primeira rodada, mas que quase que certamente ganhará as duas seguintes.

Fluxo

Distribua cópias do material de apoio. Peça aos participantes que leiam as instruções.

Explique as anotações na margem. Diga aos participantes que alguns folhetos contêm palavras anotadas por um jogador anterior. Sugira que os participantes podem usar estas palavras, mas que podem criar palavras mais longas.

Conduza a primeira rodada. Apite, faça uma pausa de 30 segundos para indicar o início da primeira rodada, e apite novamente para concluí-la. Peça aos participantes que mostrem suas palavras uns aos outros (escondendo as palavras escritas na margem). Declare que o jogador com a palavra mais longa é o vencedor da primeira rodada. Você pode ter mais de um vencedor para a primeira rodada. Seu cúmplice definitivamente vai perder.

Conduza a segunda rodada. Repita o processo. Seu cúmplice irá ganhar esta rodada – a não ser que algum outro jogador tenha criado uma estratégia parecida.

Conduza a terceira rodada. Repita o processo mais uma vez. Seu cúmplice também vai ganhar esta rodada.

Identifique o vencedor do jogo. Parabenize seu cúmplice por ter ganho o maior número de rodadas.

Discussão

Confesse aos participantes que você contou a estratégia vencedora ao cúmplice. Caso alguma outra pessoa tenha criado uma estratégia semelhante, a parabenize por seu raciocínio proativo. Peça aos participantes que pensem sobre a experiência e que analisem a estratégia vencedora. Faça as perguntas apropriadas para obter estes pontos de aprendizagem:

- *É importante criar planos proativos em vez de reativos para resultados imediatos.*
- *As limitações de tempo nos tentam a esquecer o planejamento proativo.*
- *Não temos paciência para ler e refletir sobre todos os detalhes em uma folha de instruções.*
- *Você pode ganhar a batalha, mas perder a guerra.*
- *Às vezes, é preciso perder cedo para ganhar mais tarde.*
- *Ficamos tentados a nos valer de rompantes de sorte (como as palavras "deixadas" na margem) sem pensar sobre as conseqüências de longo prazo de nossas ações.*

Como Jogar Palavras Grandes

A A A C D E E E E G I I J L M N O O P R R S S T T T U

Estude as vinte e sete letras listadas acima. Algumas delas (A, E, I, O, R, S, T) se repetem mais de uma vez, e outras (B, F, H, K, Q, V, W, X, Y, Z) estão faltando.

Você (e todos os outros jogadores) tem as mesmas vinte e sete letras.

O jogo tem três rodadas. Você vence cada rodada se formar a palavra mais longa, usando tantas das letras acima quanto possível. As letras que você usar durante cada rodada não vão estar disponíveis para as rodadas subseqüentes.

1ª **Rodada.** Quando ouvir o apito, comece a formar palavras. Você tem 30 segundos para criar uma palavra em Português, utilizando qualquer uma das letras acima.

Escreva sua palavra aqui: ______________________________

Pare quando ouvir o apito novamente.

Risque as letras usadas para formar suas palavras. Você não poderá usá-las nas próximas rodadas do jogo.

2ª **Rodada.** Ao ouvir o apito novamente, comece a segunda rodada.

Escreva sua palavra aqui: ______________________________

Pare quando ouvir o apito novamente. Risque as letras usadas para formar suas palavras. Não use qualquer das letras riscadas na próxima rodada.

3ª **Rodada:** Vamos jogar mais uma rodada, como antes.

Escreva sua palavra aqui: ______________________________

62
Novos Anagramas

Com freqüência tenho problemas para pensar de modo convencional. Infelizmente, o modo de funcionamento padrão do meu cérebro, automaticamente, rejeita soluções óbvias e me faz criar alternativas inovadoras. Conseqüentemente, às vezes acabo com uma solução complicada em vez de uma fácil. Novos Anagramas é uma brincadeira que pune as pessoas que são espertas demais – e criativas demais – para o seu próprio bem. Infelizmente, não posso me beneficiar deste jogo porque eu já sei o segredo!

Objetivo

Criar soluções simples para problemas, mesmo após ser premiado por soluções mais complexas e criativas.

Participantes

Mínimo: 1.

Máximo: Qualquer número.

Ideal: 10 a 30.
(Os participantes trabalham individualmente.)

Tempo

5 a 15 minutos.

Materiais

- Folhas de papel em branco.
- Canetas ou lápis.
- *Flip-chart*.
- Canetas para *flip-chart*.
- Cronômetro.
- Apito.

Fluxo

Instrua os participantes. Explique que você irá resolver vários anagramas. Diga aos participantes que eles podem escolher resolver os anagramas individualmente, com um parceiro ou em equipe. Eles também podem mudar de idéia entre um anagrama e outro.

Demonstre como resolver um anagrama. Escreva estas duas palavras no *flip-chart* com um sinal de mais (+) entre elas:

EM + OBRA

Diga aos participantes: "reorganize as seis letras neste par de palavras para soletrar uma só".

Faça uma pausa enquanto os participantes trabalham. É possível que alguém grite a solução ou diga que resolveu.

Depois de um intervalo apropriado, dê a solução: EMBORA.

Apresente o próximo anagrama. Escreva estas duas palavras no *flip-chart* como antes:

JUGO + MENTAL

Diga aos participantes: "reorganize as letras neste par de palavras para soletrar uma só". Também instrua os participantes a se levantarem se resolverem o anagrama.

Espere 20 segundos ou até que alguém se levante (o que ocorrer primeiro). Anuncie a solução: JULGAMENTO.

Repita o processo. Use estes pares de palavras (tente resolver os anagramas antes de conferir as respostas).

ESPIGA + ROSA

PANO + ACESO

DAR + AGORA

DESTE + BARCO

Repita sempre as mesmas instruções:

"Reorganize as letras neste par de palavras para soletrar uma só".

Após apresentar cada par de palavras, espere 20 segundos ou até que alguém se levante antes de anunciar a resposta.

Dê o teste final. Diga aos participantes que você irá apresentar um outro par de palavras como teste final. Escreva estas palavras no *flip-chart*:

OU + MAS

Repita a instrução-padrão:

"Reorganize as letras neste par de palavras para soletrar uma só".
(Tente resolver este anagrama antes de conferir a resposta.)

Espere por uns 50 segundos enquanto os participantes se esforçam para encontrar a resposta em vão.

Anuncie a solução do anagrama (entre as reclamações dos participantes).

Discussão

Faça uma discussão sobre o que os participantes aprenderam. Faça as perguntas apropriadas para ajudá-los a elucidar este ponto:

Às vezes, tentamos as coisas com muito afinco e ficamos espertos demais para nosso próprio bem. Em vez de seguir instruções simples, pensamos de modo criativo e complicamos nossa vida sem necessidade.

Seguem abaixo alguns outros *insights* de participantes anteriores. Divida-os com seu grupo e convide-os a reagir a cada um deles:

- *Existe uma vantagem em entender as frases dos outros literalmente.*
- *Impomos restrições desnecessárias a nós mesmos.*
- *Quando temos sucesso, ficamos complacentes.*
- *O sucesso cedo nos faz ignorar estratégias alternativas.*
- *Quanto mais tentamos, mais difícil o problema se torna.*
- *Quando estamos com pressa, ignoramos abordagens alternativas.*
- *Pessoas diferentes ficam entediadas com atividades diferentes.*

Convide os participantes a criarem exemplos da vida real para estes princípios.

Soluções

ESPIGA + ROSA = PASSAGEIRO

PANO + ACESO = SAPONÁCEO

DAR + AGORA = AGARRADO

DESTE + BARCO = DESCOBERTA

Solução (para o "teste final"):

OU + MAS = UMA SÓ

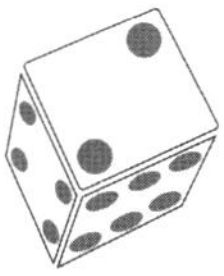

63
Comparações

Esta atividade dá aos participantes várias oportunidades de pensarem lateralmente.

Objetivo

Explorar como o sucesso inicial, geralmente, dificulta o pensamento criativo.

Participantes

Mínimo: 1.

Máximo: Qualquer número.

Ideal: 10 a 20.
(Grupos maiores de participantes são divididos em equipes de 4 a 8 membros.)

Tempo

10 a 20 minutos.

Materiais

- Peças de letras. Corte 20 quadrados de cartolina, medindo 10 centímetros de lado. Copie estas letras nas peças, uma por peça: P A I O F M E C G S E R T D. Use apenas letras maiúsculas.
- Prepare um conjunto de peças para cada equipe de participantes. Coloque cada conjunto de 14 peças em um envelope.

Fluxo

Distribua as letras. Dê um envelope com as peças para cada equipe. Peça às equipes que tirem as peças dos envelopes e as organizem em ordem alfabética.

Instrua os participantes. Explique que uma comparação é aproximação explícita entre duas coisas, conectadas por palavras como *qual* ou *como* (p. ex.: *duro como pedra* ou *sujo como um porco*). Anuncie que você irá apresentar uma comparação incompleta e que as equipes deverão escrever a palavra que falta, usando as peças que receberam.

Apresente a primeira comparação. Diga: *"Tal 'espaço', tal filho.*

Que palavra vai no espaço em branco? Escreva esta palavra usando suas peças".

Faça uma pausa por um tempo apropriado e anuncie a resposta certa: *pai.*

Continue com as outras comparações. Repita o processo com estas comparações, uma de cada vez, substituindo o espaço em branco pela palavra entre parênteses: *isto vende como* (pão) *quente, não há tempero como a* (fome), (cego) *como um morcego,* (esperto) *como uma raposa,* (rápido) *como um raio* e *burro como uma* (porta). Com cada comparação, anuncie as respostas corretas após uma pausa apropriada.

As equipes não terão dificuldade em responder rápida e corretamente. Você está lhes dando problemas fáceis para garantir sucesso imediato. Isto irá deixá-las prontas para o desafio no próximo passo.

Lance o desafio. Sem mudar o procedimento, apresente esta comparação incompleta: *doce feito "espaço"*. Espere que as equipes escrevam a palavra correta com as peças.

A resposta "óbvia" é *mel*. Contudo, as peças não incluem a letra l. Como as equipes acabaram pensando em um padrão de rotina, é difícil que criem uma resposta rápida. Porém, existem (pelo menos) três maneiras de completar esta comparação com as peças disponíveis:

1. Criar uma outra comparação. Escreva a palavra *mãe* para sugerir tais comparações:

   Doce como mãe

   Doce como cidra

   Doce feito dia

2. Escreva MET com as peças.

   M E T

Vire o "T" de cabeça para baixo e esconda a parte inferior esquerda do traço com outra peça com a face virada para baixo.

3. Use as peças "M" e "E", e utilize as outras peças (com a face virada para baixo) para desenhar a letra "L", num arranjo como o abaixo:

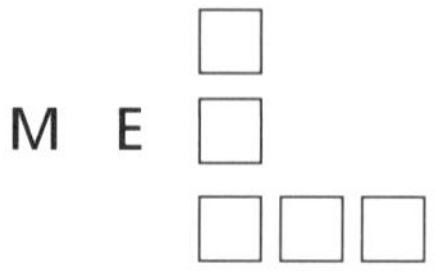

Obtenha respostas alternativas. Espere alguns minutos para ver se alguma equipe desenvolve algumas destas (ou outras) respostas aceitáveis. Caso as equipes continuem com dificuldades, ofereça algumas dicas (como "sua comparação não precisa ser um clichê" ou "você consegue transformar um E em um F?" ou "pense no verso das peças como pixels de uma tevê"). Sempre que uma equipe conseguir criar uma resposta, mostre-a às outras equipes. Incentive-as a criarem soluções alternativas.

Discussão

Pergunte aos participantes o que aconteceria se você tivesse começado o jogo com "doce como 'espaço'" como o primeiro item. Incentive uma discussão sobre como o sucesso inicial resultou em rotinas banais que impediram a resolução criativa de problemas. Convide os participantes a identificarem rotinas habituais em seus processos de trabalho, e a desenvolverem estratégias criativas para lidar com estas rotinas.

64
Suposições

Quando se trata de criatividade e resolução de problemas, "não faça suposições desnecessárias" é um excelente conselho, embora, infelizmente, muitos treinadores e gerentes façam a tola suposição de que, quando se diz às pessoas que não façam suposições desnecessárias, elas irão imediatamente perceber sua estupidez e irão dominar o novo conceito, mudar seus padrões de comportamento e viver felizes para sempre. Na verdade, é preciso dar às pessoas experiências repetidas de suposições problemáticas antes que elas abandonem seu estado de negação. Suposições faz isso ao pegar as pessoas em armadilhas várias vezes.

Objetivo

Aumentar a percepção das suposições que fazemos e seu impacto.

Participantes

Mínimo: 1.

Máximo: Qualquer número.

Ideal: 10 a 50.
(Os participantes trabalham individualmente para resolverem quebra-cabeças.)

Tempo

30 a 45 minutos.

Materiais

- Projetor de LCD.
- Tela.
- *Flip-chart.*
- Canetas para *flip-chart.*
- Folhas de papel em branco.
- Canetas ou lápis.
- Cronômetro.
- Apito.

Fluxo

Apresente o primeiro quebra-cabeça. Escreva os grupos de letras abaixo em um *flip-chart* ou projete-os na tela. Diga aos participantes que cada grupo de letras está impresso em uma peça única, e peça-lhes que organizem as seis peças para formar três palavras. Peça aos participantes que se levantem quando tiverem resolvido o quebra-cabeça.

GEREN ÇÃO

LI ETO

OBJ CIAR

Dê um tempo para a solução. Este quebra-cabeça é relativamente fácil, e a maioria das pessoas irá resolvê-lo rapidamente. Após um intervalo adequado, confirme a solução:

GERENCIAR
LIÇÃO
OBJETO

Verifique as suposições. Faça estas três perguntas:

- *Que suposições você fez antes de resolver este quebra-cabeça? (Resposta típica: deve ter alguma pegadinha em algum lugar.)*
- *Estas suposições lhe ajudaram ou atrapalharam?*
- *Que suposições você está fazendo depois de ter resolvido o quebra-cabeça? (Resposta típica: isto é fácil. Eu sou um gênio!)*

Apresente o segundo quebra-cabeça. Escreva estes grupos de letra no *flip-chart* ou projete-os na tela. Diga aos participantes que cada grupo de letras está impresso em uma peça única, e peça-lhes que organizem as seis peças para formar três palavras. Peça aos participantes que se levantem quando tiverem resolvido o quebra-cabeça.

APO STE

SIM SENTAR

AS DESGA

Dê um tempo para a solução. Este quebra-cabeça é mais difícil do que o primeiro. Espere cerca de 30 segundos e confirme a solução:

DESGASTE
APOSENTAR
ASSIM

Verifique as suposições. Faça estas três perguntas:

- *Que suposições desnecessárias você fez, antes de resolver este quebra-cabeça?*
- *Estas suposições lhe ajudaram ou atrapalharam?*
- *Que suposições você está fazendo depois de ter resolvido o quebra-cabeça? (Resposta típica: o facilitador está trapaceando. Vou evitar cometer este erro nas próximas vezes.)*

Apresente o terceiro quebra-cabeça. Escreva os grupos de letras abaixo em um *flip-chart* ou projete-os na tela. Diga aos participantes que cada grupo de letras está impresso em uma peça única, e peça-lhes que organizem as seis peças para formar três palavras. Peça aos participantes que se levantem quando tiverem resolvido o quebra-cabeça.

DUR A

AP TERNO

ETNA RIG

Dê um tempo para a solução. Isto irá frustrar a maioria dos participantes. Espere 30 segundos e confirme a solução (mesmo que ninguém tenha resolvido):

AGIR
PATERNO
DURANTE

Haverá uma onda imediata de protestos. Lembre aos participantes que todos os grupos de letras estão em peças, e explique que você apenas virou as peças ao contrário para mudar a seqüência de letras:

AP -> PA

ETNA -> ANTE

RIG -> GIR

Verifique as suposições. Faça estas três perguntas:

- *Que suposições desnecessárias você fez antes de resolver este quebra-cabeça? (Não se pode mudar as letras de lugar.)*
- *Estas suposições lhe ajudaram ou atrapalharam?*
- *Que suposições você está fazendo depois de ter resolvido o quebra-cabeça? (Resposta típica: isto foi um truque barato. Vou ficar mais alerta nas próximas vezes.)*

Apresente o quarto quebra-cabeça. Escreva os grupos de letras abaixo em um *flip-chart* ou projete-os na tela. Diga aos participantes que cada grupo de letras está impresso em uma peça única, e peça-lhes que organizem as seis peças para formar três palavras comuns. Enfatize a pequena mudança nas instruções. Peça aos participantes que se levantem quando tiverem resolvido o quebra-cabeça.

AV COM

RAS TER

UNS SPAL

Dê um tempo para a solução. Espere 30 segundos e confirme a solução:

TRESPALAVRASCOMUNS

Verifique as suposições. Faça estas três perguntas:

- *Que suposições desnecessárias você fez antes de resolver este quebra-cabeça? (Respostas típicas: é necessário haver um espaço entre as palavras. As palavras devem terminar após uma peça.)*
- *Estas suposições lhe ajudaram ou atrapalharam?*
- *Que suposições você está fazendo depois de ter resolvido o quebra-cabeça? (Resposta típica: não é possível haver outro tipo de pegadinha.)*

Apresente o quinto quebra-cabeça. Escreva os grupos de letras abaixo em um *flip-chart* ou projete-os na tela. Diga aos participantes que cada grupo de letras está impresso em uma peça única, e peça-lhes que organizem as seis peças para formar três palavras. Peça aos participantes que se levantem quando tiverem resolvido o quebra-cabeça.

PRE FA

DER PO

SSA ACP

Dê um tempo para a solução. Espere 30 segundos e confirme a solução:

PRESSA
POSSA
PODER

Verifique as suposições. Faça estas três perguntas:

- *Que suposições desnecessárias você fez antes de resolver este quebra-cabeça? (Respostas típicas: "ACP" não pode ser parte de qualquer palavra em Português. Cada peça só pode ser usada uma vez. Todas as peças precisam ser usadas.)*
- *Estas suposições lhe ajudaram ou atrapalharam?*
- *Que suposições você está fazendo depois de ter resolvido o quebra-cabeça? (Resposta típica: deve haver algum outro motivo para eu estar errando sempre.)*

Apresente o sexto quebra-cabeça. Escreva os grupos de letras abaixo em um *flip-chart* ou projete-os na tela. Diga aos participantes que cada grupo de letras está impresso em uma peça única, e peça-lhes que organizem as seis peças para formar três palavras. Peça aos participantes que se levantem quando tiverem resolvido o quebra-cabeça.

ARP CAA

EPR SIQ

SDU OOE

Dê um tempo para a solução. Espere 30 segundos e confirme a solução:

A R P
C A A
E P R
S I Q
S D U
O O E

Caso alguns participantes não entendam, peça-lhes que leiam as três palavras na vertical: acesso, rápido e parque.

Verifique as suposições. Faça estas três perguntas:

- *Que suposições desnecessárias você fez antes de resolver este quebra-cabeça? (Resposta típica: estas não podem ser palavras em Português. Todas as palavras devem ser escritas na horizontal, da esquerda para a direita.)*
- *Estas suposições lhe ajudaram ou atrapalharam?*
- *Que suposições você está fazendo depois de ter resolvido o quebra-cabeça? (Resposta típica: esta droga vai ter que acabar alguma hora.)*

Apresente o sétimo quebra-cabeça. Escreva os grupos de letras abaixo em um *flip-chart* ou projete-os na tela. Diga aos participantes que organizem as letras nas seis peças para formar três palavras. Repita esta instrução porque ela é um pouco (mas significativamente) diferente das instruções anteriores. Peça aos participantes que se levantem quando tiverem resolvido o quebra-cabeça.

COM	GRA
PES	ICA
ESA	ARA

Dê um tempo para a solução. Espere 30 segundos e confirme a solução:

POESIA
ACERCA
GRAMAS

Lembre aos participantes que suas instruções pediam que eles organizassem as letras e não as peças, como nas vezes anteriores.

Verifique as suposições. Faça estas três perguntas:

- *Que suposições desnecessárias você fez antes de resolver este quebra-cabeça? (Resposta típica: são as mesmas instruções de antes.)*
- *Estas suposições lhe ajudaram ou atrapalharam?*
- *Que suposições você está fazendo depois de ter resolvido o quebra-cabeça? (Resposta típica: daqui a pouco é a hora do intervalo.)*

Apresente o oitavo quebra-cabeça. Escreva os grupos de letras a seguir em um *flip-chart* ou projete-os na tela. Diga aos participantes que cada grupo de letras está impresso em uma peça única, e peça-lhes que organizem as seis peças para formar três palavras. Peça aos participantes que se levantem quando tiverem resolvido o quebra-cabeça.

MAI	VAL
CON	SON
CHE	GAR

Dê um tempo para a solução. Espere 30 segundos e confirme a solução:

MAISON

GARÇON

CHEVAL

Verifique as suposições. Faça estas três perguntas:

- *Que suposições desnecessárias você fez antes de resolver este quebra-cabeça? (Resposta típica: todas as palavras devem ser em Português.)*
- *Estas suposições lhe ajudaram ou atrapalharam?*
- *Que suposições você está fazendo depois de ter resolvido o quebra-cabeça? (Resposta típica: o próximo vai ser fácil.)*

Discussão

Peça desculpas aos participantes por tê-los torturado. Conduza uma discussão informal, pedindo-lhes que discutam a atividade e apresentem os pontos de aprendizagem que tiraram dela. Faça um resumo dos principais aspectos que você quer comunicar: é fácil fazer suposições desnecessárias que nos impedem de resolver problemas. Explique que, embora você tenha usado oito variações diferentes do quebra-cabeça, é provável que haja várias outras suposições desnecessárias que podemos fazer. Convide os participantes a criarem mais variações diabólicas deste tema e as compartilharem com você.

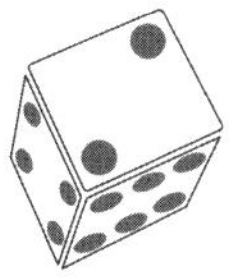

65
Critérios

Sou um comprador compulsivo de bugigangas eletrônicas – e, assim que compro a última novidade, não tenho problema algum para explicar ao meu contador por que não posso viver sem ela. Este meu comportamento neurótico é a base para Critérios, uma atividade de tomada de decisões.

Eis minha racionalização deste comportamento de "escolha primeiro, justifique depois": quando as pessoas lógicas planejam comprar um computador, elas começam por um conjunto de critérios e escolhem o melhor equipamento a partir das opções que satisfazem estes critérios. O problema com esta abordagem racional é que não se sabe ao certo qual o conjunto inicial de critérios, e você pode acabar sentindo remorso depois de sua escolha final. Em Critérios, você joga este processo de cabeça para baixo.

Objetivo

Identificar os fatores que contribuem para sua percepção de qualidade ou do que é atraente.

Participantes

Mínimo: 6.

Máximo: Qualquer número.

Ideal: 10 a 30.

(Os participantes são divididos em equipes na parte final do jogo.)

Tempo

15 a 45 minutos, dependendo da complexidade das opções.

Materiais

- Uma coleção de itens, objetos ou descrições (em um jogo recente, por exemplo, usamos descrições diferentes de uma dúzia de *MP3 players*).
- *Flip-chart*.
- Canetas para *flip-chart*.
- Fita crepe.

Fluxo

Distribua os itens. Dê de sete a doze itens para cada participante. Se você tiver números maiores de itens, distribua conjuntos diferentes aos vários participantes.

Em nosso exemplo de jogo, demos o mesmo conjunto de doze descrições de produtos a todos os jogadores.

Atribua tarefas individuais. Peça aos participantes que escolham o melhor item. Mantenha seus pedidos em termos gerais para evitar sugerir qualquer critério. Caso os participantes peçam detalhes, solicite que usem seu próprio julgamento. Anuncie um limite de tempo adequado para completar a tarefa.

Pedimos aos participantes que avaliassem os doze itens e escolhessem os três melhores em 5 minutos.

Atribua uma tarefa em equipe. Ao final do limite de tempo, peça aos participantes que se organizem em equipes de tamanhos iguais, com três a seis membros cada. Em cada equipe, peça aos participantes que reflitam sobre por que escolheram o que escolheram e criem uma lista de critérios. Incentive as equipes a criarem uma lista dos vários critérios que utilizaram de maneira intuitiva ou explícita no processo de seleção.

Eis alguns dos critérios que as equipes criaram: preço, características, memória flash, *fabricante, disponibilidade, capacidade do* hard drive, *durabilidade,* design, *formatos compatíveis, cor, peso e funcionalidades.*

Peça às equipes que organizem os critérios. Convide-as a retirar critérios repetidos e a organizar os critérios restantes em categorias lógicas. Dê uma folha de *flip-chart* a cada equipe e peça a seus membros que anotem suas listas organizadas.

Uma equipe organizou os critérios em três grupos: valor, capacidade e versatilidade.

Conduza uma atividade de exposição e avaliação. Peça aos membros que colem suas folhas de *flip-chart* na parede. Convide os participantes a avaliarem o que os outros grupos produziram.

Conduza um exercício de aplicação. Peça aos membros que escolham os critérios mais importantes e os apliquem para selecionar a melhor opção.

As equipes repassaram as mesmas doze opções e aplicaram ou três ou cinco critérios para compará-las e escolher a melhor. Muitos participantes ficaram surpresos em ver que sua escolha foi bem diferente da original – e mesmo assim não tiveram a sensação de autocensura.

Discussão

A fim de garantir uma aprendizagem eficaz a partir desta atividade, conduza uma discussão final. Use questões como as que seguem para estruturar a discussão:

- Em geral, você faz suas escolhas de maneira impulsiva ou deliberada?
- Existe alguma diferença no modo pelo qual você faz escolhas em casa e no trabalho? Qual a razão para esta diferença?
- Em que situações fazer uma escolha rápida é mais eficiente? E em quais é melhor trabalhar de uma maneira sistemática?
- Quais foram alguns critérios populares usados pela maior parte das pessoas em sua equipe? Quais foram alguns dos critérios únicos?

66
Carma

"Aproveite o momento" é um bom conselho. "Pense no futuro" é outro. Carma oferece aos participantes um pouco de prática em escolher entre estas duas diretrizes ao tomar uma série de decisões.

Objetivo

Explorar o impacto de se escolher viver o momento ou deixar as conseqüências futuras determinarem suas decisões.

Participantes

Mínimo: 2.

Máximo: Qualquer número.

Ideal: 10 a 20.
(Os participantes são divididos em duplas.)

Tempo

15 a 30 minutos.

Materiais

- Um conjunto de 10 cartas de baralho pretas (ás a 10 de espadas e paus) e 10 vermelhas (ás a 10 de copas e ouros) para cada jogador (você pode reunir este conjunto de cartas de um baralho convencional).
- Folhas de papel em branco.
- Canetas ou lápis.

Fluxo

Instrua os participantes. Demonstre as regras do jogo, jogando uma partida de exemplo com um voluntário da platéia. Assuma o papel de crupiê e deixe que o voluntário tome as decisões. Jogue de acordo com as regras explicadas a seguir.

Encontre um parceiro. Peça aos participantes que encontrem um parceiro. Dê a cada dupla um conjunto de dez cartas pretas e dez vermelhas. Escolha um jogador para ser o crupiê e o outro para tomar as decisões da primeira rodada.

Explique o objetivo básico. Diga aos participantes que este é basicamente um jogo de paciência em dez rodadas. O objetivo do jogo é acumular a pontuação mais alta possível ao final da décima rodada. Explique que os participantes geralmente atingem um placar de 50 pontos.

Conduza a primeira rodada. Peça aos crupiês que segurem o conjunto de cartas pretas, embaralhem e peçam ao outro jogador que escolha qualquer carta e a vire para cima.

Diversão razoável. Se a carta escolhida tiver um valor de 1 a 5 (o ás vale 1), este valor é anotado na folha de pontuação do jogador como o placar de diversão para a primeira rodada.

Diversão perigosa. Se a carta escolhida pelo outro jogador tiver um valor maior do que 5, ela é chamada carta de tentação. O jogador pode escolher aproveitá-la ou resistir.

- Caso o jogador escolha aproveitá-la, o valor da carta é anotado na folha de pontuação como o valor de diversão da primeira rodada. Neste caso, o crupiê pega algumas cartas do grupo de cartas vermelhas embaralhadas (com a face virada para baixo) e as coloca no conjunto de cartas pretas. O número de cartas vermelhas depende da magnitude da tentação: se o jogador aceitar um 6, uma carta vermelha é inserida no conjunto de cartas pretas. Caso ele tenha aceitado um 7, são duas cartas vermelhas, e assim por diante (o número de cartas vermelhas é igual ao valor da carta de tentação menos 5).
- Caso o jogador resista à carta de tentação, ele não recebe qualquer ponto de diversão para a rodada. Também não se insere qualquer carta vermelha no conjunto de cartas pretas.

Continue o jogo. Continue o jogo da mesma maneira. O valor de qualquer carta preta menor do que 6 é somado à pontuação de diversão do jogador para a rodada. Em caso de cartas de tentação, o jogador pode escolher aceitá-la (o que resulta em somar pontos ao placar e em inserir cartas vermelhas ao conjunto) ou resisti-la (o que resulta em não se ganhar qualquer ponto na rodada e em que nenhuma carta vermelha seja inserida no conjunto).

Como lidar com as cartas vermelhas. Em qualquer rodada, se o jogador escolher uma carta vermelha, seu valor é subtraído da pontuação total do jogador.

Reflita sobre o passado. Em qualquer rodada, o jogador pode escolher refletir. Isto envolve não pegar qualquer carta, mas tomar o conjunto de cartas do crupiê, inspecioná-lo e retirar uma carta vermelha qualquer. A jogada de reflexão não soma pontos ao placar total, mas reduz a probabilidade de se perder pontos nas rodadas seguintes.

Conclua o jogo. O jogo acaba após a décima rodada. O placar total de diversão do jogador é seu placar para o jogo.

Inverta os papéis. O jogador do primeiro jogo se torna o crupiê do próximo. Repita o jogo como antes.

Discussão

A fim de que os participantes não tratem Carma apenas como uma atividade recreativa, mas ganhem *insights* úteis, conduza uma discussão final. Use questões como esta para estruturar a discussão:

- *Como este jogo reflete sua vida profissional?*
- *Como este jogo reflete sua vida pessoal?*
- *O segundo jogador permitiu que o placar do primeiro influenciasse suas escolhas e percepções do placar final? Por que você acha que isto acontece? Como isto reflete a vida real?*
- *Quando surgiu a primeira carta de tentação, o que você decidiu fazer? Por quê?*
- *Como você teria reagido se seu placar ficasse negativo?*
- *Qual foi sua decisão na última rodada? Ela foi significativamente diferente do seu comportamento durante as rodadas anteriores?*
- *Você decidiu refletir em algum momento? O que fez você tomar esta decisão?*
- *Os jogadores tendem a agir de forma intempestiva na última rodada. Eles não resistem à tentação nesta rodada. Você concorda ou discorda desta frase?*
- *Se o conjunto de cartas tiver várias vermelhas, é mais provável que você reflita ou que fique mais intempestivo? Por que você acha isto?*

Variações

Não tem alguém com quem jogar? Você pode jogar sozinho, assumindo os dois papéis.

Não tem um baralho? Compre um baralho (ou vários) logo que puder.

Enquanto isso, jogue nossa versão automática no computador, no site: http://thiagigroup.com/karma/.

PARTE VIII
Análise Crítica

67
Exercício de R$ 5

Tenho certeza de que você teve em suas mãos várias notas de R$ 5 recentemente. Mas você já prestou atenção na nota? Você lembra qual o animal representado nela? Exercício de R$ 5 é uma atividade rápida que enfatiza a importância de prestar atenção a objetos comuns.

Objetivo

Aumentar a percepção de como passamos pela vida mecanicamente.

Participantes

Mínimo: 2.

Máximo: Qualquer número.

Ideal: 10 a 20.
(Os participantes são divididos em duplas.)

Tempo

7 a 10 minutos.

Materiais

- Notas de R$ 5 (ou a moeda local equivalente).

Fluxo

Organize os participantes em duplas. Peça a eles que encontrem um parceiro e se sentem (ou fiquem de pé) de frente um ao outro. Caso sobre um participante, você será seu parceiro.

Mostre o dinheiro. Peça que cada dupla tenha uma nota R$ 5 em mãos. Caso alguma dupla não encontre uma nota de R$ 5, empreste uma ou diga-lhe que use alguma outra nota. Peça aos parceiros que segurem uma única nota nos cantos opostos, de maneira que cada participante só consiga ver um lado da nota.

Comece as perguntas. Peça aos parceiros que se revezem fazendo perguntas sobre o lado da nota que podem ver.

Exemplos de perguntas:

- *Quantas vezes o número 5 está impresso no meu lado?*
- *Quantas vezes a palavra "cinco" está impressa no meu lado?*
- *Quantos dígitos existem no número de série?*
- *Que animal está desenhado no meu lado?*
- *Para que direção a efígie está olhando?*
- *Quais os cargos das pessoas que assinam as notas?*
- *Onde está escrito "Banco Central do Brasil"?*

Dê as respostas. Assim que um parceiro fizer uma pergunta, o outro deve responder imediatamente. As respostas corretas ganham 1 ponto. As incorretas, ou nenhuma resposta, não ganham pontos. Neste caso, o parceiro que fez a pergunta deve dar a resposta correta imediatamente.

Mude os parceiros e os lados. Pare a atividade de perguntas e respostas após alguns minutos. Peça aos participantes que andem pela sala e encontrem novos parceiros que tenham trabalhado com o outro lado da nota de R$ 5 na rodada anterior. Como antes, peça aos participantes que se sentem ou fiquem de pé virados um para o outro e que segurem a nota de R$ 5 de modo que só consigam ver um lado. Este lado deve ser o lado oposto do que cada participante viu durante a rodada anterior.

Continue perguntando. Peça aos parceiros que usem o mesmo procedimento de antes para fazer perguntas, responder e marcar pontos. Conclua a rodada depois de uns 2 minutos.

Discussão

Conduza uma rápida discussão. Peça aos participantes que discutam como a familiaridade gera ações mecânicas. Use estes tipos de perguntas:

- *A quais materiais e ferramentas relacionadas ao trabalho acabamos por não dar valor?*
- *Quais os perigos de se ignorar objetos e pessoas familiares?*
- *O que teríamos a ganhar se prestássemos atenção a estes objetos e pessoas?*

68
Conversa Dupla

No que você está pensando agora? Está falando com você mesmo enquanto lê esta página? Sua conversa interna está distraindo sua atenção para este conteúdo? Conversa Dupla é uma atividade com uma dose de humor – mas com uma mensagem séria.

Objetivo

Aumentar a percepção da distração de conversas internas e suas conseqüências.

Participantes

Mínimo: 4.

Máximo: Qualquer número.

Ideal: 10 a 30.
(Os participantes trabalham em duplas.)

Tempo

7 a 15 minutos.

Fluxo

Forme duplas. Peça aos participantes que formem duplas. Em cada dupla, peça ao participante mais alto que assuma o papel de ouvinte enquanto o outro se torna a VI.

Estipule a tarefa das VIs. Explique que a VI deve se sentar próximo ao ouvinte e sussurrar uma série de distrações desconexas que a pessoa provavelmente está pensando. Recomende que as VIs utilizem tópicos que sejam incrivelmente interessantes (*devo comprar um bilhete de loteria?*), perturbadores (*e se eles decidirem ajustar o quadro de funcionários de novo?*), incômodos (*será que eu desliguei o fogão hoje de manhã?*), intrigantes (*o que que a Sheila vê nele?*) ou que provoquem culpa (*esqueci o aniversário do Doug de novo. Que idiota que eu sou!*). Também sugira que a VI deve usar a primeira pessoa do singular e frases que se cortem, como uma torrente de pensamentos.

Faça uma apresentação. Faça uma apresentação curta, cheia de fatos sobre algum tópico enfadonho. Faça isto por 2 ou 3 minutos. Peça às VIs que lhe ignorem e comecem a sussurrar.

Pare sua apresentação. Agradeça às VIs por suas contribuições imaginativas e peça-lhes que parem de sussurrar. Peça aos ouvintes que rascunhem algumas das palavras, idéias e tópicos mencionados pela VI. Espere um momento.

Teste os participantes. Faça uma série de perguntas curtas com base no conteúdo de sua apresentação. Peça a todos os participantes (tanto os ouvintes quanto os que estavam sussurrando) que decidam se sabem ou não as respostas.

Discussão

Demonstre que o desempenho de atenção e aprendizagem de todos foi menos que perfeito. Tanto os ouvintes quanto as VIs perderam alguns pontos importantes que você passou.

Explique que VI significa *Voz Interna*, e que os participantes que estavam sussurrando simulam a conversa interna. Conduza uma rápida discussão para trazer à tona o argumento de que falar com você mesmo e se ouvir reduzem a eficiência da aprendizagem.

Variações

Caso haja tempo, repita a atividade com o outro jogador no papel de VI. Incentive os ouvintes a ignorarem os sussurros e a se concentrarem em sua apresentação.

Se você quiser ser mais dramático, estipule duas VIs (uma para cada ouvido) para cada ouvinte.

69
Jogo da Velha em Áudio

Meu amigo se preocupa que sua capacidade decadente de reconhecer rostos, lembrar números de telefones e palavras e se concentrar no assunto de conversas sejam percussores de Alzheimer. Eu acho que isto é apenas um sintoma pequeno do declínio cognitivo, relacionado à idade, que pode ser parado e revertido exercitando o cérebro. Um modo eficaz de exercitar o cérebro é jogar jogos que exigem o uso da memória.

Os participantes não precisam ser velhos para jogar Jogo da Velha em Áudio, mas é preciso pelo menos três pessoas para jogá-lo.

Objetivo

Exercitar a memória a curto prazo dos participantes.

Participantes

Mínimo: 3.

Máximo: Qualquer número.

Ideal: 12 a 30.
(Os participantes são divididos em grupos de 3.)

Tempo

5 a 15 minutos.

Materiais

- Tabelas de Jogo da Velha em Áudio.
- Canetas ou lápis.

Fluxo

Forme trios e atribua papéis. Um participante é o *anotador*, e tem uma "*Tabela*" de *Jogo da Velha em Áudio*. O anotador marca todas as jogadas dos outros dois participantes (chamados *competidores*) nesta tabela, mas a mantém escondida.

Explique o procedimento do jogo. Os competidores visualizam a tabela e se revezam para fazer as jogadas de onde querem pôr o "X" ou o círculo.

Exemplo:

Ela diz: "Meu primeiro X vai no quadrado A3".

Eu digo: "Meu primeiro O vai no quadrado B2".

Ela responde: "Meu segundo X vai no quadrado C1".

Eu digo: "Meu segundo O vai no quadrado A1".

Ela diz: "Quadrado C3".

Eu digo: "Aha! Meu terceiro O vai no quadrado B3".

Ela diz: "Meu quarto X vai no quadrado C2. Eu ganhei!".

Explique como se ganha (ou se perde). O anotador não diz nada até que todos os quadrados sejam preenchidos ou um competidor diga que venceu.

Um competidor vence se:

- puser um símbolo em três quadrados numa linha reta (como no jogo da velha convencional);
- o oponente tentar colocar seu símbolo em um quadrado que já tenha um símbolo;
- o oponente erroneamente disser que venceu.

Jogue o jogo. Peça aos participantes em cada trio que comecem o jogo. Monitore esta atividade e ofereça ajuda, se necessário.

Continue o jogo. Ao final de cada jogo, o próximo jogador assume o papel de anotador. O jogo continua como antes.

Discussão

O principal ponto desta atividade é que vários fatores afetam nossa memória a curto prazo. Peça aos participantes que sugiram e discutam técnicas para reduzir distrações e para se concentrar no jogo. Convide-os a explorar o impacto de fatores externos (como a presença de uma platéia e conversas de fundo) e internos (como ansiedade e falta de autoconfiança). Também pergunte aos participantes como eles identificariam e removeriam distrações que atrapalham sua habilidade de se concentrar em tarefas de trabalho.

Variações

Este é o jogo perfeito para se jogar em viagens de carro longas. Apenas garanta que o motorista não seja o anotador.

Depois que você tiver dominado esta versão, prossiga para os próximos níveis: Use uma tabela de 4 quadrados por 4, uma de 5 por 5, e assim por diante.

Tabela de Jogo da Velha em Áudio

	A	B	C
1	A1	B1	C1
2	A2	B2	C2
3	A3	B3	C3

70
Teste de Memória

Esta atividade não exige qualquer feito monumental de memória. Ela apenas ajuda os participantes a descobrirem quatro fatos básicos (e interessantes) sobre a memória.

Objetivo

Entender quatro fatores que aumentam a memória.

Participantes

Mínimo: 1.

Máximo: Qualquer número.

Ideal: 10 a 30.
(Os participantes trabalham individualmente.)

Tempo

5 a 7 minutos.

Materiais

- Folhas de papel em branco.
- Canetas ou lápis.

Fluxo

Instrua os participantes. Diga-lhes que você irá aplicar um simples teste de memória. Você irá ler uma lista padronizada de palavras. Os participantes devem ouvir estas palavras com atenção sem escrevê-las. Mais tarde, você irá testá-los para ver de quantas palavras eles conseguem lembrar.

Apresente as palavras. Leia a lista de palavras a seguir. Faça uma breve pausa entre uma palavra e outra. Não mude a seqüência. Uma das palavras (*noite*) se repete três vezes.

Sonho

Sono

Noite

Colchão
Soneca
Lençol
Aceno
Cansado
Noite
Alcachofra
Insônia
Cobertor
Noite
Alarme
Cochilo
Ronco
Travesseiro

Distraia os participantes levemente. Fale sobre alguma outra coisa por um minuto. Você pode explicar seus planos para o resto da sessão de treinamento, a agenda da sessão ou seu programa de TV preferido. Passe cerca de 60 segundos fazendo isto.

Aplique o teste de memória. Peça a cada participante que pegue uma folha de papel e escreva o máximo de palavras da lista que conseguir lembrar. Espere por uns 40 segundos.

Discussão

Explique sua intenção. Assegure aos participantes que você não está interessado em descobrir o desempenho de cada um no teste. Em vez disto, você irá usar esta atividade para explorar quatro princípios básicos sobre a memória.

Apresente os quatro princípios. Eis quatro princípios importantes sobre a memória. Explique cada um deles, usando informações do desempenho dos participantes no teste:

- **Efeitos de primazia e proximidade temporal.** Peça aos participantes que levantem a mão se lembraram as palavras *sonho* e *travesseiro*. Explique que as pessoas lembram o primeiro e o último itens de uma série com facilidade. A maioria dos participantes escreve *sonho* e *travesseiro* porque são a primeira e a última palavra na lista.
- **Efeito surpresa.** Peça aos participantes que levantem a mão se lembraram a palavra *alcachofra*. Explique que as pessoas lembram coisas que são novas ou diferentes. A maioria dos participantes escreve *alcachofra* porque é muito diferente das outras palavras na lista.
- **Efeito repetição.** Peça aos participantes que levantem a mão se lembraram a palavra *noite*. Explique que as pessoas lembram coisas que são repetidas. A maioria dos participantes escreve *noite* porque ela se repete três vezes.

- **Efeito memória falsa.** Peça aos participantes que levantem a mão se lembraram a palavra *cama*. Revele que esta palavra não estava em sua lista. Explique que o cérebro fecha lacunas lógicas no que ouve, vê ou lê, e com freqüência lembra coisas que não aconteceram. A maioria dos participantes escreve *cama* porque esta palavra faz parte do conjunto lógico da lista (embora você não a tenha lido).

Incentive o planejamento de ações. Pergunte aos participantes como eles usariam estes quatro princípios para ajudá-los a lembrar novos termos e idéias na sessão de treinamento. Dê exemplos como: *"para compensar o efeito de primazia e proximidade temporal, preste atenção especial a idéias apresentadas durante a sessão de treinamento. Use o efeito repetição para repetir estas idéias para você várias vezes"*.

71
Estratégias de Negócios

Vivo perdendo no jogo da velha, principalmente quando jogo com criancinhas. Isto provavelmente acontece porque me distraio com a elegância do jogo e fico tentando descobrir como usar sua estrutura para jogos de treinamento. Estratégias de Negócios é uma das minhas adaptações mais recentes do jogo da velha.

Objetivo

Explorar o impacto de estratégias de negócios em clientes, funcionários e partes interessadas.

Participantes

Mínimo: 9.

Máximo: Qualquer número.

Ideal: 10 a 30.
(Os participantes são divididos em equipes de 4 a 6.)

Tempo

30 a 45 minutos.

Materiais

- *Flip-chart*.
- Canetas para *flip-chart*.
- Blocos pequenos de *Post-It*®.
- Canetas ou lápis.
- Cronômetro.
- Apito.

Preparação

Prepare uma tabela de 3 quadrados por 3. Desenhe uma tabela como a do modelo no *flip-chart*. Nomeie as três colunas, clientes, funcionários e partes interessadas. Dê os mesmos nomes para as linhas (ver exemplo a seguir).

Tabela de Estratégia de Negócios

	Clientes	Funcionários	Partes Interessadas
Clientes			
Funcionários			
Partes Interessadas			

Fluxo

Indique um juiz. Antes de conduzir a atividade, recrute um funcionário da alta gerência da organização para atuar como juiz. No começo da atividade, apresente o juiz e explique que ele escolherá o melhor item de cada quadrado na tabela.

Organize os participantes em equipes. Crie três ou mais equipes, cada uma com três membros ou mais (não importa que algumas equipes tenham um membro a mais ou um a menos). Peça aos membros das equipes que se sentem ao redor de uma mesa e se apresentem, se necessário.

Identifique os três grupos de partes interessadas. Explique que desenvolver uma estratégia de negócios eficiente envolve satisfazer três importantes grupos de pessoas: clientes, funcionários e partes interessadas. Explique rapidamente quem são os membros destes três grupos. Demonstre que é possível que uma pessoa pertença a mais de um grupo.

Explique a estrutura da tabela. Chame a atenção dos participantes para o fato de que a tabela tem os mesmos nomes para as linhas e colunas. Aponte para os três quadrados em uma linha diagonal do canto superior esquerdo para o canto inferior direito. Estes quadrados têm o mesmo nome para a linha e a coluna (os outros seis quadrados têm nomes diferentes para a linha e a coluna).

Explique o que entra nos quadrados diagonais. Diga aos participantes que eles irão colocar idéias para satisfazer os membros de cada um dos três grupos em cada quadrado. Aponte para o quadrado superior esquerdo e escreva "fabricar produtos de alta qualidade" como exemplo do que entra neste quadrado.

Explique o que entra nos quadrados acima da diagonal. Demonstre que, às vezes, as ações para satisfazer um grupo também atendem a outro. Aponte para os três quadrados acima da diagonal. Diga aos participantes que eles irão colocar idéias para satisfazer mutuamente os dois grupos associados com cada quadrado. Aponte para o quadrado superior direito (que pertence à coluna *partes interessadas* e à *linha cliente*) e escreva "dar descontos a clientes freqüentes para ganhar fidelidade" como exemplo de uma idéia mutuamente satisfatória. Explique que esta ação irá agradar tanto aos clientes quanto às partes interessadas, porque clientes fiéis compram mais produtos.

Explique o que entra nos quadrados abaixo da diagonal. Demonstre que, às vezes, o que satisfaz um grupo pode entrar em conflito com as necessidades de outro. Aponte para os três quadrados abaixo da diagonal. Diga aos participantes que eles irão colocar idéias conflitantes que podem satisfazer um grupo à custa de outro nestes quadrados. Aponte para o quadrado inferior esquerdo (que pertence à coluna cliente e à linha parte interessada) e escreva: "oferecer descontos excessivos aos clientes" como exemplo de uma idéia conflitante. Explique que descontos altos irão maravilhar os clientes, mas irão deixar as partes interessadas insatisfeitas porque a margem de lucro irá cair.

Explique o processo de competição. Distribua blocos de *Post-It*® para cada equipe. Diga a todos os participantes que eles terão 10 minutos para escrever os vários itens a serem colocados nos nove quadrados da caixa. Cada *Post-It* deve conter apenas um item. Uma equipe não pode escrever um segundo item para um quadrado até ter escrito pelo menos um item para cada um dos nove quadrados. Após um intervalo de 10 minutos, um juiz identificará o melhor item em cada quadrado. A equipe que tiver escrito o maior número de melhores itens ganhará a competição.

Faça uma pausa por 10 minutos. Incentive as equipes a discutir várias idéias, escrever cada uma em uma nota e colá-las no quadrado da tabela correspondente.

Conclua a atividade. Ao final dos 10 minutos, apite e peça às equipes que parem de escrever e terminem de postar suas notas. Peça aos participantes que repassem as idéias nos quadrados da tabela. Ao mesmo tempo, peça ao juiz que avalie os itens e escolha o melhor de cada quadrado.

Anuncie os resultados. Peça ao juiz que leia as melhores idéias de cada quadrado. Peça a cada equipe que anote quantas vezes suas idéias foram escolhidas. Ao final dos anúncios do juiz, identifique a equipe com o maior número de idéias escolhidas. Declare esta equipe vencedora e parabenize seus membros.

Discussão

Conduza uma discussão sobre a relação entre os três grupos de partes interessadas e o impacto de atividades diferentes sobre estes grupos. Peça aos participantes que ofereçam diretrizes para aumentar as estratégias mutuamente satisfatórias e para reduzir estratégias conflitantes.

72
Árvore

Eis aqui uma atividade de desenho intensa que flagra os participantes se comportando de uma maneira mais ou menos irracional. Embora muito breve, esta atividade passa uma importante mensagem.

Objetivo

Estar atento aos elementos invisíveis, porém críticos de um sistema.

Participantes

Mínimo: 1.

Máximo: Qualquer número.

Ideal: 10 a 30.

Tempo

99 segundos.

Materiais

- Cartões de papel em branco.
- Canetas ou lápis.

Montagem

Antes da sessão de treinamento ou durante um intervalo, coloque um cartão de papel e um lápis no assento de cada pessoa. Caso isto não seja possível, distribua papel e lápis a todos os participantes.

Fluxo

Dê instruções. Peça a todos que desenhem uma árvore no cartão de papel em 45 segundos. Explique que esta árvore pode ser realista ou abstrata. A única exigência crítica é que ela deve ser desenhada dentro do limite de 45 segundos.

Faça uma pausa. Espere 45 segundos, enquanto os participantes completam esta tarefa.

Explique o ponto de aprendizagem. Após 45 segundos (não importa se alguns artistas ainda estiverem trabalhando em sua obra-prima), comece a discussão final.

Ao invés de conduzir uma discussão que tome tempo, apresente o principal ponto de aprendizagem desta maneira:

Olhe para sua árvore. Olhe para a do seu vizinho.

Quantos desenharam as raízes das suas árvores? Muitos poucos de vocês fizeram isto! Eu sei que esqueci as raízes na primeira vez que participei desta atividade.

Então, o que está sustentando as árvores sem o sistema de raízes? Como estas árvores conseguem água e nutrientes? Você tem de concordar que o sistema de raízes é um elemento essencial da árvore.

Por que não desenhei as raízes? Provavelmente porque, geralmente, não vejo as raízes. Elas estão escondidas.

Quantas coisas ignoro mecanicamente só porque elas não estão visíveis? Será que ignoro elementos críticos de um sistema apenas porque eles não estão à vista? Às vezes, os elementos mais críticos de um sistema não são objetos físicos, e sim coisas essenciais intangíveis, como relacionamentos e sentimentos.

Que problemas provavelmente acontecem a partir da visão e do pensamento seletivo? Como podemos remover ou reduzir o impacto de estarmos habituados a ignorar aquilo que não podemos ver?

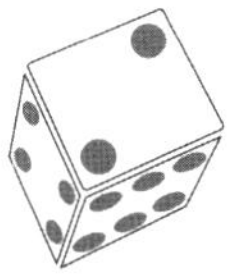

73
ExEx

Seja você um profissional de marketing, contador, gerente ou vendedor, é sempre possível conduzir um experimento no seu ambiente de trabalho. Aprender os princípios básicos de pesquisa experimental irá lhe ajudar a tomar decisões mais lógicas em todos os aspectos de sua vida profissional. Este conhecimento também irá lhe permitir avaliar melhor o que as outras pessoas dizem sobre o que é eficaz e o que não é. Em ExEx (uma abreviatura para "Experimento Experimental"), os participantes aprendem os conceitos básicos da pesquisa experimental – e participam de um projeto experimental de pesquisa.

Cuidado

Os participantes podem ficar entediados e se distraírem durante o período de estudo de 30 minutos. Contudo, diga-lhes que a objetividade e a confiabilidade de seu experimento dependem de que todos os participantes sigam as instruções que receberem. É especialmente importante impedir os membros dos grupos de *copas* e *espadas* de interagirem, entre si, durante todo o período de 30 minutos.

Objetivo

Entender e aplicar princípios e procedimentos básicos da metodologia de pesquisa experimental.

Participantes

Mínimo: 12.

Máximo: Qualquer número.

Ideal: 24 a 120.

(Os participantes são divididos em 4 grupos. Alguns grupos são divididos em duplas.)

Tempo

60 a 90 minutos.

Materiais

- Cópia do Material de Apoio A, Introdução à Pesquisa Experimental (com exemplos).

- Cópia do Material de Apoio B, Introdução à Pesquisa Experimental (sem exemplos).
- Quatro Cartões de Instruções, cada um associado com um naipe do baralho, preparados com antecedência, cortando a folha em que estão impressos.
- Cópias do questionário, consistindo da Escala de Confiança e Escala de Aproveitamento.
- Canetas ou lápis.
- *Flip-chart*.
- Canetas para *flip-chart*.
- Cronômetro.

Preparação

Prepare duas versões do material de apoio. Antes do jogo, prepare um número de cópias suficiente do material de apoio Introdução à Pesquisa Experimental, com e sem exemplos. A versão com exemplos será o *Folheto A*, e a sem exemplos será o *Folheto B*.

Reúna as cartas para criar aleatoriedade entre os sujeitos do estudo. Antes do jogo, divida o número total de participantes por 4, arredondando o resultado para cima, se necessário. A partir de um baralho comum, retire o valor deste resultado de cada naipe e coloque as cartas retiradas em uma sacola ou algum outro contêiner conveniente.

Fluxo

Designe participantes para os diferentes grupos de tratamento. À medida que os participantes entram na sala, peça a cada pessoa que pegue uma carta da sacola. Depois que todos os participantes o tiverem feito, peça-lhes que confiram o naipe da carta e prossigam para uma das quatro salas separadas disponíveis (ou para os quatro cantos da sala de reunião) designada para cada naipe. Peça a cada participante que pegue um cartão de instruções e uma cópia do folheto de apoio na sala e siga as instruções.

Eis o que acontece nos quatro locais diferentes:

- No local das *espadas*, os participantes lêem o Folheto A individualmente por 30 minutos.
- No local das *copas*, os participantes lêem o Folheto B individualmente por 30 minutos.
- No local dos *paus*, os participantes lêem o Folheto A individualmente pelos primeiros 15 minutos e então discutem o conteúdo com um parceiro que escolherem pelos próximos 15 minutos.
- No local dos *ouros*, os participantes lêem o Folheto B individualmente pelos primeiros 15 minutos e então discutem o conteúdo com um parceiro que escolherem pelos próximos 15 minutos.

Marque o tempo. Ao final dos 15 minutos, lembre os participantes nos locais de paus e copas que escolham um parceiro e discutam o conteúdo pelos próximos 15 minutos (caso o número de participantes nestes grupos seja ímpar, crie um trio para acomodar o participante extra). Ao final dos 30 minutos, peça a todos os participantes que retornem à área de reunião em comum.

Administre o questionário. Peça aos participantes que não falem entre si. Distribua cópias do questionário (que contém duas escalas) e canetas ou lápis, e peça a cada participante que responda o questionário individualmente.

- A *Escala de Confiança* lista dez tópicos relacionados a pesquisa experimental. Os participantes devem fazer um círculo em torno de um número de 1 a 4, próximo a cada tópico a fim de indicar seu nível de confiança quanto ao domínio do tópico.
- A *Escala de Aproveitamento* contém um único item com 4 pontos, que pergunta aos participantes o quanto eles aproveitaram o procedimento instrucional.

Analise os dados. Peça a cada sujeito que encontre o valor total dos números circulados na escala de confiança. Peça, então, que os participantes em cada um dos quatro grupos se reúnam e computem a pontuação média de confiança e aproveitamento. Após uma pausa apropriada, desenhe tabelas de 2 células por 2 no *flip-chart* e insira as médias nas células apropriadas:

Tabelas de Análise de Dados

Pontuações de Confiança

	Folheto com Exemplos	**Folheto sem Exemplos**
Com Discussão	Pontuação média de confiança de paus:	Pontuação média de confiança de ouros:
Sem Discussão	Pontuação média de confiança de espadas:	Pontuação média de confiança de copas:

Pontuações de Aproveitamento

	Folheto com Exemplos	**Folheto sem Exemplos**
Com Discussão	Pontuação média de aproveitamento de paus:	Pontuação média de aproveitamento de ouros:
Sem Discussão	Pontuação média de aproveitamento de espadas:	Pontuação média de aproveitamento de copas:

Anuncie as hipóteses. Explique que experimentos anteriores sugerem que a eficácia e o aproveitamento do exercício de aprendizagem aumentam quando:

1. Os exemplos são usados no folheto de apoio.
2. Os aprendizes discutem o conteúdo do folheto com parceiros.

Logo, estas são as hipóteses investigadas no experimento:

- Os sujeitos no grupo de espadas (que não usou nem os exemplos nem as discussões) devem ter a menor pontuação média tanto de confiança quanto de aproveitamento.
- Os sujeitos no grupo de ouros (que usou tanto os exemplos quanto as discussões) devem ter as maiores pontuações médias.
- Os sujeitos nos outros dois grupos (copas e paus) devem ter um nível médio de pontuações médias.

Teste as hipóteses. Peça aos participantes que estudem os dados na tabela e discutam a relação de suas pontuações com as hipóteses.

Discussão

Use os tipos de pergunta de discussão a seguir para aplicar os conceitos do material de apoio para processar a experiência dos participantes:

- *Quem foram os sujeitos deste experimento? Quais foram suas características importantes?*
- *Por que não pedimos aos sujeitos que escolhessem seus próprios grupos de tratamento?*
- *Usamos cartas de baralho para designar sujeitos a grupos de tratamento diferentes. Este método foi verdadeiramente aleatório?*
- *Este experimento teve duas variáveis dependentes. Quais foram?*
- *Quais foram as variáveis independentes deste experimento?*
- *Que tipo de desenho experimental utilizamos?*
- *Qual poderia ter sido um melhor desenho experimental?*
- *O experimento confirmou ou rejeitou as hipóteses?*
- *Que conclusões podemos inferir dos dados?*
- *Este experimento envolve variáveis de treinamento. Como podemos conduzir um experimento semelhante envolvendo variáveis de marketing?*

Material de Apoio A: Introdução à Pesquisa Experimental

Por que devemos aprender sobre pesquisa experimental?

Aprender os princípios básicos da pesquisa experimental irá lhe ajudar a tomar decisões mais lógicas em todos os aspectos de sua vida. Este conhecimento também irá lhe permitir avaliar melhor o que as outras pessoas dizem sobre o que é eficaz e o que não é.

O que é uma *hipótese?*

Uma hipótese é uma suposição (ou intuição) informada sobre conexões de causa e efeito.

Com base no comportamento dos participantes em jogos por e-mail, um pesquisador desenvolveu esta hipótese: as pessoas que jogam jogos por e-mail têm maior probabilidade de enviar mensagens de e-mail para outros fins.

O que é um *experimento*?

Um experimento é uma atividade de pesquisa na qual pelo menos um fator é deliberadamente "manipulado" pelo pesquisador.

Um pesquisador "manipula" o horário de trabalho de um grupo de gerentes ao fazê-los jogar um jogo por e-mail durante 15 minutos por dia.

Quem é um *sujeito*?

As pessoas que participam de um experimento são chamadas sujeitos. Em um experimento, sujeitos diferentes podem receber tratamentos diferentes.

Estamos conduzindo um experimento sobre o uso de e-mail por gerentes do sexo feminino. Se usarmos doze gerentes femininas em nosso experimento, elas são nossos sujeitos.

O que é uma *constante*?

Todos os experimentos envolvem vários fatores que afetam os sujeitos. Um fator que seja o mesmo para todos os sujeitos é chamado uma constante.

Em nosso exemplo de experimento, o gênero (mulheres) e o tipo de função (gerente) são constantes.

O que são *variáveis*?

Um fator que assuma diferentes valores para sujeitos diferentes em um experimento é chamado variável.

Em nosso exemplo de experimento, a idade e a altura das mulheres são variáveis.

Quais os tipos diferentes de variáveis?

Uma variável dependente é uma variável relacionada aos resultados que estamos tentando estudar. Esta é a variável que é afetada por nossos tratamentos experimentais.

Em nosso exemplo de experimento, o uso de e-mail é a variável dependente.

Uma variável independente é a variável manipulada no experimento. Estas variáveis têm um efeito sobre os resultados do experimento.

Em nosso exemplo de experimento, fazemos com que as gerentes joguem um jogo de e-mail por duas semanas. O tempo gasto jogando o jogo é a variável independente.

O que significa controlar a variação?

Variação se refere às diferenças em qualquer variável. O objetivo da pesquisa experimental é eliminar ou restringir a influência de fatores que produzem variação. Ao controlar a variação em um experimento, somos capazes de fazer afirmações sobre o efeito da variável independente sobre a dependente com confiança.

Como podemos controlar a variação ao *manter os fatores constantes*?

Por exemplo, podemos selecionar apenas aquelas gerentes que tiverem um QI entre 100 e 110 para nosso experimento.

Existem duas grandes limitações para esta estratégia:

- A quantidade de dados é reduzida, porque utilizamos apenas um conjunto selecionado de sujeitos disponíveis.

Em nosso exemplo de experimento, não podemos utilizar gerentes femininas com QI acima de 110.

- Podemos generalizar os resultados apenas para um grupo restrito de pessoas.

As descobertas de nosso exemplo de experimento só são verdadeiras para um pequeno grupo de gerentes femininas, cujo QI esteja entre 100 e 110.

Como podemos controlar a variação por *aleatoriedade*?

Caso estejamos testando dois tratamentos diferentes, podemos jogar uma moeda para cada sujeito e atribuir um tratamento específico a ele, dependendo do resultado do lançamento da moeda ser cara ou coroa. Isto é um exemplo de aleatoriedade. Quando um pesquisador atribui tratamentos aos sujeitos aleatoriamente, ele espalha os efeitos das variáveis pelos grupos de forma homogênea.

O que é um desenho experimental?

Um desenho experimental é um plano para conduzir um experimento. Ele identifica as variáveis dependentes e independentes e demonstra como estas variáveis estão posicionadas no experimento. O desenho também especifica quando e onde os vários tipos de dados são coletados e as medições das variáveis dependentes são tomadas.

O que é um teste?

Este termo é empregado para descrever os vários tipos de coleta de dados e procedimentos de medição.

Em nosso exemplo de experimento, se contarmos o número de vezes que uma gerente envia mensagens de e-mail em uma semana, isto pode ser considerado um teste.

Um **pré-teste** se refere à coleta de dados no início de um experimento, antes que os sujeitos recebam tratamentos experimentais.

Em nosso exemplo de experimento, se contarmos o número de vezes que gerentes femininas enviam mensagens de e-mail antes de participarem do jogo por e-mail, isto pode ser considerado um pré-teste.

Um **pós-teste** se refere à coleta de dados em um experimento, depois que os sujeitos receberem o tratamento experimental.

Em nosso exemplo de experimento, se pedirmos às gerentes que participem de um jogo por e-mail por duas semanas (que é nosso tratamento experimental) e então contarmos o número de vezes que as gerentes enviam mensagens de e-mail, isto pode ser considerado um pós-teste.

O que é um desenho de grupo-controle com pós-teste apenas?

Às vezes, você pode querer experimentar, utilizando somente um tratamento. Neste caso, você aplica o tratamento a um grupo e o retém de outro grupo semelhante. Depois que o tratamento for completo, você testa aquele grupo e o outro grupo (o que não recebeu tratamento algum) para descobrir os efeitos do tratamento.

Em nosso exemplo de experimento, começamos com um grupo de vinte e quatro gerentes femininas. Distribuímo-las aleatoriamente entre dois grupos iguais de doze membros cada. O primeiro grupo (chamado grupo-teste) participa de um jogo por e-mail, gastando aproximadamente 15 minutos por dia durante duas semanas. Durante estas duas semanas, o segundo grupo (chamado grupo-controle) não participa do jogo por e-mail, nem faz nada de especial relacionado ao uso de e-mail. Ao final destas duas semanas, ambos os grupos são "pós-testados": contamos quantas vezes as gerentes em ambos os grupos enviam mensagens por e-mail. Caso haja uma diferença entre as pontuações pós-teste dos dois grupos, podemos presumir que ela se deve às duas semanas em que o grupo-teste jogou jogos por e-mail.

O que é um estudo de grupo-controle com pré e pós-teste?

Existe uma falha fundamental no desenho experimental anterior: é possível que os sujeitos no grupo experimental já tenham um desempenho superior ao dos membros no grupo-controle. Em uma situação como esta, podemos utilizar um desenho de grupo-controle com pré e pós-teste. Neste desenho, começamos por testar ambos os grupos antes e depois do tratamento. Quaisquer diferenças no aumento de desempenho entre os dois grupos podem ser atribuídas ao tratamento experimental.

Neste desenho, os grupos controle e teste são montados aleatoriamente, como antes. Dados de pré-teste são coletados de ambos os grupos antes que o grupo-teste comece a jogar o jogo por e-mail por duas semanas. Após duas semanas (durante as quais o grupo-teste jogou o jogo por e-mail, e o grupo-teste não o jogou), coletamos dados pós-teste de ambos os grupos. Ao computar o aumento no número de mensagens de e-mail entre o pré-teste e o pós-teste, podemos atribuir quaisquer diferenças ao impacto de se jogar o jogo por e-mail durante duas semanas com confiança.

Material de Apoio B: Introdução à Pesquisa Experimental

Por que devemos aprender sobre pesquisa experimental?

Aprender os princípios básicos da pesquisa experimental irá lhe ajudar a tomar decisões mais lógicas em todos os aspectos de sua vida. Este conhecimento também irá lhe permitir avaliar melhor o que as outras pessoas dizem sobre o que é eficaz e o que não é.

O que é uma *hipótese*?

Uma hipótese é uma suposição (ou intuição) informada sobre conexões de causa e efeito.

O que é um *experimento*?

Um experimento é uma atividade de pesquisa na qual pelo menos um fator é deliberadamente "manipulado" pelo pesquisador.

Quem é um *sujeito*?

As pessoas que participam de um experimento são chamadas sujeitos. Em um experimento, sujeitos diferentes podem receber tratamentos diferentes.

O que é uma *constante*?

Todos os experimentos envolvem vários fatores que afetam os sujeitos. Um fator que seja o mesmo para todos os sujeitos é chamado uma constante.

O que são *variáveis*?

Um fator que assuma diferentes valores para sujeitos diferentes em um experimento é chamado variável.

Quais os tipos diferentes de variáveis?

Uma *variável dependente* é uma variável relacionada aos resultados que estamos tentando estudar. Esta é a variável que é afetada por nossos tratamentos experimentais.

Uma *variável independente* é a variável manipulada no experimento. Estas variáveis têm um efeito sobre os resultados do experimento.

O que significa controlar a variação?

Variação se refere às diferenças em qualquer variável. O objetivo da pesquisa experimental é eliminar ou restringir a influência de fatores que produzem variação. Ao controlar a variação em um experimento, somos capazes de fazer afirmações sobre o efeito da variável independente sobre a dependente com confiança.

Como podemos controlar a variação ao *manter os fatores constantes*?

Podemos eliminar a variação ao manter os fatores constantes.

Existem duas grandes limitações para esta estratégia:

- A quantidade de dados é reduzida, porque utilizamos apenas um conjunto selecionado de sujeitos disponíveis.
- Podemos generalizar os resultados apenas para um grupo restrito de pessoas.

Como podemos controlar a variação por *aleatoriedade*?

Caso estejamos testando dois tratamentos diferentes, podemos jogar uma moeda para cada sujeito e atribuir um tratamento específico a ele, dependendo do resultado do lançamento da moeda ser cara ou coroa. Isto é um exemplo de aleatoriedade. Quando um pesquisador atribui tratamentos aos sujeitos aleatoriamente, ele espalha os efeitos das variáveis pelos grupos de forma homogênea.

O que é um desenho experimental?

Um desenho experimental é um plano para conduzir um experimento. Ele identifica as variáveis dependentes e independentes e demonstra como estas variáveis estão posicionadas no experimento. O desenho também especifica quando e onde os vários tipos de dados são coletados e as medições das variáveis dependentes são tomadas.

O que é um *teste*?

Este termo é empregado para descrever os vários tipos de coleta de dados e procedimentos de medição.

Um **pré-teste** se refere à coleta de dados no início de um experimento, antes que os sujeitos recebam tratamentos experimentais.

Um **pós-teste** se refere à coleta de dados em um experimento depois que os sujeitos receberem o tratamento experimental.

O que é um desenho de grupo-controle com pós-teste apenas?

Às vezes, você pode querer experimentar, utilizando um tratamento único. Neste caso, você aplica o tratamento a um grupo e o retém de outro grupo semelhante. Depois que o tratamento for completo, você testa aquele grupo e o outro grupo (o que não recebeu tratamento algum) para descobrir os efeitos do tratamento.

O que é um estudo de grupo-controle com pré e pós-teste?

Existe uma falha fundamental no desenho experimental anterior: é possível que os sujeitos no grupo experimental já tenham um desempenho superior ao dos membros no grupo-controle. Em uma situação como esta, podemos utilizar um desenho de grupo-controle com pré e pós-teste. Neste desenho, começamos por testar ambos os grupos antes e depois do tratamento. Quaisquer diferenças no aumento de desempenho entre os dois grupos podem ser atribuídas ao tratamento experimental.

Quatro Cartões de Instruções

♣ Cartão de Instruções para Paus

Você tem 30 minutos para estudar o Folheto A.

Estude-o sozinho por 15 minutos. Não fale com ninguém durante este período.

Discuta então o conteúdo do folheto com um parceiro durante os 15 minutos restantes.

♠ Cartão de Instruções para Espadas

Você tem 30 minutos para estudar o Folheto A.

Leia-o com atenção por 30 minutos.

Não fale com ninguém durante o período de estudo.

♦ Cartão de Instruções para Ouros

Você tem 30 minutos para estudar o Folheto B.

Estude-o sozinho por 15 minutos. Não fale com ninguém durante este período.

Discuta então o conteúdo do folheto com um parceiro durante os 15 minutos restantes.

♥ Cartão de Instruções para Copas

Você tem 30 minutos para estudar o Folheto B.

Leia-o com atenção por 30 minutos.

Não fale com ninguém durante o período de estudo.

Escalas de Confiança e Aproveitamento

Escala de Confiança

Seguem abaixo treze termos associados com pesquisa experimental. Qual seu nível de confiança quanto à sua habilidade de explicar cada um dos termos e dar um exemplo apropriado? Circule o número que indica seu nível de confiança para cada item, usando este código:

1 = muito inseguro

2 = inseguro

3 = seguro

4 = muito seguro

1. constante	1	2	3	4
2. grupo-controle	1	2	3	4
3. controle de variação	1	2	3	4
4. variável dependente	1	2	3	4
5. experimento	1	2	3	4
6. desenho experimental	1	2	3	4
7. hipótese	1	2	3	4
8. variável independente	1	2	3	4
9. pós-teste	1	2	3	4
10. pré-teste	1	2	3	4
11. aleatoriedade	1	2	3	4
12. sujeito	1	2	3	4
13. variável	1	2	3	4

Escala de Aproveitamento

O quão prazeroso foi seu período de estudo de 30 minutos? Escolha um:

1 = muito entediante

2 = entediante

3 = interessante

4 = muito interessante

74
Perguntas Rápidas

É difícil incentivar os participantes a refletirem sobre perguntas provocativas e desenvolverem *insights* valiosos. Isto é o que esta atividade de 99 segundos tenta fazer.

Objetivo

Comparar intervenções usadas com freqüência para melhorar o desempenho humano com intervenções eficientes com o mesmo fim.

Participantes

Mínimo: 1.

Máximo: Qualquer número.

Ideal: 10 a 30.
(Os participantes trabalham individualmente.)

Tempo

99 segundos.

Fluxo

Instrua os participantes. Explique que você irá fazer duas perguntas relacionadas entre si, uma para a platéia em cada lado da sala. Os participantes devem gritar a primeira resposta que vier à mente.

Faça a primeira pergunta. Vire-se para o lado direito da sala e pergunte: "Qual a intervenção usada com mais freqüência para aumentar o desempenho dos funcionários?" Faça uma pausa por cerca de 5 segundos e convide os membros da platéia a gritarem a resposta. Quando a gritaria acabar, diga: "Ouvi a maioria das pessoas dizer 'treinamento'".

Faça a segunda pergunta. Vire-se para o lado esquerdo da sala e pergunte: "Qual a intervenção mais eficiente para melhorar o desempenho dos funcionários?" Como antes, espere cerca de 5 segundos e peça aos membros da platéia que gritem a resposta. Ouça atentamente e diga: "Há muitas respostas diferentes, mas muito poucas pessoas gritaram 'treinamento'".

Explique o ponto-chave. Em vez de conduzir uma discussão final para elaborar o ponto, simplesmente explique esta idéia com suas próprias palavras:

O treinamento é a intervenção mais importante. Ele funciona de maneira eficiente sempre que há falta de capacidade e conhecimento. O treinamento também é uma das intervenções que mais sofrem abusos. Ele é usado com freqüência para resolver problemas de motivação e de apoio gerencial. Em muitas situações, é melhor você utilizar intervenções mais apropriadas como incentivos e feedback. *Estas intervenções produzirão resultados mais eficazes.*

Eis minha terceira pergunta para todos: Como podemos usar o treinamento de forma eficiente e apropriada e evitar abusar dele em situações nas quais o treinamento, provavelmente, não produzirá resultados eficientes? Você não pode responder esta pergunta em 5 segundos. Utilize o tempo que desejar para refletir sobre esta pergunta crítica.

75
Triplo Nove

A chave para procedimentos como análise de necessidades, pesquisa de mercado e avaliação é a capacidade de encontrar padrões nas informações disponíveis, coletar informações adicionais e desenvolver conclusões lógicas. Triplo Nove é um jogo com uma calculadora de bolso que dá aos participantes ampla prática neste tipo de pensamento lógico.

Cuidado

Esta atividade pode ser estressante para os tipos não-matemáticos. Todavia, ela envolve apenas soma. As habilidades resultantes, definitivamente, valem forçar os participantes um pouco além de sua zona de conforto.

Objetivo

Pensar logicamente e alcançar um objetivo no menor número de ações.

Participantes

Mínimo: 2.

Máximo: Qualquer número.

Ideal: 10 a 20.
(Os participantes são divididos em duplas.)

Tempo

5 minutos para cada jogo. A atividade pode ser refeita quantas vezes se desejar.

Material

- Uma calculadora para cada participante.

Fluxo

Número secreto. O primeiro jogador insere um número de três dígitos (um número de 100 a 999) e diz a seu oponente que está pronto.

Cathy digita seu número secreto, 297, aperta a tecla de mais, e diz: "pronto!"

Some um número. O segundo jogador fala um número de 1, 2 ou 3 dígitos. O primeiro jogador soma este número ao original e informa seu oponente:

- Quantos 9 há no total.
- Qualquer outro número, mas não sua posição.

Ted fala: "some 123". Cathy soma e chega a um total de 420. Ela diz: "nenhum 9 e um 4".

Repita. Continue o processo onde o segundo jogador fala um número, o primeiro o soma ao total, e então informa sobre os 9 e um outro dígito. Conte quantas ações o segundo jogador toma.

Ted fala: "some 555", na esperança de mudar o 4 para 9 independentemente de sua posição. Cathy soma 555 e obtém 975. Ela diz a Ted: "um 9 e um 5". Este é o fim da segunda ação.

Quatro dígitos. Caso o total ultrapasse 999 em qualquer momento do jogo, o primeiro jogador retorna ao total anterior. Ele fala: "estourou!" e não dá qualquer informação a mais. Isto é contado como uma ação.

Ted supõe que o 9 está na casa das centenas, embora não esteja certo da posição do 5. Para tirar vantagem máxima da situação, ele pede a Cathy que some 44. Quando Cathy faz a soma, ela obtém um total de 1.019. Então, ela pressiona a tecla de menos, cancela a última soma e diz: "estourou". Este é o fim da terceira ação.

Ted não está incomodado, porque ele reuniu informações valiosas. Seu palpite sobre o 9 na casa das centenas se confirmou. Ele também percebe que o dígito na casa das dezenas (o dígito do meio) é maior do que 5, porque somente assim o total poderia ultrapassar 1.000. Logo, o 5 tem de estar na casa das unidades. Ele fala: "some 4". O total de Cathy agora é 979, e ela responde: "dois 9 e um 7".

Ted descobriu o número inteiro agora. Para encerrar o jogo, ele diz: "some 20". Cathy o faz e fala: "três 9". O primeiro jogo acaba em cinco ações.

Inverta os papéis. Realize o jogo novamente, com os papéis invertidos. O segundo jogador do jogo anterior agora escolhe um número secreto, e o outro jogador tenta levá-lo a 999.

Segue abaixo o jogo completo da vez em que Cathy tenta adivinhar:

1ª Ação. *Cathy começa dizendo: "some 123". Ted o faz e anuncia: "nenhum 9 e um 1".*

2ª Ação. *Cathy imagina que o 1 não pode estar na casa das centenas, porque Ted começou com um número de 3 dígitos e ela somou 123. Logo, o "1" tem de estar nas dezenas ou unidades. Cathy tenta a última alternativa e diz: "some 8". Ted realiza a soma e fala: "nenhum 9 e um 2".*

3ª Ação. *Cathy pára por um instante para processar esta informação. Como ela não obteve um 9, a casa das unidades foi a escolha errada. Deve ter sido a casa das dezenas. Como o dígito das unidades não era 1, somar 8 teria dado 10 ou mais, de modo que a casa das dezenas deve ter subido para 2. Para determinar este dígito, Cathy fala: "some 70". Ted responde: "um 9 e um 3".*

4ª Ação. *Onde está o 3? Como esta é a quarta rodada, Cathy não acha que ele está na casa das centenas. Então, ela diz: "some 6". Seu chute foi errado. Ted fala: "ainda um 9 e um 3".*

5ª Ação. *Aparentemente, o três estava (e ainda está) na casa das centenas. Cathy diz: "some 600". Como esperava, ela obteve dois 9 e um 6.*

6ª Ação. *Cathy agora tem o número todo. Ela fala: "some 3", e alcança seu triplo nove.*

Partida. Dois jogos fazem uma partida. O jogador que obtiver o triplo 9 no menor número de ações ganha a partida.

Como Cathy precisou de seis ações, e Ted de apenas cinco, Ted ganha.

Discussão

Conduza uma discussão informal, perguntando aos participantes o que eles aprenderam com o jogo sobre analisar dados, coletar informações adicionais e reconhecer padrões. Convide-os a compartilharem situações relacionadas ao trabalho nas quais tiveram de tomar decisões lógicas com base em informações incompletas.

76
Teste de Wobegon

Garrison Keillor alega que as crianças de Lake Wobegon são acima da média. Isto é, obviamente, estatisticamente impossível. A ironia desta frase reflete a tendência universal de nos superestimarmos e subestimarmos os outros. Este é o ponto de aprendizagem desta atividade.

Objetivo

Aumentar a percepção da tendência de nos superestimarmos e subestimarmos os outros.

Participantes

Mínimo: 5.

Máximo: Qualquer número.

Ideal: 10 a 30.
(Os participantes trabalham individualmente.)

Tempo

5 a 10 minutos.

Materiais

- Folhas pequenas de papel.
- Canetas ou lápis.
- *Flip-chart*.
- Canetas para *flip-chart*.

Fluxo

Obtenha classificações pessoais. No meio de sua próxima reunião, convide os participantes a classificarem seus comportamentos pessoais associados com esta frase:

Ouço atentamente o que os outros dizem.

Peça aos participantes que utilizem esta escala de classificação:

10 = sempre
9 = com muita freqüência
8 = freqüentemente
7 = geralmente
6 = às vezes
5 = ocasionalmente
4 = de vez em quando
3 = poucas vezes
2 = raramente
1 = nunca

Peça a cada participante que escreva anonimamente o número apropriado em um pedaço de papel pequeno, dobre-o e entregue a você.

Obtenha a classificação do comportamento dos outros. Peça, então, a cada participante que pense sobre os comportamentos dos outros participantes enquanto ouvintes, e classifiquem esta frase (utilizando a mesma escala e o mesmo procedimento de antes):

Os outros ouvem atentamente o que digo.

Mostre as médias. Com a ajuda dos participantes, calcule rapidamente o valor médio dos dois conjuntos de classificação. Marque as duas médias em uma linha como esta:

1——2——3——4——5——6——7——8——9——10

Discussão

É muito provável que a média "eu" seja maior do que a média "outros". Peça aos participantes que parem por um instante para refletirem sobre as implicações desta discrepância.

Após uma pausa apropriada, discuta os *insights* dos participantes. Peça-lhes, então, que planejem estratégias diferentes para aumentar em conjunto a média "outros". Incentive-os a assumirem responsabilidade individual pela média do grupo.

PARTE IX
Tópicos de Treinamento Corporativo
Gerenciamento de Tempo

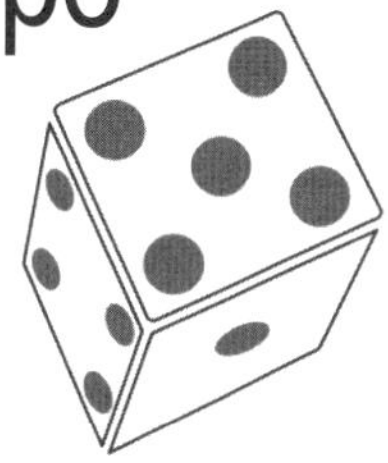

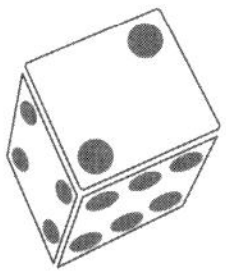

77
Valor do Tempo

Tempo é dinheiro. Esta atividade ajuda os jogadores a garantirem que seu tempo é bem-gasto.

Objetivo

Maximizar os períodos de tempo breves.

Participantes

Mínimo: 6.

Máximo: Qualquer número.

Ideal: 12 a 30.
(Os participantes são divididos em 3 a 5 equipes.)

Tempo

40 a 60 minutos.

Materiais

- *Flip-charts.*
- Canetas para *flip-charts.*
- Cartões de papel.
- Cronômetro.
- Apito.

Preparação

Reúna um painel de jurados. Perto do fim deste jogo, você irá precisar de duas a cinco pessoas para determinar as equipes vencedoras. Recrute alguns de seus amigos e diga-lhes que tudo que têm de fazer é ouvir meia dúzia de idéias e decidir qual é a melhor e qual é "única". Esta atividade não deve exigir mais do que 5 minutos de tempo deles.

Fluxo

Forme equipes. Organize os participantes em três a cinco equipes, cada uma com não mais do que sete membros. Não é necessário que todas as equipes tenham o mesmo tamanho.

Atribua *flip-charts* às equipes. Peça a cada equipe que fique de pé próximo a um *flip-chart*. Certifique-se de que as equipes tenham canetas o bastante.

Anuncie o primeiro tópico para *brainstorm*. Faça esta pergunta: *"Você tem R$ 5 para gastar. Como você pode garantir que consiga o máximo de valor para este dinheiro?"* Diga às equipes que elas têm 5 minutos para realizar uma sessão de *brainstorm* para gerar alternativas de respostas para esta pergunta.

As equipes devem garantir que todos os membros participem na discussão, e que alguém escreva as idéias no *flip-chart*. Cada equipe deve gerar tantas idéias quanto possível no período de 5 minutos. Se necessário, elas podem usar várias folhas de *flip-chart*.

Conclua a primeira sessão de *brainstorm*. Depois de 5 minutos, apite. Anuncie o fim da sessão de *brainstorm*. Explique que a primeira sessão foi apenas um aquecimento para se prepararem para a segunda. Peça aos jogadores que virem as páginas e comecem com uma folha de *flip-chart* em branco.

Anuncie o segundo tópico de *brainstorm*. Diga às equipes que elas têm outros 5 minutos para fazer uma sessão de *brainstorm* alternativa de respostas para esta nova pergunta: *"Você tem 5 minutos de tempo livre para passar do jeito que quiser. Como você pode garantir que consiga o máximo de valor para este tempo?"* Peça às equipes que usem o mesmo procedimento de antes.

Conclua a segunda sessão de *brainstorm*. Depois de 5 minutos, apite novamente. Anuncie o fim da sessão de *brainstorm*. Diga às equipes que você irá distribuir pontos por suas conquistas.

Identifique a equipe vencedora na categoria quantitativa. Comece pedindo às equipes que contem o número de idéias em suas listas. Identifique a equipe com mais idéias e declare seus membros vencedores na categoria quantitativa.

Identifique a equipe vencedora na categoria qualitativa. Chame seus amigos e apresente-os como o painel de jurados. Peça a cada equipe que copie as duas melhores idéias de suas listas de *flip-chart* nos cartões de papel, cada uma em um cartão separado. Recolha estes cartões, embaralhe-os e leia as idéias. Peça aos jurados que escolham a melhor idéia. Identifique a equipe que contribuiu com esta idéia e declare seus membros vencedores na categoria qualitativa.

Identifique a equipe vencedora na categoria criatividade. Explique que um dos objetivos de sessões de *brainstorm* é gerar idéias únicas e incomuns. Peça a cada equipe que copie as duas idéias mais criativas de suas listas de *flip-chart* em dois cartões de papel diferentes. Use o mesmo procedimento de antes e peça aos jurados que escolham a idéia menos convencional. Identifique a equipe que contribuiu com esta idéia e declare seus membros vencedores na categoria criatividade.

Agradeça aos jurados. Diga aos jurados que seu trabalho acabou e que eles podem se retirar para sua sala. Inicie uma salva de palmas para os jurados enquanto eles saem.

Discussão

Faça a apresentação da sessão de discussão. Este jogo exige uma discussão a fundo, a fim de garantir que os jogadores descubram e compartilhem pontos-chave de aprendizagem. Explique o objetivo e o formato da sessão de discussão. Eis uma sugestão de roteiro:

Vocês provavelmente têm algumas coisas interessantes a discutir quanto a sua experiência no jogo do qual participaram. Quero conduzir uma sessão de discussão para ajudá-los a compartilhar seus insights *de uma maneira estruturada.*

Conduza a discussão. Comece com uma questão abrangente como: o que você aprendeu desta atividade? Incentive os participantes a compartilharem seus *insights*. Sempre que apropriado, insira perguntas como estas na discussão:

- *O que você fez enquanto os jurados tomavam sua decisão? Você maximizou o valor deste breve período de tempo?*
- *Esta atividade utilizou várias técnicas de gerenciamento de tempo. Você consegue dizer quais?*
- *Impor um prazo artificial é uma técnica de gerenciamento de tempo útil. Nós usamos um prazo de 5 minutos. O que teria acontecido se não tivéssemos usado prazo algum? E se o prazo fosse de 2 minutos?*
- *Suas idéias foram avaliadas de acordo com três critérios diferentes: quantidade, qualidade e criatividade. O que teria acontecido se eu tivesse especificado estes critérios no início da atividade? Você conseguiria trabalhar de maneira mais eficiente? Por que ninguém perguntou o objetivo, os critérios ou o sistema de pontuação no início? Que suposições você fez?*
- *As pessoas dizem que tempo é dinheiro. Fizemos uma sessão de* brainstorm *para gerar idéias para melhorar o valor de R$ 5 e de 5 minutos. Compare suas duas listas originais. Que idéias são parecidas entre a lista para gastar o dinheiro e para passar o tempo?*
- *Para continuar com nossos tópicos de* brainstorm, *eis um outro: você tem 5 minutos extras todo dia. Como você pode garantir que consiga o máximo de valor no uso deste tempo? Como você pode construir algo de valor em um ano?*

Conclua a sessão de discussão. Encerre com esta pergunta ampla: *Como você pode aplicar seus* insights *em seu ambiente de trabalho?* Incentive os participantes a escolherem uma ou duas estratégias de aumento de valor de 5 minutos para aplicação imediata.

78
Poupa-tempo

Um dos motivos pelos quais não trabalho para uma corporação é que não quero participar de reuniões, escrever relatórios e submeter formulários de gastos em três vias. Você provavelmente tem suas próprias técnicas especiais (porém menos drásticas) para poupar tempo.

Objetivo

Compartilhar e aplicar estratégias práticas para reduzir diferentes formas de desperdício de tempo.

Participantes

Mínimo: 6.

Máximo: Qualquer número.

Ideal: 10 a 30.
(Os participantes são organizados em equipes.)

Tempo

45 a 60 minutos.

Materiais

- Envelopes em branco.
- Cartões de papel.
- Canetas ou lápis.
- Cronômetro.
- Apito.

Preparação

Prepare os envelopes de fatores de desperdício de tempo. Escolha os quatro ou cinco principais fatores responsáveis por desperdício de tempo em sua organização. Escreva um destes fatores na face de cada envelope.

Andy usa este jogo como uma atividade de continuação para Desperdiçadores de Tempo. Ele reutiliza a lista dos cinco maiores fatores de desperdício de tempo identificados naquele jogo:

Tentar satisfazer os clientes completamente.

Ter que escrever muitos relatórios.

Falta de planejamento.

Atrasos na aprovação de orçamentos.

Incapacidade de dizer "não".

Fluxo

Organize os jogadores. Divida os jogadores em três ou mais equipes, cada uma com não mais do que sete membros. As equipes devem ter aproximadamente o mesmo tamanho. Peça que as equipes se sentem em um círculo a fim de facilitar a troca de envelopes.

Instrua os participantes. Analise os fatores de desperdício de tempo. Explique que os jogadores devem fazer uma sessão de *brainstorm* a fim de gerar estratégias apropriadas para eliminar cada um destes fatores, ou pelo menos reduzir seu impacto.

Distribua os materiais. Dê um envelope com um fator de desperdício de tempo e vários cartões de papel em branco a cada equipe. Refira-se aos cartões de papel como cartões poupa-tempo.

Conduza a primeira rodada. Peça às equipes que comecem a sessão de *brainstorm* para lidar com o fator de desperdício de tempo no envelope. Estas estratégias devem ser escritas com frases curtas em um cartão poupa-tempo. Anuncie um limite de 3 minutos para esta atividade e incentive as equipes a trabalharem rapidamente. Explique que as dicas para poupar tempo serão eventualmente avaliadas e, em termos tanto de quantidade quanto de aplicação prática.

Conclua a primeira rodada. Depois de 3 minutos, apite e anuncie o fim da primeira rodada. Peça a cada equipe que coloque seu cartão poupa-tempo dentro do envelope e o passe, sem selar, à próxima equipe (o envelope da última equipe segue para a primeira). Avise às equipes que não abram os envelopes.

Conduza a segunda rodada. Peça às equipes que leiam o novo fator de desperdício de tempo na face do envelope (sem olhar os cartões poupa-tempo dentro). Diga às equipes que repitam o procedimento de conduzir uma sessão de *brainstorm* e escrever estratégias em um cartão em branco. Após 3 minutos, apite e peça às equipes que coloquem seus cartões poupa-tempo dentro dos envelopes e passem-nos adiante para a próxima equipe.

Conduza mais rodadas. Caso você tenha pouco tempo, siga para a rodada de avaliação (ver abaixo). Se você tiver bastante tempo, conduza uma ou duas mais rodadas usando o mesmo procedimento. Porém, não conduza mais do que quatro rodadas.

Conduza a rodada de avaliação. Comece esta rodada exatamente como as anteriores. Contudo, as equipes não devem criar mais estratégias. Ao invés disso, elas abrem os envelopes e avaliam, comparativamente, os cartões poupa-tempo dentro de cada um.

As equipes fazem isso analisando as estratégias individuais em cada cartão, e então comparando um cartão inteiro com os outros. As equipes devem distribuir 100 pontos entre os cartões poupa-tempo para indicar a utilidade prática relativa de cada cartão. Anuncie um limite de tempo de 3 minutos para esta atividade.

Apresente os resultados. Ao final do limite de tempo, verifique as equipes para ter certeza de que elas atribuíram pontos em todos os cartões poupa-tempo. Escolha uma equipe aleatoriamente para apresentar seus resultados. Peça à equipe que leia o fator de desperdício de tempo na face do envelope e então leia as idéias em cada cartão, começando com o cartão que recebeu menos pontos. As equipes devem passar de um cartão a outro em ordem ascendente de pontos.

Determine o vencedor. Depois que todas as equipes tiverem apresentado suas avaliações, instrua-as a colocarem seus cartões poupa-tempo sobre uma mesa na frente da sala. Chame então representantes de cada equipe para recolher seus cartões de resposta. Peça aos membros que somem os pontos nos cartões para determinar a pontuação total. Anuncie a equipe com a maior pontuação como a vencedora.

Discussão

Comente rapidamente sobre padrões interessantes entre as dicas para poupar tempo. Comente também sobre as semelhanças entre as idéias das várias equipes. Como atividade de acompanhamento, peça a cada jogador que escolha um conjunto pessoal de dicas para poupar tempo para implantação imediata.

79
Desperdiçadores de Tempo

Este jogo incentiva os participantes a descobrirem fatores que contribuem para o desperdício de tempo no trabalho.

Objetivo

Identificar os principais fatores que geram desperdício de tempo no ambiente de trabalho e organizá-los em ordem de impacto.

Participantes

Mínimo: 6.

Máximo: Qualquer número.

Ideal: 10 a 30.

(Os participantes são organizados em 3 ou mais equipes, cada uma com 2 a 7 membros.)

Tempo

30 a 45 minutos.

Materiais

- Folhas de papel em branco.
- Canetas ou lápis.
- *Flip-chart* e canetas para *flip-chart*.

Fluxo

Instrua os participantes. Explique que vários fatores incentivam (e às vezes forçam) as pessoas a desperdiçarem tempo no ambiente de trabalho. Peça aos participantes que digam o fator de desperdício de tempo mais comum. Comente este exemplo. Demonstre que identificar os principais fatores de desperdício de tempo no ambiente de trabalho é o primeiro passo para removê-los.

Comece com um *brainstorming* individual. Peça aos participantes que gastem alguns minutos refletindo sobre os principais fatores de desperdício de tempo no ambiente de trabalho, e que escrevam uma lista, individualmente, como no exemplo a seguir:

Telefonemas.
Dizer "sim" a muitas pessoas.
Esperar para ver o chefe.
Reuniões sem agendas.
Interrupções.

Forme equipes. Organize os participantes em três ou mais equipes, cada uma com dois a sete membros.

Estipule o trabalho em grupo. Peça às equipes que cada uma passe 5 minutos, desenvolvendo uma lista de fatores de desperdício de tempo no trabalho. Incentive os membros das equipes a usarem as idéias que tiveram antes.

Peça às equipes que reduzam suas listas. Instrua cada equipe a escolher os cinco principais fatores de desperdício de tempo.

Prepare uma lista comum. Peça às equipes que se revezem, dizendo um dos principais fatores de desperdício de tempo em suas listas. Anote estes fatores no *flip-chart*. Incentive as equipes a evitar repetir itens que já estão na lista. Continue com este procedimento até que a lista comum tenha dez a doze fatores.

Peça às equipes que escolham o pior fator de desperdício. Explique que você está procurando um item que todos considerem causar o maior desperdício de tempo no trabalho. Peça aos participantes que analisem os itens na lista em comum e escolham, com os outros membros de sua equipe, o pior fator de desperdício de tempo.

Explique o sistema de pontuação. As equipes irão receber uma pontuação igual ao número total de equipes que escolheu o mesmo fator de desperdício de tempo. Por exemplo, se quatro equipes escolheram telefonemas como o pior fator de desperdício, cada equipe recebe 4 pontos.

Conduza a primeira rodada. Diga às equipes que escolham o pior fator de desperdício de tempo da lista em comum no *flip-chart*. Circule entre as equipes, gentilmente acelerando as mais lentas. Escreva a escolha de cada equipe em um pedaço de papel.

Distribua pontos e aponte o pior fator de desperdício. Anuncie a escolha de cada equipe. Risque o fator da lista que foi escolhido pela maioria das equipes nesta rodada. Escreva o número "1" na frente deste item, para identificá-lo como o pior fator de todos.

Continue o jogo. Peça às equipes que analisem e identifiquem o segundo pior fator de desperdício de tempo. As equipes podem escolher (ou reescolher) qualquer item da lista no *flip-chart*, desde que este não esteja riscado. Depois de recolher as escolhas das equipes, repita o procedimento de pontuação e posicionamento. Continue até que todas as equipes tenham determinado os cinco piores fatores de desperdício de tempo.

Desfaça empates. Caso haja um empate quanto ao próximo pior fator de desperdício, atribua pontos como antes, mas não classifique os fatores nem risque os itens. Dê às equipes 1 minuto para preparar uma apresentação, a fim de persuadir as outras equipes a escolherem o mesmo item. Dê, então, 30 segundos para cada equipe fazer sua apresentação. Depois das apresentações, peça às equipes que escolham um fator de desperdício de tempo. Atribua pontos e classifique o item com mais votos. Caso ainda haja um empate, risque todos os itens empatados e dê-lhes a mesma classificação.

Conclua o jogo. Continue o jogo até que os cinco piores fatores de desperdício de tempo sejam identificados. Anuncie o encerramento do jogo e peça às equipes que somem suas pontuações. Identifique e parabenize a equipe vencedora.

Atribua pontos às listas originais. Peça às equipes que voltem a suas listas originais e comparem os fatores de desperdício de tempo em suas listas com a lista final de cinco piores fatores. A lista original recebe 5 pontos, caso tenha o pior fator de desperdício, 4 se tiver o segundo pior fator, e assim por diante. Peça às equipes que somem a pontuação de suas listas originais. Identifique a equipe com o maior total de pontos e parabenize seus membros por terem criado a melhor lista original.

Discussão

Faça uma discussão com os participantes. Peça aos participantes que comparem os itens em suas listas individuais originais com a lista final de cinco piores itens. Incentive os participantes a discutirem como sua percepção foi diferente da dos outros.

As pessoas também podem planejar modos de prevenir fatores de desperdício de tempo no ambiente de trabalho.

Treinamento

80
Dois Lados do Treinamento

É inútil perguntar "o que é melhor: aprendizagem *online* ou com um instrutor?" A resposta é óbvia: "depende". A eficácia de qualquer estratégia depende do contexto. Por exemplo, depende do conteúdo, objetivos, alunos, tecnologia e facilitadores. A fim de criar a melhor estratégia, é preciso explorar as vantagens e desvantagens de diretrizes conflitantes. É isto que Dois Lados do Treinamento ajuda os participantes a fazerem.

Objetivo

Entender melhor – e utilizar – diretrizes conflitantes para um treinamento eficaz.

Participantes

Mínimo: 3.

Máximo: Qualquer número.

Ideal: 12 a 30.
(Os participantes são organizados em trios.)

Tempo

30 a 60 minutos, dependendo do número de fatores, incluindo o tempo permitido para cada discussão.

Materiais

- Cronômetro.
- Apito.

Preparação

Crie uma lista de pares de conselhos opostos ("dicotomias") relacionados a treinamento. Eis um exemplo de lista:

- *Conteúdo é importante × Processo é importante.*
- *Devemos nos concentrar nos resultados de aprendizagem × Devemos nos concentrar em atividades de aprendizagem.*
- *O professor é um especialista × O professor é um colega de aprendizagem.*

- *Aprender com a prática × Aprender refletindo sobre o que foi feito.*
- *Os alunos cooperam entre si × Os alunos competem entre si.*
- *Use estratégias de atendimento feito por pessoas × Use equipamento de alta tecnologia para atendimento.*
- *Aprender de maneira independente × Aprender em equipes.*
- *Apresentar o conteúdo através de gráficos × Apresentar o conteúdo através de textos.*
- *Desenvolver objetivos específicos × Desenvolver objetivos gerais.*
- *Concentrar-se na facilitação da aprendizagem × Concentrar-se na transmissão de informações.*
- *Criar um ambiente de aprendizagem divertido × Criar um ambiente de trabalho sério.*
- *Oferecer uma estrutura bem organizada × Oferecer a liberdade de explorar.*
- *Planejar as aulas com cuidado × Improvisar suas aulas.*
- *Enfatizar a teoria subjacente × Concentrar-se nas aplicações práticas.*

Fluxo

Instrua os participantes. Explique que o trabalho de treinamento é cheio de diretrizes contraditórias. Apresente um exemplo de diretriz e discuta como as duas diretrizes em conflito fazem sentido em contextos diferentes. Enfatize a importância de explorar diretrizes paradoxais a fim de entender melhor os fatores que influenciam a eficácia de um treinamento.

Organize os participantes em trios. Divida os participantes em grupos de três. Se restarem dois participantes, peça-lhes que formem um trio com você. Caso reste apenas um participante, peça a esta pessoa que assuma o papel de um observador.

Atribua papéis. Peça a cada trio que identifique a pessoa que mais se parece com você, o treinador. Peça a esta pessoa que assuma o papel de Ouvinte Neutro na primeira rodada. Atribua os papéis de Advogado da Direita e Advogado da Esquerda aos dois outros membros. Informe que o Advogado da Direita para cada rodada irá se tornar o Ouvinte Neutro na rodada seguinte.

Explique o papel do Ouvinte Neutro. A pessoa no "meio" de cada trio deve convidar os Advogados a apresentarem suas posições. Enquanto um advogado estiver fazendo sua apresentação, o Ouvinte Neutro deve manter contato visual, acenar, sorrir e demonstrar outros comportamentos não-verbais associados a ouvir com atenção. Contudo, é importante que o Observador Neutro esconda quaisquer opiniões pessoais e ouça a ambos os Advogados com igual interesse.

Explique o papel dos Advogados. Cada advogado receberá uma de duas diretrizes contraditórias relacionadas a treinamento. Ambos os advogados irão preparar apresentações que apóiem suas posições e ataquem as posições opostas. Depois de 15 segundos, o Ouvinte Neutro irá apontar para um dos Advogados. Esta pessoa fará uma apresentação de 60 segundos. Imediatamente após esta apresentação, o outro Advogado fará a sua.

Processe a primeira dicotomia. Anuncie a primeira diretriz para o Advogado da Direita e a diretriz conflitante para o Advogado da Esquerda. Peça a todos os advogados que se preparem para suas apresentações. Após 15 segundos, apite e instrua os Ouvintes Neutros a apontarem para um dos Advogados para que comecem sua apresentação. Faça uma pausa de um minuto. Apite novamente e peça ao outro Advogado que faça sua apresentação. Apite novamente depois de 1 minuto. Escolha um Ouvinte Neutro, aleatoriamente, e peça a esta pessoa que venha à frente da sala e faça um resumo dos principais pontos das duas apresentações.

Conduza uma rápida discussão. Peça aos Ouvintes Neutros que relatem as frases incomuns, interessantes e provocativas ditas pelos advogados. Discuta estes comentários rapidamente.

Continue com mais dicotomias. Agradeça a todos os Advogados e Ouvintes Neutros. Peça aos Advogados da Direita em cada trio que assumam o papel de Ouvinte Neutro na próxima rodada (o Advogado da Esquerda da rodada anterior se torna o Advogado da Direita, e o Ouvinte Neutro original se torna o novo Advogado da Direita). Anuncie o próximo par de diretrizes de treinamento conflitantes e conduza outra rodada da atividade. Repita o mesmo processo em cada dicotomia.

Conclua a sessão. Após ter completado sua lista de dicotomias, convide os participantes a sugerirem outros pares de diretrizes de treinamento conflitantes. Trate-as da mesma maneira.

Discussão

Conduza uma discussão. Peça aos participantes que comentem os incidentes interessantes que aconteceram durante suas rodadas como Ouvintes Neutros. Convide os participantes a descobrirem como escolher e combinar diretrizes contraditórias de maneira criativa.

81
Aprendizagem Interativa

A maioria dos participantes gosta de atividades que envolvem andar pela sala e conversar com várias outras pessoas. Isto provavelmente acontece porque este comportamento é bem diferente da abordagem "sentados e calados", comum ao treinamento típico de sala de aula. Aprendizagem Interativa bebe fundamenta-se neste gosto por viajar e por proporcionar bater-papos entre os participantes.

Objetivo

Descobrir a variedade de estratégias de treinamento interativo disponíveis.

Participantes

Mínimo: 12.

Máximo: Qualquer número.

Ideal: 15 a 30.
(Os participantes se organizam e se reorganizam em diferentes equipes.)

Tempo

30 a 40 minutos.

Materiais

- Material de Apoio, Estratégias de Aprendizagem Interativa (os participantes recebem uma única página de um folheto de 6 páginas).
- Folhas de papel em branco.
- Canetas ou lápis.
- Cronômetro.
- Apito.

Preparação

Faça cópias do material de apoio. Organize os folhetos em conjuntos e não grampeie as páginas.

Fluxo

Instrua os participantes. Explique que as organizações de aprendizagem têm uma vantagem porque as pessoas nestas organizações aprendem continuamente dos outros (e com eles). O ensino eficiente de adultos se beneficia de atividades estruturadas e da interação entre os participantes. Diga a seus participantes que você irá usar uma atividade estruturada para aprender mais sobre a variedade de estratégias de aprendizagem interativa que estão disponíveis.

Distribua as páginas do material de apoio. Distribua as páginas do folheto na seqüência de 1 a 6, de modo que um número igual de participantes receba cada uma das seis páginas. Peça a cada participante que analise as estratégias de aprendizagem interativa na página e escolha as duas que parecem ser de maior valor para a organização. Anuncie um limite de tempo de 4 minutos.

Forme equipes convergentes. Ao final de 4 minutos, apite e peça aos participantes com a mesma página que se reúnam. Instrua-os a compartilharem suas escolhas pessoais e a chegarem a um consenso sobre as duas estratégias de aprendizagem interativa mais valiosas. Quando a equipe chegar a um consenso, peça-lhe que escreva suas escolhas em uma folha de papel e a entregue a você. Anuncie um limite de tempo de 5 minutos para esta atividade.

Forme equipes divergentes. Depois de 5 minutos, apite e peça aos participantes que se reorganizem, de modo que cada nova equipe tenha um membro com cada uma das seis páginas do folheto. Peça aos participantes em cada equipe que se revezem para dividir detalhes das duas estratégias de aprendizagem interativa escolhidas em sua página. Instrua os participantes a compararem as várias estratégias e a escolherem seis estratégias dentre todas as páginas. Explique que não é necessário escolher uma estratégia de cada página. Quando as equipes chegarem a um consenso, peçalhes que escrevam suas escolhas em uma folha de papel e a entreguem a você. Anuncie um limite de tempo de 7 minutos para esta atividade.

Conclua a atividade. Depois de 7 minutos, apite novamente e peça às várias equipes que apresentem suas escolhas e expliquem suas razões. Incentive perguntas e comentários dos participantes e responda-os rapidamente.

Estratégias de Aprendizagem Interativa: Página 1

1. *Aprendizagem por Ação* envolve uma combinação de ação e reflexão por parte de uma equipe, a fim de resolver complexos problemas estratégicos em uma estrutura organizacional real. Os membros da equipe aplicam habilidades e conhecimentos existentes e criam novas habilidades, conhecimentos e *insights* através da reflexão contínua e do questionamento da definição do problema, do comportamento colaborativo e dos conseqüentes resultados.
2. *Pesquisa de Ação* é uma estratégia parecida com *aprendizagem por ação*. Uma equipe de participantes conduz uma pesquisa de campo para examinar uma questão. Especialmente adequado para participantes que não sabem o que sabem, os dados coletados durante a pesquisa podem alterar a questão original. A equipe pode aprender princípios e procedimentos que não havia antecipado, devido à natureza volátil de uma pesquisa de mente aberta e da reflexão objetiva.
3. *Investigação Apreciativa (IA)* é uma alternativa à resolução de problemas tradicional. Em vez de se concentrar no que há de errado, IA enfatiza os aspectos positivos de uma situação. O processo de IA envolve encorajar os participantes a compartilharem estórias de experiências positivas com os outros. O facilitador analisa estas estórias a fim de identificar temas para pesquisas mais profundas. Os participantes criam e compartilham imagens de um futuro preferido e realizam uma sessão de *brainstorm* para criar maneiras de criar este futuro.
4. *Atividades de Aprendizagem Baseadas em Avaliação (AABA)* exigem que os participantes completem um teste, uma escala de classificação ou um questionário e recebam uma pontuação (ou outro *feedback*) sobre suas competências pessoais, atitudes ou características de personalidade. Em algumas AABAs, as respostas dos participantes são combinadas a fim de identificar as percepções, opiniões ou características de uma equipe, um grupo de trabalho ou uma organização. Sempre que apropriado, AABAs incentivam interação e discussão entre os participantes a fim de analisar suas respostas e aplicar os resultados a ações futuras.
5. *Jogos de Áudio* são atividades de treinamento que dependem primordialmente de ouvir mensagens gravadas de áudio (como fitas-cassete ou arquivos de áudio) para oferecer o conteúdo do treinamento, estruturar a atividade de treinamento e coletar as respostas dos jogadores. A maioria dos jogos de áudio utiliza poucas formas de assistentes visuais (na forma de texto ou gráficos) ou nenhuma.
6. *Jogos de Tabuleiro* tomam as estruturas e materiais de jogos recreativos populares emprestados para criar eventos de treinamento altamente motivadores. Jogos de tabuleiro, geralmente, utilizam cartões e dados para incentivar indivíduos e equipes a demonstrarem seu domínio de conceitos, princípios, habilidades e estratégias de resolução de problemas.
7. *Jogos de Cartas* envolvem informações (como fatos, conceitos, termos técnicos, definições, princípios, exemplos, citações e perguntas) impressas em cartões. Estes jogos tomam os procedimentos de jogos de cartas tradicionais emprestados e exigem que os jogadores classifiquem e organizem em seqüência as informações do conteúdo instrucional.
8. *Jogos de Dinheiro* são um tipo de jogo de simulação especial que envolvem transações monetárias reais. Eles não são jogos de azar. Eles também não se concentram em procedimentos de contabilidade ou gerenciamento financeiro. Em vez disso, eles exploram habilidades interpessoais (como *negociação*) e conceitos (como *cooperação*). Estes jogos usam dinheiro porque ele simula o mundo real de maneira eficiente e trazem à tona comportamentos e emoções naturais dos participantes.

Estratégias de Aprendizagem Interativa: Página 2

9. *Atividades de Encerramento* são atividades conduzidas perto do fim de uma sessão. Elas são usadas para recapitular os principais pontos, amarrar aspectos soltos, planejar atividades de aplicação, oferecer *feedback*, comemorar uma conclusão exitosa e trocar informações para contatos futuros.
10. *Atividades de Preparação* envolvem um facilitador individual (o treinador) dando apoio aos esforços de aprendizagem e de melhora de desempenho de outro indivíduo (o treinado) através de questionamento e orientação interativos. O processo geralmente exige que as duas pessoas estabeleçam metas e que o treinador observe o treinado, discuta a atividade, ofereça *feedback* relevante e sugira melhoras apropriadas.
11. *Atividades de Tomada de Decisões por Consenso* envolvem uma lista de itens (geralmente dez) que devem ser organizada em ordem de prioridade. Os participantes completam a tarefa individualmente e então chegam a um consenso em equipe. Eles então comparam as ordens de prioridade com ordens de especialistas. No processo, os participantes aprendem mais sobre os fatores que contribuem para a importância dos itens e também sobre os fatores que influenciam a tomada de decisões e a chegada a um consenso em uma equipe.
12. *Aprendizagem por Aventura Corporativa* envolve atividades físicas (como velejar, *rafting*, rapel, escaladas, explorar parques naturais e andar em pontes de corda) em ambientes ao ar livre ou fechados que sejam desafiadores. Um facilitador treinado garante a segurança dos participantes e conduz uma sessão de discussão apropriada que permite aos participantes construir conhecimento, habilidades e valor a partir destas atividades emocionantes.
13. *Técnicas Criativas* oferecem uma estrutura que permite aos participantes resolverem um problema ou utilizarem uma oportunidade de maneira criativa. Estas técnicas são úteis tanto para aprender novas habilidades e conhecimento quanto para melhorar o desempenho de uma equipe.
14. *Diálogos Interculturais.* Os participantes lêem, analisam e discutem conversas gravadas entre duas pessoas de culturas diferentes. Estas conversas envolvem a projeção de valores culturais e resultam em confusão ou frustração da parte de um ou de ambos os participantes. Porém, os níveis de desconforto relacionados às conversas são tão sutis que exigem uma análise cuidadosa da parte dos participantes a fim de os identificarem.
15. *Assimiladores Culturais* são exercícios interativos desenhados para sensibilizar os participantes aos valores de outros grupos culturais. Os exercícios são estruturados em torno de breves descrições de incidentes críticos que envolvem sentimentos intensos, áreas de conhecimento e diferenças culturais. Os participantes lêem e discutem cada incidente crítico e escolhem a interpretação mais provável entre as alternativas de múltipla escolha.
16. *Jogos de Discussão* são estratégias interativas usadas para encorajar a reflexão e o diálogo sobre uma atividade ou evento anterior. Estes jogos exigem o processamento de uma experiência em comum para extrair os principais pontos de aprendizagem. Eles geralmente incentivam os participantes a identificarem e expressarem emoções, relembrarem eventos e decisões, compartilharem lições aprendidas, relacionarem *insights* a outros eventos reais, especularem sobre como as coisas poderiam ter sido diferentes e planejarem ações futuras.

Estratégias de Aprendizagem Interativa: Página 3

17. *Simulações de Desastre* são atividades que exigem que os participantes lidem com simulações de desastres naturais ou organizacionais, como um terremoto ou redução de quadros. Ao lidar com tais desastres, os participantes aprendem a tomar decisões rápidas em colaboração com os outros durante situações complexas que mudam rapidamente.
18. *Atividades de Exposição Dupla* aumentam o valor didático de vídeos de treinamento. Em uma vitamina de vídeo típica, os participantes assistem a um vídeo e jogam um ou mais jogos que ajudam a repassar e aplicar os novos conceitos e habilidades.
19. *Jogos por E-Mail* são conduzidos pela Internet. Eles podem envolver o uso de versões eletrônicas de jogos de treinamento interativos ou atividades especialmente desenhadas que permitem uma comunicação assincrônica, na qual as pessoas recebem e enviam mensagens em momentos diferentes. Jogos por *e-mail* típicos exploram a habilidade da Internet de ultrapassar distâncias geográficas e fazem com que os participantes contribuam com idéias e escolham as melhores.
20. *Jogos de RPG* exigem que os participantes representem papéis individuais ou de equipe, geralmente em um cenário de ficção científica ou de fantasia. Estas atividades de representação se concentram em habilidades e conceitos relacionados a tópicos como liderança, trabalho em equipe e planejamento. Uma discussão após a representação faz paralelos entre a fantasia fictícia e a realidade do ambiente de trabalho.
21. *Estudos de Campo e Expedições* exigem que os participantes explorem o ambiente de outro país, cultura ou período de tempo. As equipes de participantes recebem um conjunto de objetivos a cumprir, informações a coletar ou objetos a conseguir. Durante o processo de completar estas tarefas, os participantes adquirem novos conhecimentos sobre o ambiente e novas habilidades para se relacionarem com a população local.
22. *Jogos-modelo* oferecem modelos para a criação instantânea de jogos de treinamento. Estes modelos genéricos são deliberadamente desenhados a fim de permitir que conteúdos velhos sejam facilmente substituídos por novos. Você pode usar jogos-modelo para desenvolver atividades de treinamento que se adéqüem a suas necessidades rapidamente.
23. *Geradores de Discussão de Analogias Gráficas* se baseiam no trabalho de treinamento de Scott Simmerman. Estas atividades usam charges para envolver as pessoas em discussões de melhoria de desempenho e para estimular a colaboração e a criatividade. A estratégia basicamente envolve pedir a um grupo de pessoas que compare elementos de uma ilustração genérica ao contexto organizacional.
24. *Jogos de Improvisação* são atividades adaptadas do teatro de improviso. Os atores não usam um *script*, mas criam o diálogo e a ação à medida que representam. Quando usados como uma técnica de treinamento interativo, Jogos de Improvisação facilitam o domínio de habilidades relacionadas a áreas como criatividade, colaboração, comunicação e mudança.
25. *Quebra-cabeças Instrucionais* desafiam a astúcia dos participantes e incorporam o conteúdo do treinamento a ser repassado, revisado, testado, reensinado ou enriquecido. Quebra-cabeças podem ser resolvidos individualmente ou em equipes.

Estratégias de Aprendizagem Interativa: Página 4

26. *Palestras Interativas* incluem os participantes do processo de aprendizagem enquanto oferecem controle completo ao instrutor. Estas atividades permitem converter uma apresentação passiva em uma experiência interativa de maneira rápida e fácil. Os vários tipos de palestras interativas incorporam testes, tarefas intercaladas, interlúdios de trabalho em equipe e o controle dos participantes sobre a apresentação.
27. *Narrativa Interativa* envolve narrativas fictícias em uma variedade de formatos. Os participantes podem ouvir uma estória e tomar as decisões apropriadas nos pontos críticos. Eles também podem criar e compartilhar estórias que ilustram conceitos-chave, passos ou princípios do conteúdo instrucional.
28. *Processamento de Itens* é uma estratégia interativa na qual indivíduos e equipes geram, organizam e seqüenciam idéias, fatos, questões, reclamações ou sugestões. Como resultados desta atividade, os participantes criam listas organizadas de itens. Mais importante, esta atividade permite que os participantes construam categorias e seqüências com significado, a partir de itens isolados. Isto resulta em uma compreensão mais profunda e em maior facilidade em relembrar o conteúdo.
29. *Sacudidas* acalmam os participantes até que eles se comportem de maneira confortável, e então desferem um poderoso golpe para fazê-los acordar. Elas forçam os participantes a reexaminarem seus conceitos e a reavaliarem seus padrões de procedimento. Sacudidas, geralmente, duram poucos minutos, mas oferecem *insights* suficientes para uma longa discussão.
30. *Truques de Mágica* incorporam a realização de um truque relevante como parte da sessão de treinamento. Truques de Mágica oferecem metáforas ou analogias para elementos importantes do conteúdo de treinamento. Os truques também são usados como processos a serem analisados, reconstruídos, aprendidos, desempenhados ou ensinados aos participantes do treinamento em processos apropriados.
31. *Jogos de Matrizes* exigem que os participantes preencham os quadrados em um quadro ao demonstrarem habilidades ou conhecimentos específicos. As matrizes oferecem uma estrutura para combinar ou classificar itens individuais ou para organizar e comparar um conjunto de itens. O primeiro participante a preencher um certo número de quadrados em um linha (horizontal, vertical ou diagonal) ganha o jogo.
32. *Construção de Equipe por Música* exige que os participantes toquem instrumentos musicais diferentes para criar música sincronizada e rítmica. O processo que leva à evolução espontânea e gradual da peça de música final é discutido a fim de oferecer *insights* em tópicos como trabalho em equipe, liderança e comunicação.
33. *Atividades de Abertura* são atividades realizadas perto do início de uma sessão. Elas são usadas para antecipar os principais pontos, orientar os participantes, apresentá-los uns aos outros, formar equipes, estabelecer regras básicas, estabelecer metas, reduzir a ansiedade inicial ou estimular os participantes a falarem de si.

34. *Aprendizagem em Dupla* se baseia no componente de programação em dupla da metodologia de programação extrema. Esta estratégia envolve duas pessoas que trabalham no mesmo computador, dividindo o mesmo teclado. Toda aprendizagem em dupla resulta no desenvolvimento de melhores produtos. Além disso, a aprendizagem em dupla entre um especialista e um novato faz com que o último aprenda novos conceitos e habilidades técnicos. A aprendizagem em dupla entre pessoas de áreas diferentes (por exemplo, um especialista no assunto e um redator) resulta em habilidades colaborativas mais eficientes.

35. *Jogos de Papel e Caneta* exigem que os jogadores tomem suas ações escrevendo ou desenhando em um papel. Um jogo típico pode exigir que os participantes trabalhem em uma folha pequena (ou grande) de papel. Jogos de Papel e Caneta podem incorporar elementos de representação, simulações, técnicas criativas ou testes.

36. *Simulações de PC* usam cartas de baralho para refletir objetos e processos da vida real. As regras de simulações de PC, geralmente, incentivam os participantes a descobrirem princípios de interação interpessoal e de raciocínio indutivo.

37. *Simulações de Procedimentos* são ensaios técnicos de eventos da vida real, como conduzir uma incursão para resgatar reféns, evacuar um prédio em chamas ou estar sujeito a uma inspeção-surpresa de auditores de uma agência de fundos. Ao trabalhar com estas simulações, os participantes se preparam para eventos reais.

38. *Simulações de Produção* envolvem desenhar e desenvolver um produto (como um segmento de vídeo, uma *newsletter*, um plano de marketing ou um *jingle*). As diferentes equipes competem entre si para criar o melhor produto. A discussão inicial nesta estratégia inclui a transmissão das especificações do produto final para as equipes, além de um *checklist* de critérios de qualidade. As equipes têm um orçamento e um limite de tempo. Elas podem comprar vários materiais de apoio, materiais de referência, folhetos, mostras de produtos e ajuda de consultoria, a fim de auxiliá-los na atividade de produção. Os produtos finais são avaliados por um painel de especialistas independentes que oferecem *feedback* em várias dimensões.

39. *Trabalho em Equipe Reflexivo* faz os participantes criarem um produto relacionado a algum aspecto do trabalho em equipe. As equipes, então, avaliam suas características e seu desempenho, usando o produto que criaram.

40. *Representações* envolvem os participantes, assumindo e representando personagens, personalidades e atitudes que não sejam as suas. Estas atividades podem ser estruturadas de maneira rígida ou flexível, e podem exigir que um participante assuma papéis múltiplos ou reversos.

41. *Seminários* usam um formato interativo que foi popularizado por Mortimer Adler. Um seminário eficiente envolve uma duração de cerca de duas horas, um arranjo de assentos que permite aos participantes se olharem de frente e uma mente aberta. A tarefa do facilitador é iniciar a discussão com perguntas abertas, engajar os participantes com conversas de mão dupla e manter uma discussão relevante.

Estratégias de Aprendizagem Interativa: Página 6

42. *Compartilhamento Estruturado* representa um tipo especial de jogo-modelo que facilita a aprendizagem e o ensino mútuo entre os participantes. Atividades de compartilhamento estruturado típicas criam um contexto para um diálogo entre os participantes com base em suas experiências, conhecimento e opiniões.

43. *Culturas Sintéticas* atribuem aos participantes culturas artificiais com valores extremos em um único aspecto social específico (como um respeito obsessivo por *status*). Diferentes tipos de simulações e representações neste contexto oferecem aos participantes dados relacionados a interações interpessoais interculturais. A discussão dos participantes resulta no compartilhamento de seus *insights* e aprendizagem entre si.

44. *Jogos de Televisão* tomam emprestada a estrutura de jogos de TV populares para apresentar o conteúdo instrucional e encorajar os participantes a praticarem suas habilidades. Eles envolvem competidores selecionados e a "platéia", que participam e aprendem como se estivessem no papel dos participantes. Jogos de Televisão podem ser transmitidos para aprendizagem à distância, estar disponíveis em vídeo ou ser apresentados ao vivo, utilizando-se programas e gráficos de jogos de computador.

45. *Jogos Textra* combinam a organização eficiente de documentos bem escritos com o impacto motivacional de atividades experimentais interativas. Os participantes lêem um folheto e jogam um jogo que usa a pressão dos colegas e o apoio para incentivar a recordação e a transferência do que leram.

46. *O Método de Caso* envolve o registro escrito de uma situação real ou fictícia em torno de um problema. Os participantes trabalham individualmente e em equipes para analisar, discutir e recomendar soluções apropriadas e para criticar o trabalho um do outro. Em alguns casos, o facilitador pode contar as decisões implantadas ao final da situação real que originou o caso.

47. *Experimentos de Raciocínio* são jogos de representação mental que envolvem visualização dirigida. Os participantes ensaiam novos padrões de comportamento mentalmente e em separado ou mantêm diálogos imaginários. Combinadas com a auto-reflexão, estas atividades resultam em maior autoconhecimento e domínio de novos conhecimentos e *insights*.

48. *Simulações de Diagnóstico* exigem que os participantes, sistematicamente, encontrem as causas dos problemas e os resolvam. Estas simulações podem usar simuladores realísticos (como no caso de consertar maquinário defeituoso) ou impressões de computador de dados de saída (como no caso de desacelerar a perda de fatia de mercado).

49. Feedback *de Vídeo* faz com que cada pessoa em um grupo represente uma habilidade interpessoal. Depois disso, os membros do grupo oferecem *feedback* positivo e construtivo a cada representação, com o objetivo de ajudar esta pessoa a melhorar suas habilidades interpessoais.

50. *Jogos de Internet* são atividades interativas apresentadas na Internet. Uma variedade de jogos e simulações pode ser jogada pela *web* por indivíduos ou equipes. Jogos para vários jogadores permitem que vários participantes interajam entre si ao mesmo tempo.

Terceirização

82

FMI

Técnicas criativas também servem um objetivo instrucional eficiente: elas forçam os participantes a sintetizarem e aplicarem o que aprenderam. FMI serve este objetivo de uma maneira interessante.

Objetivo

Integrar informações factuais, metas e idéias relacionadas a terceirização.

Participantes

Mínimo: 6.

Máximo: Qualquer número.

Ideal: 10 a 20.

(Caso você tenha mais de 20 participantes, organize-os em dois grupos paralelos e jogue partidas separadas.)

Tempo

30 minutos a 1 hora.

Materiais

- Bloco de *Post-It*®.
- *Flip-chart*.
- Canetas para *flip-chart*.
- Cronômetro.
- Apito.
- Fita crepe.

Preparação

Antes da atividade, peça aos participantes que leiam artigos, páginas de *web* e livros sobre terceirização.

Fluxo

Especifique o objetivo do treinamento. Explique que você irá conduzir uma atividade que irá ajudar os participantes a sintetizar, integrar e aplicar as informações que acumularam sobre terceirização.

Dê e receba exemplos de metas, fatos e idéias. Explique que o nome da atividade é FMI e que isto é a abreviação de fatos, metas e idéias. Comece explicando rapidamente os três itens e oferecendo alguns exemplos de cada:

Fatos: Informações relacionadas ao tópico. Um fato pode ser sobre procedimentos, produtos, pessoas ou lugares.

As fábricas norte-americanas típicas terceirizam 70% a 80% dos componentes de seus produtos finais hoje em dia.

O salário de um programador na Índia é aproximadamente um décimo do salário de um programador de nível comparável nos EUA.

Metas: Frases que especificam situações ou condições ideais. Metas podem incluir objetivos, critérios, medições ou padrões a serem alcançados. Elas podem se referir ao resultado final ou a resultados intermediários.

Manter altos padrões de confiabilidade das informações aos clientes.

Reduzir os custos de mão-de-obra em 50% ou mais.

Idéias: Elementos de um plano de ação.

Começar com um case *de negócios para terceirizar.*

Selecionar elementos do processo de negócios que mais podem se beneficiar da terceirização.

Convide os jogadores a lhe darem algumas metas, fatos e idéias relacionados a terceirização. Escreva-os no *flip-chart*.

Anote os conjuntos de idéias iniciais. Monte três *flip-charts* e atribua os títulos Metas, Fatos e Idéias a cada um. Peça aos participantes que escrevam várias metas, fatos e idéias em notas de *Post-It* e as colem no *flip-chart* apropriado. Explique aos participantes que eles podem escrever qualquer número de itens em qualquer ordem, e que podem colá-los em qualquer parte do *flip-chart* correspondente.

Incentive as equipes a misturarem as três listas. Depois de alguns minutos, apite para chamar a atenção dos participantes. Peça-lhes que repassem os itens postados em cada *flip-chart* e criem itens adicionais que pertençam aos outros *flip-charts*.

Metas: Evitar publicidade negativa.

Idéias relacionadas: Pensar cuidadosamente no impacto da terceirização sobre os funcionários atuais e a comunidade.

Comunicar as realidades do negócio, desafios e oportunidades por trás da decisão de terceirizar a todos os funcionários em tempo hábil.

Fatos relacionados: Os atuais funcionários, geralmente, são contratados por fornecedores de serviços.

Os políticos exageram a percepção pública negativa da terceirização.

Observe um período silencioso de análise. Depois de cerca de 3 minutos, apite novamente. Peça aos membros da equipe que analisem suas listas em silêncio pelo próximo minuto, criando itens adicionais a serem incluídos. Anuncie o final do período de análise de 1 minuto e peça aos participantes que continuem a tarefa.

Comece a atividade de edição. Depois de mais um período de tempo adequado, apite novamente. Organize os participantes em três equipes e atribua um *flip-chart* a cada uma delas. Peça a cada equipe que repasse os itens no *flip-chart*, elimine os repetidos e organize os restantes em ordem lógica. Anuncie um limite de 3 minutos.

Conclua a atividade de edição. Apite após 3 minutos e peça às equipes que coloquem seus *flip-charts* em posições convenientes na parede. Convide a todos a lerem os três grupos de itens.

83
Terceirização

Adoro discutir e debater, e acho que é uma reação natural. Mas há alguma coisa errada comigo, porque não importa qual lado da discussão eu tome. Posso argumentar sem problema algum sobre ambos os lados de uma questão. Atribuo este comportamento neurótico ao fato de que acredito que toda questão tem coisas boas e ruins, associadas a ela, e que a verdade está no meio. Terceirização usa a estratégia de pedir às pessoas nos dois lados de um assunto controverso que apresentem seus pontos de vista e permitir que os participantes trabalhem a realidade.

Objetivo

Adquirir uma visão equilibrada sobre algumas das causas, conseqüências e implicações da terceirização.

Participantes

Mínimo: 6.

Máximo: Qualquer número.

Ideal: 10 a 30.
(Os participantes são organizados em equipes de 4 a 7.)

Tempo

30 minutos a 2 horas, dependendo do quanto você deseja explorar o assunto terceirização.

Materiais

- Aparelho de áudio ou de vídeo.
- Folhas de papel em branco.
- Canetas ou lápis.
- Cronômetro.
- Apito.

Preparação

Prepare uma lista de perguntas. Peça que alguns possíveis participantes típicos lhe digam as perguntas que têm sobre terceirização. Recolha e edite a lista de perguntas (uma lista de perguntas, como exemplo, aparece no final desta atividade). Escolha um conjunto de questões provocantes que sejam relevantes aos participantes.

Encontre duas autoridades militantes para representar os dois lados. Diga a estes especialistas que você irá conduzir uma entrevista sobre terceirização – e irá gravar esta entrevista. Explique que é aceitável (e ideal) que eles tomem uma posição parcial que reflita um lado ou outro da questão.

Grave e edite as entrevistas. Conduza as duas entrevistas independentemente, porém usando as mesmas perguntas. Grave as entrevistas em fitas de áudio ou de vídeo. Edite as respostas (sem alterar o seu sentido e tom) e seqüencie-as de maneira que as duas autoridades se alternem respondendo primeiro as perguntas. Escolha cinco ou seis perguntas que tragam à tona a maioria das opiniões.

Fluxo

Instrua os participantes. Explique que o objetivo da atividade é ouvir os dois lados da questão de terceirização, identificar as diferenças de percepção e opinião e tentar reconciliar estas diferenças.

Exiba as respostas à primeira pergunta. Peça aos participantes que ouçam e tomem notas das respostas dos dois especialistas.

Organize equipes. Organize os participantes em equipes de quatro a sete pessoas. Peça às equipes que analisem as respostas e as reconciliem. Convide-as a discutirem as semelhanças e diferenças entre as duas respostas. Anuncie um limite de tempo de 3 minutos.

Convide uma equipe a apresentar suas conclusões. Escolha uma equipe aleatoriamente. Peça ao porta-voz desta equipe que apresente os resultados de suas discussões e que especifique suas conclusões. Convide qualquer outra equipe com conclusões consideravelmente diferentes a apresentar seu ponto de vista.

Repita o processo. Exiba a resposta à segunda pergunta. Peça às equipes que analisem as respostas e cheguem a conclusões. Convide uma equipe aleatoriamente a apresentar suas conclusões. Continue exibindo as outras perguntas e respostas, uma de cada vez, e pedindo às equipes que processem as respostas como antes.

Discussão

Peça às equipes que criem resumos de uma frase das principais conclusões. Depois de uma breve pausa, convide as equipes a apresentarem o resumo das conclusões. Adicione seus próprios comentários e agradeça aos participantes por suas contribuições.

Perguntas sobre Terceirização

1. Como você define terceirização?
2. Quais os diferentes tipos de terceirização?
3. Quais as causas do aumento de terceirizações?
4. Como a tecnologia impacta a terceirização?
5. A terceirização é inevitável?
6. Quais as tendências recentes em terceirização?
7. O que os funcionários ganham e perdem com a terceirização?
8. Como os funcionários reagem à terceirização hoje em dia?
9. O que os clientes ganham e perdem com a terceirização?
10. Como os clientes reagem à terceirização hoje em dia?
11. O que os acionistas ganham e perdem com a terceirização?
12. Como os acionistas reagem à terceirização hoje em dia?
13. O que acontece aos países que usam a terceirização?
14. O que acontece aos países que oferecem serviços de terceirização?
15. Quais os efeitos de curto prazo da terceirização?
16. Quais os efeitos de longo prazo da terceirização?
17. O que podemos fazer para manter nossas pessoas empregadas?
18. Quais as implicações políticas da terceirização?
19. Como podemos modificar nossos programas de educação, treinamento e reciclagem profissional para lidarem e estimularem a terceirização?
20. Quais as implicações éticas da terceirização?
21. Como podemos garantir uma terceirização eficiente?
22. Como mantemos os padrões de qualidade, segurança e sigilo quando terceirizamos?
23. Como mantemos nossa indústria forte enquanto usamos mais serviços terceirizados?
24. Como a terceirização afeta nossa vantagem competitiva?
25. Quais são alguns bons livros sobre o assunto?

Mudança de Gerenciamento

84
Trifurcação

Primeira regra da criatividade: nunca pare com a primeira idéia. É preciso pelo menos uma outra alternativa. E três é melhor que dois. Trifurcação garante que você tenha um Plano B e um Plano C em níveis diferentes.

Objetivo

Gerar uma série de frases sobre tópicos relacionados à implantação eficiente de mudança organizacional.

Participantes

Mínimo: 1.

Máximo: Qualquer número.

Ideal: 6 a 15.
(Os participantes são divididos em 3 equipes.)

Tempo

30 minutos a várias horas, dependendo da complexidade do tópico.

Materiais

- Formulários de Trifurcação, 10 cópias para cada equipe.
- Canetas ou lápis.
- *Flip-chart*.
- Canetas para *flip-chart*.

Fluxo

Especifique a meta. Desenhe uma réplica grande de um formulário de trifurcação em um *flip-chart*. No triângulo do meio, escreva uma meta que você está tentando alcançar. Numere esta meta como "1".

Eis uma meta relacionada a mudança de gerenciamento:

Implantar mudanças organizacionais de modo eficiente.

Especifique três frases de primeiro nível relacionadas à meta. O triângulo com a frase de meta está rodeado por três outros triângulos do mesmo tamanho.

Com a ajuda dos participantes, em cada um destes triângulos escreva uma frase relacionada a alcançar esta meta. Você pode usar qualquer uma das técnicas abaixo para gerar frases de primeiro nível:

- Subdivisões lógicas da meta.
- Estratégias complementares.
- Estratégias alternativas.
- Passos cronológicos.
- Diferentes pontos de vista.
- Estratégias para satisfazer clientes diferentes.
- Estratégias relacionadas a diferentes produtos.
- Estratégias que se concentram em aspectos diferentes da meta.
- Estratégias relacionadas a períodos de tempo diferentes.
- Estratégias relacionadas a padrões ou critérios diferentes.

Caso você crie mais de três frases, reduza-as a três, combinando alguns dos itens. Se isto não for possível, escolha três frases arbitrariamente.

Caso você crie apenas duas frases, você não está tentando o bastante. Divida uma das frases em dois componentes.

A meta de mudança de gerenciamento se presta a estas três frases óbvias, utilizando uma divisão cronológica:

Estratégias apropriadas antes da implantação da mudança.

Estratégias apropriadas durante a implantação da mudança.

Estratégias apropriadas depois da implantação da mudança.

Intitule estas frases como 1, 2 e 3, em ordem cronológica.

Organize equipes. Distribua os participantes em três equipes do mesmo tamanho. Peça à primeira equipe que copie a Frase 1 no triângulo do meio do formulário de trifurcação. De maneira semelhante, peça à segunda e à terceira equipes que copiem as Frases 2 e 3 (respectivamente) no triângulo do meio de seus formulários de trifurcação.

Crie o próximo conjunto de frases. Peça a cada equipe que pense sobre a frase no triângulo do meio. Trabalhando em cooperação, peça aos membros da equipe que escrevam três frases de segundo nível, uma em cada um dos três triângulos externos. Estas frases devem ser diferentes umas das outras, mas todas devem ser relacionadas à frase no triângulo do meio. Além disso, as três respostas devem ser de complexidade e importância iguais. Peça aos membros da primeira equipe que intitulem suas três frases 11, 12 e 13. As outras equipes devem intitular suas novas frases como 21, 22 e 23 e 31, 32 e 33, conforme apropriado.

Quando todas as três equipes completarem suas tarefas, você deverá ter um total de nove frases de segundo nível associadas a sua meta original.

Eis as frases de segundo nível associadas com a Frase 1 (estratégias apropriadas antes da implantação da mudança):

11. *Aumentar a conscientização da mudança proposta entre todos os funcionários.*
12. *Tranqüilizar os funcionários sobre os impactos da mudança.*
13. *Oferecer detalhes precisos e realistas sobre a mudança.*

Crie frases de terceiro nível. Peça agora a cada equipe que copie cada um das três frases de segundo nível no triângulo do meio dos três novos formulários de trifurcação. Como antes, peça a cada equipe que trabalhe, cooperativamente, para escrever três conjuntos de frases de terceiro nível, um em cada um dos três formulários de trifurcação. Quando eles tiverem terminado, peça às equipes que numerem suas frases, adicionando 1, 2 ou 3 aos números das frases.

Quando todas as três equipes tiverem completado suas tarefas, deverá haver um total de 27 frases de terceiro nível associados à meta original.

Eis as frases de terceiro nível associadas à Frase 11 (aumentar a conscientização da mudança proposta entre todos os funcionários):

111. *Preparar uma frase de 99 segundos que capture os elementos críticos da mudança proposta.*
112. *Criar um* website *com informações básicas sobre a mudança proposta.*
113. *Criar um* slogan *fácil e memorável relacionado à mudança proposta.*

Demonstre o objetivo maior. Esta atividade começa com um único objetivo e três frases de primeiro nível associadas à meta. Mais tarde, cada equipe tomou uma das frases de primeiro nível e a expandiu em três frases de segundo nível e nove frases de terceiro nível. Peça aos participantes que colem seus formulários de trifurcação na parede, na seqüência apropriada. Peça a todos os participantes que analisem o escopo e a estrutura de todas as frases.

Discussão

Peça aos participantes que sugiram revisões adequadas para consolidar o trabalho feito pelas diferentes equipes e para remover redundâncias. Começando com o terceiro nível, discuta detalhes sobre a implantação de cada nível e sobre integrá-los, a fim de alcançar a meta de maneira eficiente.

Formulário de Trifurcação

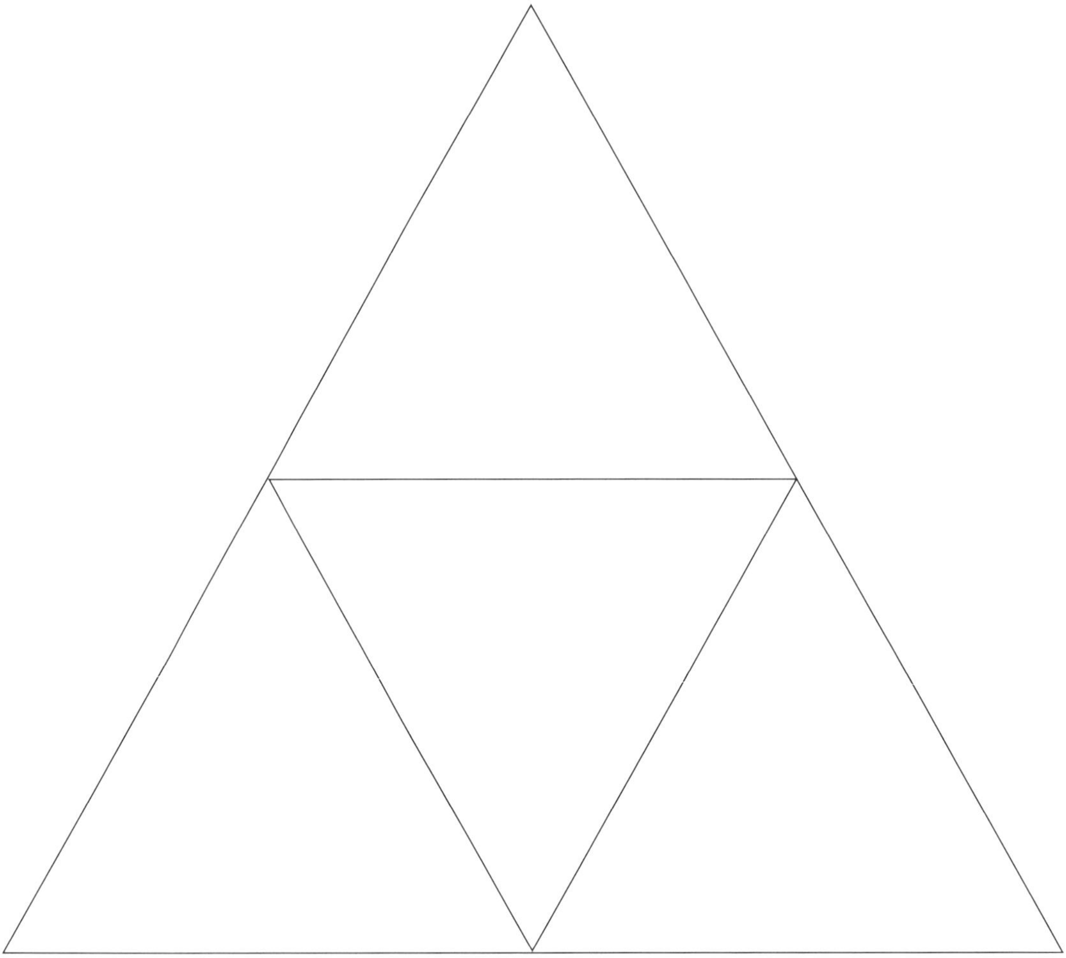

85
Águas Turbulentas

O progresso tecnológico continua a nos tomar de surpresa. Criamos teclados mais eficientes, e os computadores estão começando a aceitar comandos de voz. Fazemos o *design* de melhores livros, e PDAs exibem apresentações multimídia. Inventamos melhores ratoeiras, e sirenes ultra-sônicas espantam as pragas domésticas. Águas Turbulentas simula um futuro caótico, no qual metas que mudam constantemente exigem flexibilidade e agilidade.

Objetivo

Praticar maneiras de se lidar com mudanças contínuas e direções ambíguas.

Participantes

Mínimo: 10.

Máximo: 50.

Ideal: 10 a 30.
(Os participantes são divididos em 3 a 10 equipes.)

Tempo

30 a 60 minutos.

Materiais

- Instruções Gerais, uma cópia para cada equipe.
- Seis Especificações de Produtos, uma para cada rodada, uma cópia para cada equipe (corte as instruções em faixas separadas para que os participantes não olhem antes do tempo).
- Instruções para os Juízes.
- Folhas de papel em branco.
- Canetas ou lápis.
- Cronômetro.
- Apito.

Fluxo

Forme equipes. Divida os participantes em 3 a 10 equipes, cada uma com três a sete membros. Não importa se algumas equipes tiverem um membro a mais.

Atribua os papéis das equipes. Escolha uma equipe aleatoriamente para formar o quadro de juízes. Todas as outras equipes irão assumir o papel de Comitês de Aconselhamento, criados por uma grande editora.

Distribua as folhas de instruções. Dê a cada equipe (incluindo a equipe de juízes) uma cópia das Instruções Gerais. Peça aos membros das equipes que leiam as informações. Esclareça as instruções, respondendo perguntas dos participantes.

Instrua os juízes. Enquanto as outras equipes estão repassando as instruções, distribua cópias das Instruções dos Juízes a cada membro da equipe de juízes. Repasse estas instruções e esclareça itens, conforme necessário.

Comece a atividade. Distribua uma cópia do primeiro conjunto de Especificações de Produto para cada equipe. Explique que as equipes têm 5 minutos para criar sua lista de sugestões. Inicie o cronômetro.

Pare a atividade. Após 3 minutos, apite para chamar a atenção dos participantes. Explique que você está interrompendo a atividade porque houve uma mudança significativa no projeto. Antes de explicar a mudança, peça às equipes que lhe entreguem cópias da lista de sugestões em seu formato atual.

Comece a 2ª rodada. Distribua cópias do conjunto de Especificações de Produto da 2ª Rodada. Peça às equipes que retomem as atividades.

Classifique as sugestões da 1ª Rodada. Dê cópias das listas de sugestões da 1ª Rodada à equipe de juízes. Peça a seus membros que classifiquem as atividades nos próximos 3 minutos.

Mude para a próxima rodada. Após 3 minutos, ou quando os juízes tiverem classificado a lista de sugestões da 1ª Rodada, apite para chamar a atenção dos participantes. Explique que mais algumas mudanças significativas ocorreram. Recolha as listas de sugestões em seu formato atual e entregue-as aos juízes.

Distribua os resultados da 1ª Rodada. Explique que a pontuação varia de 2 a 10. Devolva as listas de sugestões às devidas equipes para que elas possam conferir sua pontuação.

Proceda à nova rodada. Distribua cópias do conjunto de Especificações de Produto da 3ª Rodada. Repita as instruções como antes.

Repita o processo. Após 3 minutos, pare a atividade. Devolva as listas de sugestões anteriores com a pontuação distribuída pelos juízes. Entregue o próximo conjunto de Especificações de Produto e peça às equipes que criem uma nova lista de sugestões. Repita este processo até o final da 6ª Rodada.

Discussão

Comece uma discussão. Depois de recolher as listas da 6ª Rodada e entregá-las aos juízes, comece uma discussão com as equipes de Comitê de Aconselhamento. Use estes tipos de pergunta:

- *Como você se sentiu quanto à mudança freqüente do escopo do projeto?*
- *Como a situação nesta simulação reflete o que acontece no ambiente de trabalho?*
- *Quais são alguns dos motivos destas mudanças de especificação freqüentes?*
- *Estas mudanças freqüentes provavelmente vão aumentar ou diminuir em seu ambiente de trabalho?*
- *Que estratégias você usou para lidar com especificações que mudavam constantemente?*
- *Que conselho você tem para pessoas em situações parecidas?*
- *Em que condições é melhor construir sobre os resultados de sua atividade anterior?*
- *Em que condições você deve ignorar tudo o que aconteceu antes e começar do zero?*

Anuncie o resultado final. Devolva as listas da 6ª Rodada com a pontuação às devidas equipes. Peça às equipes que somem seus pontos e anunciem o total. Identifique a equipe que obteve a maior pontuação. Discuta as implicações destas pontuações.

Conclua a discussão. Peça os comentários dos juízes. Peça a cada participante que crie duas ou três idéias de ação pessoal para lidar com mudanças freqüentes no ambiente de trabalho.

Instruções Gerais

Você é membro de um Comitê de Aconselhamento criado para oferecer sugestões a uma grande editora norte-americana.

O *publisher* tem planos definidos para um novo produto e um mercado-alvo específico com base em pesquisas de mercado sistemáticas. Você receberá uma lista de detalhes específicos.

Sua tarefa como equipe é oferecer cinco a dez sugestões específicas (cada uma expressa em uma a três frases). Suas sugestões devem oferecer diretrizes para melhorar a posição de competitividade e o potencial de lucro do produto.

Anote suas sugestões de forma legível num único lado de uma folha de papel.

Você tem 5 minutos para criar suas sugestões.

Especificações do Produto

1ª Rodada

Contexto: Um número maior de aposentados tem viajado.

Produto: Guias de viagem para os trinta principais destinos de férias do mundo.

Mercado-alvo: Pessoas idosas afluentes dos EUA.

2ª Rodada

Sua organização sofreu grandes mudanças. Isto resultou em mudanças nas especificações do produto. Revise sua lista de sugestões para acomodar estas mudanças.

Sua tarefa e seu prazo são os mesmos de antes.

Contexto: Uma editora japonesa comprou sua editora.

Produto: Guias de viagem em sete idiomas diferentes.

Mercado-alvo: Profissionais jovens de classe média da Ásia.

3ª Rodada

Contexto: Sua editora organizou um grupo multimídia.

Produto: Uma versão em CD-ROM de seu guia de viagem.

Mercado-alvo: Profissionais fluentes em informática de todo o mundo.

4ª Rodada

Contexto: Sua companhia abriu um portal *web*.

Produto/Serviço: *Website* com destinos de férias atualizados.

Mercado-alvo: O mesmo de antes, com foco em mulheres profissionais jovens.

5ª Rodada

Contexto: O grupo de P&D desenvolveu um quiosque de realidade virtual com uma esteira ativada por movimento, óculos de 3-D montados em um capacete e luvas e sapatos de dados (que permitem ao usuário sentir diferentes superfícies), junto com controle de temperatura e odor.

Produto/Serviço: Viagem virtual de alta fidelidade a destinos turísticos populares.

Mercado-alvo: Pessoas afluentes que possam pagar a alta tarifa.

6ª Rodada

Contexto: O uso prolongado de equipamentos de realidade virtual gera episódios psicóticos. Enquanto isso, a reparação de genes humanos utilizando nanomáquinas demonstrou poder prolongar a expectativa de vida humana indefinidamente.

Produto/Serviço: *Workshops* de treinamento sobre detecção e reparo de defeitos genéticos.

Mercado-alvo: Médicos interessados em atualizar suas habilidades profissionais.

Instruções aos Juízes

Você irá receber uma lista de sugestões de cada equipe.

Compare estas listas e as organize na ordem da melhor para a pior.

Atribua 10 pontos à melhor lista e 2 à pior. Atribua um número de pontos apropriados (entre 2 e 10) a cada uma das outras listas.

Você tem 3 minutos para classificar as listas.

Você irá repetir este procedimento seis vezes, cada uma com um conjunto de listas de sugestões diferente.

Violência no Trabalho

86
Violência no Trabalho

Sempre que uso um quebra-cabeça instrucional, os participantes ficam viciados neles. Mas criar quebra-cabeças geralmente é um trabalho demorado. O lado positivo é que criar quebra-cabeças instrucionais me força a analisar o conteúdo e recapitular as idéias principais. Violência no Trabalho é uma atividade na qual os participantes criam seu próprio quebra-cabeça, trocam-no com os outros e o resolvem.

Objetivo

Resumir estratégias importantes para prevenir a violência no trabalho.

Participantes

Mínimo: 4.

Máximo: Qualquer número.

Ideal: 10 a 30.
(Os participantes são divididos em pares.)

Tempo

10 a 20 minutos (mais 10 a 30 minutos de pré-trabalho).

Materiais

- Material de Apoio, Como Resolver Duplas de Palavras Embaralhadas.
- Palavras embaralhadas prontas. Copie cada um dos seis quebra-cabeças em um cartão de papel. Anote um número de identificação aleatório no verso de cada cartão.
- Folhas de papel em branco.
- Canetas ou lápis.
- Cronômetro.
- Apito.

Fluxo

Pré-trabalho. Peça aos participantes que pesquisem a Internet e leiam informações *online* sobre como controlar, prevenir e lidar com a violência no trabalho. Avise os participantes em tom divertido que o sucesso na sessão de treinamento dependerá de completar esta tarefa com afinco.

Aprenda sobre duplas de palavras embaralhadas. Distribua cópias do material de apoio a cada participante. Peça aos participantes que leiam o folheto e aprendam como resolver – e criar – duplas de palavras embaralhadas. Anuncie um limite de tempo de 4 minutos para esta atividade.

Peça aos participantes que formem duplas. Explique que cada dupla irá trabalhar junta durante a atividade. Caso você tenha um número ímpar de participantes, crie um grupo de três.

Crie um quebra-cabeça. Distribua folhas de papel em branco e canetas ou lápis. Peça às duplas que criem, juntas, uma diretriz para prevenir a violência no trabalho. Peça então às duplas que convertam a diretriz em um quebra-cabeça de duplas de palavras embaralhadas e a escrevam no cartão de papel. Anuncie um limite de tempo de 5 minutos para esta atividade.

O toque final aos cartões de quebra-cabeça. Após 5 minutos, apite e confirme que cada dupla tenha criado uma dupla de palavras embaralhadas em um cartão de papel. Peça às duplas que anotem os números de identificação de quatro dígitos no verso de seus cartões.

Trocando e resolvendo quebra-cabeças. Peça que cada dupla troque seu cartão com outra dupla e resolva o quebra-cabeça. Peça aos participantes que não marquem o cartão de quebra-cabeça, mas que anotem o número de identificação em uma folha em branco e escrevam a solução. Quando resolvido, peça às duplas que troquem os cartões com outras duplas e continuem resolvendo mais quebra-cabeças. Anuncie que a troca e a resolução de quebra-cabeças continuarão por 10 minutos.

Evite esperas. Caso uma dupla tenha resolvido um quebra-cabeça, mas não tenha qualquer outra dupla com quem trocar de cartões, peça que esta dupla venha a você. Troque o quebra-cabeça por um dos cinco preparados com antecedência. Repita este procedimento a fim de garantir que todas as duplas estejam ocupadas, resolvendo quebra-cabeças.

Conclua a atividade. Após 10 minutos, apite e peça a todos que parem de resolver quebra-cabeças. Descubra qual dupla resolveu mais quebra-cabeças e parabenize-a.

Acompanhamento

Após a sessão, recolha todos os cartões de quebra-cabeças. Escolha os melhores e os use como cartões, preparados com antecedência durante a próxima rodada.

Como Resolver Duplas de Palavras Embaralhadas

Eis um quebra-cabeça de duplas de palavras embaralhadas:

EIMSU AAABCCDEEEQRU ADDELPSU AAAAAAABDEHLLMPRRSSV

Para resolver este quebra-cabeça, desembaralhe o primeiro conjunto de letras para descobrir duas palavras. Decida qual palavra vem primeiro e qual vem em seguida. Então desembaralhe o próximo conjunto de letras para descobrir as terceira e quarta palavras. Repita este processo até que você tenha desembaralhado todos os conjuntos de letras, descoberto todas as palavras e reconstruído a frase original.

Um Exemplo

Eis um exemplo de uma dupla de palavras embaralhadas:

ACFGIJMNNOOOSU

Como há apenas um conjunto de letras, esta é uma frase de duas palavras.

Trabalhando com as letras, identifico a palavra JOCOSO.

Isto deixa estas letras: GMNINFUA. Como não posso criar uma palavra com estas letras, decido que JOCOSO não é uma das palavras.

Tento, então, a palavra SOMA. Usando as letras restantes, consigo formar a palavra JOGO, mas sobram as letras CNINFU e a mensagem só tem duas palavras.

Trabalho, então, com a palavra JOGO, pensando que talvez a solução não seja usar o máximo de letras na primeira palavra, e sim na última. Com a palavra JOGO, sobram as letras MCONINSFUA. Consigo formar a palavra FUNCIONA, sobrando o S e o M. JOGOS FUNCIONAM! Eis a frase.

Sua Vez

Volte ao quebra-cabeça de duplas de palavras embaralhadas no início desta página. Veja se você consegue resolvê-lo, duas palavras de cada vez (dica: veja a frase acima delas).

Como Criá-los

É fácil criar um quebra-cabeça de dupla de palavras embaralhadas:

1. Digite a frase: Discussões são saudáveis.
2. Caso a frase tenha um número ímpar de palavras, reescreva-a a fim de que tenha um número par: Discussões podem ser saudáveis.
3. Divida a frase em pares de palavras: Discussões podem | ser saudáveis.
4. Tome as letras em cada par de palavras e organize-as em ordem alfabética. Imprima o conjunto de letras resultante em letras maiúsculas:

   CDDEEIMOOPSSSSU AADEEIRSSSUV.

   Seu quebra-cabeça está pronto!

Duplas de Palavras Embaralhadas sobre Violência no Trabalho

1. AAACEILNNRSSTT AANOPRSST ADEOQU AAAAEPRRS ACDFIINNOOORSSU, ABCDEHIIILNNNOORSU AAEERS ADEEILNORTV.

2. AAABCCDHIIRRSSTU AACCDDEEFIIINOT AAACFIINNOOPRRSU AEEPSSS ADEEIINSTSTV AACDDINOOSV.

3. ADEEISX AAADIIMSSS AAACDEEEGIIINNOORRSSSVZ ABEIIMO AABCDEEILNOOPRS CDEENOOORRRSS.

4. ACEEEEILNPRSST ACEEFIINNOORSU AAABCDEILLNNOOSST ADDEEEIMNNOTT AACDEEMOOPRRSS AAOPRV AABDELS.

5. AAACEEILMNRSST AACDEEGNRSU ACOIIMSNS ACDDEIINNOQU AACDEFSINNNOOOTU.

6. AAEEMNTU AADEHLPRTU AAACCEEEEEGISLMNNPRSTU AADENRTU EEINOT CIIINOO AAADHMN.

Soluções (apenas para o facilitador)

1. Instale trancas nas portas que dão para áreas dos funcionários, incluindo banheiros e áreas de intervalo.
2. Distribua crachás de identificação para funcionários e passes de visitantes a convidados.
3. Deixe as saídas mais acessíveis, reorganizando mobília e liberando espaço nos corredores.
4. Separe clientes de funcionários, instalando balcões de atendimento com separadores à prova de balas.
5. Instale câmeras de segurança com sinais indicando que estão funcionando.
6. Aumente a patrulha de segurança, especialmente durante a noite e o início da manhã.

100 Jogos Favoritos de Thiagi. Copyright© 2006 por John Wiley & Sons, Inc.
Reproduzido sob permissão de Pfeiffer, uma marca do grupo Wiley. www.pfeiffer.com

PARTE X
Revisão

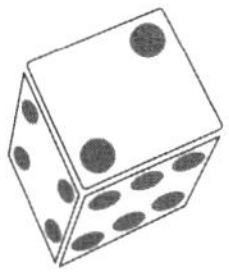

87
Corrida de 2 Minutos

Este jogo-modelo movimentado foi inspirado por minha primeira visita ao pregão da Chicago Board of Trade. Uso este jogo como uma atividade de revisão perto do fim das sessões de treinamento. Ele é especialmente eficaz com conteúdos factuais, como no caso de apresentações de conhecimento do produto.

Objetivo

Revisar o conteúdo apresentado através de uma palestra ou trabalho de leitura anterior.

Participantes

Mínimo: 6.

Máximo: Qualquer número.

Ideal: 12 a 25.
(Os participantes são organizados em grupos de 3 a 6.)

Tempo

15 a 30 minutos.

Materiais

- Folha de Instruções, Como Jogar Corridas.
- Um grande número de cartões de papel, cada um com um número e uma pergunta que demande uma resposta curta.
- Uma folha de respostas com os números das perguntas e as respostas certas.
- Cronômetro
- Apito.

Fluxo

Demonstre como jogar. Distribua cópias do folheto de apoio Como Jogar Corridas. Faça uma rápida pausa enquanto os participantes lêem este folheto. Peça que três voluntários venham à frente. Explique que você será o Mestre do Jogo nesta rodada. Dê quatro cartões de pergunta para cada jogador. Inicie o cronômetro e peça aos jogadores que gritem os números dos cartões e as respostas. Demonstre o procedimento fazendo referencia à folha de respostas, oferecendo *feedback* e trocando os cartões de perguntas. Pare o jogo depois de 2 minutos, ajude os jogadores a computarem suas pontuações e identifique o vencedor.

Organize grupos. Divida os participantes em dois a cinco grupos. Cada grupo deve ter três a seis jogadores. Explique que estes grupos não são equipes: os jogadores em cada grupo competem entre si. Em cada grupo, identifique o jogador que será o primeiro Mestre do Jogo.

Distribua os materiais. Dê um conjunto de cartões de perguntas e uma cópia da folha de respostas a cada Mestre do Jogo.

Comece a primeira rodada. Inicie o cronômetro e apite. Peça aos Mestres do Jogo que conduzam a rodada em seus grupos.

Conclua a primeira rodada. Após 2 minutos, apite novamente e peça aos jogadores que parem. Instrua cada jogador a contar o número de cartões respondidos de modo correto. Esta é a pontuação para a primeira rodada. Parabenize o maior pontuador em cada grupo por vencer a primeira rodada.

Conduza a segunda rodada. Peça aos Mestres do Jogo que recolham todos os cartões, os embaralhem e entreguem o conjunto ao jogador à sua esquerda. Esta pessoa é agora o novo Mestre do Jogo. Conduza a rodada como antes.

Repita o processo. Continue jogando outras rodadas até que cada membro do grupo tenha sido o Mestre do Jogo.

Conclua o jogo. Depois da rodada final, identifique o jogador (ou jogadores) em cada grupo que mais venceu rodadas. Parabenize estes ganhadores.

Como Jogar Corridas

Receba as cartas. Um de vocês será escolhido como Mestre do Jogo. Obtenha quatro cartões de perguntas desta pessoa. Repasse as perguntas nestes cartões e crie respostas.

Responda a pergunta. Se você souber a resposta a qualquer uma das perguntas, grite o número do cartão. Continue gritando o número do cartão até que você chame a atenção do Mestre do Jogo. Quando ele se voltar para você, dê a resposta a sua pergunta. Se você não sabe a resposta, chute.

Substitua o cartão. Se o Mestre do Jogo disser que sua resposta está certa, coloque o cartão à sua frente. Se o Mestre do Jogo disser que sua resposta está incorreta, entregue o cartão a ele. Em ambos os casos, pegue outro cartão com o Mestre do Jogo.

Continue jogando. Repita o processo, tentando responder o maior número de cartões possível, no período de 2 minutos.

Calcule seus pontos. Quando o Mestre do Jogo concluir a rodada, conte o número de cartões de perguntas que você respondeu corretamente. Esta é a sua pontuação para a rodada. Caso tenha a maior pontuação, você ganha a rodada.

Continue jogando. O novo Mestre do Jogo irá conduzir outra corrida de 2 minutos. Repita o mesmo procedimento durante cada rodada (inclusive quando você for o Mestre do Jogo).

88
Interrogatório

O garçom nos pôs em uma mesa, entregou os cardápios e desapareceu. Steve e eu ficamos entediados lendo os cardápios repetidamente. Então, pegamos os cardápios e nos testamos sobre os itens e preços. Esta foi a origem do jogo Interrogatório.

Objetivo

Demonstrar domínio de um documento ao responder perguntas sobre seu conteúdo corretamente.

Participantes

Mínimo: 2.

Máximo: Qualquer número.

Ideal: 10 a 30.
(Os participantes são divididos em duplas.)

Tempo

20 a 40 minutos, dependendo da complexidade do folheto e da densidade da impressão.

Materiais

- Um folheto de duas páginas. Caso você tenha o documento disponível em formato eletrônico, mude o tamanho da fonte para que cada lado tenha aproximadamente a mesma quantidade de conteúdo.
- Folhas de papel em branco.
- Cartões de papel em branco.
- Canetas ou lápis.
- Cronômetro.
- Apito.

Fluxo

Distribua o folheto a todos os participantes. Diga aos participantes que haverá um teste sobre o conteúdo do folheto, e os encoraje a lê-lo com atenção. Sugira que eles devem tomar notas, sublinhar as principais palavras, memorizar fatos importantes e criar suas próprias perguntas. Anuncie um limite de tempo apropriado e inicie o cronômetro.

Separe os participantes em duplas. Ao final do tempo designado, apite. Peça a cada participante que encontre um parceiro e se sente (ou fique de pé) de frente um ao outro (caso sobre um participante, você será seu parceiro).

Estipule as páginas. Peça a cada par que jogue uma moeda. O vencedor fica com a primeira página, e o outro participante fica com a segunda. Cada participante segura o folheto, de modo que apenas uma página esteja visível, enquanto a outra está virada para o outro jogador. Cada parceiro também toma um cartão de papel para anotar os pontos ganhos pelo outro jogador.

Comece o interrogatório. Peça aos participantes que se revezem para fazer perguntar sobre o conteúdo do seu lado do folheto. O outro jogador, imediatamente, oferece uma resposta. Se a resposta estiver correta, o inquisidor faz uma marca no cartão de pontuação para anotar um ponto para o outro jogador. Se o outro jogador der uma resposta errada ou não der resposta alguma, o inquisidor lê a parte pertinente do folheto para dar a resposta certa.

Continue jogando. Monitore os grupos à medida que eles se revezam, fazendo e respondendo perguntas. Encoraje os participantes a ajustarem a natureza da pergunta e seu nível de dificuldade para que combinem entre si. Por exemplo, se um parceiro fizer uma pergunta difícil com uma resposta de duas partes, o outro parceiro deve fazer uma pergunta semelhante do outro lado do folheto.

Conclua esta rodada. Apite depois de 3 a 5 minutos. Peça aos parceiros que somem os pontos que o outro ganhou, escrevam o total no cartão de papel, façam um círculo em torno dele e ponham suas iniciais e o entreguem ao outro jogador.

Releia o folheto novamente. Explique que os participantes terão uma oportunidade de fazer perguntas do outro lado. Sugira que eles repassem o folheto para se prepararem para a segunda rodada. Dê um limite de tempo apropriado para os participantes.

Prepare-se para a segunda rodada. Peça aos participantes que caminhem pela sala e encontrem um outro parceiro que tenha trabalhado com a outra página na rodada anterior. Como antes, peça aos parceiros que se sentem ou fiquem de pé de frente um ao outro e que segurem seus folhetos de tal maneira que eles possam ver o novo lado.

Continue o procedimento de interrogatório. Peça aos parceiros que usem o mesmo procedimento de antes para fazer perguntas, responder e pontuar. Sugira que os parceiros troquem seus cartões de pontuação e usem o outro lado para registrar os pontos desta rodada. Ao final de um período de tempo apropriado, peça aos parceiros que preencham seus cartões de pontuação.

Determine o vencedor. Peça aos participantes que somem seus pontos das duas rodadas. Parabenize a pessoa ou pessoas com mais pontos.

89
Livro Aberto

Alguém me disse que o futuro não é das pessoas que sabem as respostas, e sim daquelas que sabem onde achá-las. Na maioria das sessões de treinamento que conduzo, distribuo cópias de um manual de referência robusto. Não desperdiço o tempo de todo mundo, dando uma palestra sobre o conteúdo do manual, mas incentivo os participantes a se familiarizarem com sua estrutura, de modo que eles possam se referir a ele de maneira fácil e eficiente. Livro Aberto é um jogo de teste que me ajuda a alcançar este objetivo.

Objetivo

Familiarizar os participantes com um manual de referência relevante, de modo que eles possam localizar e usar informações no momento em que elas são necessárias no ambiente de trabalho.

Participantes

Mínimo: 10.

Máximo: Qualquer número.

Ideal: 10 a 30.
(Os participantes se organizam em equipes no decorrer do jogo.)

Tempo

30 a 40 minutos.

Materiais

- Cópias de um manual de referência pertinente à organização dos participantes (1 cópia para cada participante).
- Cartões de papel.
- Canetas ou lápis.
- Cronômetro.
- Apito.
- *Flip-chart* (para anotar a pontuação).
- Conjunto de perguntas preparadas anteriormente, cada uma em um cartão de papel (ver Preparação, a seguir).

Preparação

Prepare um conjunto de perguntas relacionadas aos tópicos incluídos no manual de referência. Escreva cada pergunta em um lado de um cartão de papel, e a página de referência no verso. Inclua pelo menos uma pergunta para a qual o manual não oferece a resposta.

Fluxo

Instrua os participantes. Distribua cópias do manual de referência. Explique que este manual contém respostas para a maioria das perguntas sobre o tópico de treinamento.

Estipule tarefas individuais. Diga aos participantes que eles têm 10 minutos para fazer um trabalho de "escaneamento". Durante este tempo, eles devem repassar o manual e entender sua estrutura. Os participantes não precisam ler qualquer tópico específico em detalhes, nem memorizar informações. Todavia, eles devem estar bem familiarizados com a organização dos capítulos, os tópicos discutidos em cada um, o sumário, o índice e o sistema de marcadores para que possam encontrar respostas rapidamente.

Crie perguntas. Distribua dez cartões de papel em branco para cada participante. Como parte da tarefa de leitura, peça a cada participante que escreva no mínimo cinco e não mais do que dez perguntas que possam ser respondidas, consultando o manual. Estas perguntas não devem ser capciosas, mas devem representar o tipo de pergunta que um participante pode ter no trabalho. Os participantes devem escrever cada pergunta em um lado do cartão, e oferecer uma página de referência no verso.

Anuncie um limite de tempo. Explique que os participantes têm 10 minutos para completar a tarefa. Indique que quanto mais perguntas um participante criar, maiores as chances que ele terá de ganhar pontos no jogo. Inicie o cronômetro e apite para começar a atividade de leitura e criação de perguntas.

Organize equipes. Ao final de 10 minutos, apite e peça aos participantes que parem de ler e escrever. Peça aos participantes que se organizem em três ou quatro equipes com aproximadamente o mesmo tamanho.

Estipule a tarefa de equipe. Peça aos membros de cada equipe que dividam seus cartões de perguntas, tirem perguntas repetidas e escolham as cinco melhores. Anuncie um limite de 3 minutos. Inicie o cronômetro e apite.

Prepare os participantes para o concurso. Depois de 3 minutos, apite e recolha os cinco cartões de perguntas de cada equipe. Diga aos participantes que você irá conduzir um concurso, usando as perguntas que eles criaram, junto com algumas outras que você preparou. Será uma competição de livro aberto, e a primeira equipe a encontrar a informação correta dará a resposta, seja lendo o conteúdo do manual, seja parafraseando as informações. Cada equipe tem agora 5 minutos para se preparar para o concurso. Recomende que os membros das equipes ajudem uns aos outros a se familiarizarem melhor com a estrutura e o conteúdo dos documentos durante este período.

Prepare-se para o concurso. Leia as perguntas criadas pelos participantes. A partir delas e das outras que você preparou mais cedo, escolha dez boas perguntas que se refiram a partes diferentes do manual. Certifique-se de que estas perguntas representam o tipo de pergunta que um participante avançado terá no trabalho. Em seu conjunto de perguntas, inclua aquela para a qual o manual não contém informações relevantes.

Comece o concurso. Explique rapidamente o procedimento a seguir em suas próprias palavras:

Vou ler uma pergunta.

As equipes podem consultar o manual.

O primeiro participante a se levantar dá a resposta.

Cada resposta certa ganha um ponto.

Para algumas perguntas, o manual pode não conter qualquer informação relevante. Neste caso, a primeira pessoa a se levantar e dizer que a resposta não pode ser encontrada no documento ganha os pontos desta pergunta.

Conduza o concurso. Leia a primeira pergunta. Identifique a pessoa que se levantou primeiro. Ouça a resposta. Dê o ponto. Atualize o quadro de pontos no *flip-chart*. Se necessário, discuta a resposta e esclareça dúvidas. Repita o processo, inserindo a pergunta sem resposta como a quarta ou a quinta. Continue por 10 minutos.

Identifique a equipe vencedora. Parabenize os membros da equipe com mais pontos.

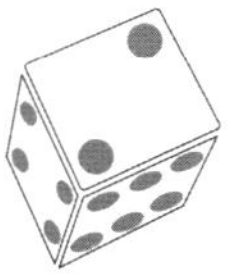

90
Cartões de Revisão

Esta é uma variação da atividade anterior, mas com um elemento de sorte. Quando se trata de desenhar jogos para treinamento, jogos de azar desestimulam os jogadores mais inteligentes em relação a dominarem novas habilidades e conhecimentos. Por outro lado, jogos de pura habilidade desencorajam os jogadores mais fracos de participar com mais afinco quando ficam para trás. Um jogo de treinamento eficiente encontra um equilíbrio entre sorte e habilidade. É isto que Cartões de Revisão faz.

Objetivo

Recordar e aplicar fatos, conceitos, princípios e procedimentos relacionados ao tópico de treinamento.

Participantes

Mínimo: 10.

Máximo: Qualquer número.

Ideal: 10 a 20.
(Os participantes são organizados em equipes de 5 a 7 membros.)

Tempo

20 a 45 minutos.

Materiais

- Cartões de papel.
- Canetas ou lápis.
- Envelopes de 10cm por 25cm.
- Cronômetro.
- Apito.

Preparação

Estipule o material de leitura. Antes da sessão de treinamento, distribua cópias de um ou mais folhetos relacionados ao tópico de treinamento a todos os participantes. Avise em tom de brincadeira que você não irá cobrir seu conteúdo durante a sessão, mas que em vez disso irá conduzir um concurso.

Fluxo

Parte I: Criar Perguntas

Organize os participantes em equipes. Organize de cinco a sete participantes por equipe. Não importa se algumas equipes tiverem um jogador a mais do que as outras.

Peça às equipes que criem cartões de perguntas. Distribua cartões de papel em branco a cada equipe e peça aos participantes que escrevam trinta ou mais perguntas de revisão relacionadas ao conteúdo discutido no folheto, uma pergunta por cartão. Esta é uma atividade de "livro aberto", onde os participantes podem consultar os folhetos.

Dê especificações para os cartões de pergunta. Explique que a pergunta deve ser escrita em um lado do cartão, e a resposta correta deve ser escrita no outro. Forneça estas orientações:

- *Concentre as perguntas nos pontos de aprendizagem importantes.*
- *Evite perguntas capciosas, humorísticas e triviais.*
- *Vá além de somente lembrar fatos. Contudo, evite perguntas que peçam opinião.*
- *Use perguntas de resposta curta. Evite os formatos verdadeiro-falso ou de múltipla escolha.*
- *Escreva a resposta certa no outro lado do cartão. Se uma pergunta tiver mais de uma resposta certa, liste todas as respostas aceitáveis.*

Marque o tempo da atividade. Anuncie um limite de tempo de 10 a 15 minutos para escrever perguntas. Após este período, apite para encerrar a atividade.

Parte II: Distribuição de Cartões de Perguntas

Inclua instruções de bônus. Peça a cada equipe que escolha dez cartões de pergunta quaisquer e escreva "jogue mais uma rodada!" no lado da resposta, abaixo dela.

Inclua cartões de azar. Peça às equipes que escrevam "perca uma rodada!" em ambos os lados de seis cartões em branco e os inclua no conjunto de cartões de pergunta.

Prepare conjuntos de cartões de pergunta. Peça a cada equipe que se certifique de que todos os cartões estejam organizados com a pergunta virada para cima. Distribua um envelope a cada equipe. Peça às equipes que embaralhem os cartões e os coloquem dentro dos envelopes com o lado da pergunta virado para a abertura do envelope.

Distribua os conjuntos de cartões de pergunta. Pegue o envelope de cada equipe e o entregue ao próximo. Peça aos membros que coloquem seus envelopes na mesa, com a abertura virada para cima.

Parte III: Jogando

Comece o jogo. Anuncie que o jogo irá durar 10 minutos. Após este tempo, a pessoa com mais cartões de pergunta ganhos, por dar a resposta correta, vence o jogo. Informe também que esta parte é uma atividade de "livro fechado". Nenhum participante pode consultar os folhetos ou qualquer anotação.

Responda a pergunta. Escolha um participante de cada equipe para ser o primeiro jogador. Peça a este participante que pegue o cartão de cima de dentro do envelope, sem expor qualquer outro cartão. Esta pessoa coloca o cartão sobre a mesa (com a resposta escondida), lê a pergunta e dá uma resposta.

Ganhe o cartão. Os jogadores, então, viram o cartão e conferem a resposta "oficial" no verso. Se a resposta dada estiver correta, o jogador ganha o cartão e o adiciona a sua coleção (se a resposta estiver incorreta, o cartão é colocado em uma pilha de descarte).

Continue o jogo. Se o lado da resposta contém a instrução "jogue mais uma rodada!", o mesmo jogador toma outro cartão de pergunta. Se não, é a vez do próximo jogador. O jogo prossegue como antes.

Perca uma rodada. Quando um jogador tomar um cartão com a instrução "perca uma rodada!", a vez passa para o próximo jogador (o cartão é colocado em uma pilha de descarte).

Desafie as respostas. Depois que um jogador ler uma pergunta e der uma resposta, qualquer outro jogador pode gritar "desafio!" se achar que a resposta não está certa. O primeiro jogador a fazer isso se torna o desafiante oficial e oferece uma resposta alternativa. O cartão de pergunta é virado para conferir a resposta.

- Se a resposta original estiver correta, o jogador ganha o cartão e recolhe outro cartão do desafiante (por fazer um desafio inválido).
- Se o desafiante estiver certo, ele ganha o cartão e recolhe outro cartão do jogador original (por ter dado uma resposta incorreta).

Se o jogador original ou o desafiante não tiver ganho qualquer cartão das rodadas anteriores, não se recolhe um cartão de penalidade.

Conclua o jogo. O jogo acaba quando todos os cartões de pergunta forem recolhidos ou quando os 10 minutos acabarem. O participante com mais cartões em cada grupo neste ponto ganha o jogo.

91
Mais Difícil

Videogames são tão viciantes porque o nível de dificuldade aumenta à medida que se avança. Tentei capturar este elemento em um jogo de treinamento, utilizando o formato simples do jogo da velha. Mais Difícil é o resultado.

Objetivo

Responder perguntas ao se recordar fatos e conteúdos relevantes.

Participantes

Mínimo: 2.

Máximo: Qualquer número.

Ideal: 10 a 40.
(Os participantes são divididos em dupla.)

Tempo

5 a 15 minutos.

Materiais

- Cartões de perguntas: Conjuntos de 20 a 30 cartões com uma pergunta de revisão em um lado e a resposta correta no outro (um conjunto para cada dupla).
- Folhas de papel em branco.
- Canetas ou lápis.

Fluxo

Organize os jogadores em duplas. Peça aos jogadores que formem duplas e se sentem um em frente ao outro. Certifique-se de que todos tenham várias folhas de papel e lápis (ou canetas).

Distribua os cartões de perguntas. Entregue a cada dupla um conjunto de cartões de perguntas. Explique que os cartões contêm uma pergunta de revisão em um lado e a resposta correta no outro. Peça aos participantes que virem os cartões com o lado da pergunta para cima, embaralhem-nos e coloque o conjunto no meio da mesa.

Prepare-se para o jogo. Peça a cada dupla que desenhe um jogo da velha em uma folha de papel e decida quem será o primeiro a jogar. Peça a cada participante nas duplas que escolha um símbolo único para usar.

Explique como se joga. Apresente estas regras em suas próprias palavras:

1. *O primeiro jogador escolhe um quadrado que deseja ocupar. O outro jogador toma um cartão de pergunta do meio do conjunto e o coloca sobre a mesa.*
2. *O primeiro jogador, imediatamente, dá uma resposta à pergunta.*
3. *Os dois jogadores conferem a resposta no verso do cartão.*
   - *Se a resposta estiver certa, o jogador põe seu símbolo no quadrado escolhido. O cartão de pergunta é colocado em uma pilha de descarte.*
   - *Se a resposta estiver errada, o jogador não põe seu símbolo no quadrado escolhido. O cartão é colocado (com o lado da pergunta para cima) embaixo do conjunto de cartões de pergunta.*
4. *O jogo continua, com os jogadores se revezando para jogar.*
5. *Durante as rodadas seguintes, caso um jogador já tenha ocupado um quadrado, ele precisa responder duas perguntas de maneira correta para ocupar outro quadrado escolhido. Durante as rodadas subseqüentes, o jogador deve responder tantas perguntas quanto o número de quadrados que ocupa mais um. Em outras palavras, para ocupar um segundo quadrado, o jogador precisa responder três perguntas corretamente; para ocupar o terceiro, precisa responder quatro perguntas, e assim por diante (não importa quantos quadrados estejam ocupados pelo outro jogador).*

Explique como o jogo acaba. Cada jogo acaba quando um jogador ocupar três quadrados em linha reta – na horizontal, vertical ou diagonal. Se todos os quadrados foram ocupados, mas ninguém formou uma linha reta, a pessoa que ocupou mais quadrados ganha (não há empate nesta versão do jogo-da-velha).

Explique como o jogo continua. Ao final de cada jogo, os jogadores começam uma nova partida. Durante a continuação, os jogadores trocam quem é o primeiro jogador. Os jogadores mantêm o placar de quantas partidas ganharam. Quando o limite de tempo acabar (ou todas as perguntas forem respondidas corretamente), o jogador que ganhou mais jogos é o campeão.

Conduza e conclua o jogo. Anuncie um limite de tempo adequado. Comece os jogos. Apite ao final do tempo. Identifique os vencedores em cada dupla e os parabenize.

92
Pegada Rápida

Este é um dos meus jogos de revisão favoritos. Ele funciona de maneira eficiente com qualquer tipo de conteúdo, mas especialmente com informações factuais. Durante a primeira parte de Pegada Rápida, as equipes desenvolvem listas de perguntas. Durante a segunda parte, os competidores em cada mesa participam em um jogo de pergunta-e-resposta, onde a primeira pessoa a pegar um objeto ganha o direito a responder uma pergunta. Se a resposta estiver correta, o competidor ganha 1 ponto.

Objetivo

Revisar o conteúdo do treinamento.

Participantes

Mínimo: 6.

Máximo: Qualquer número.

Ideal: 12 a 30.

(Os participantes são organizados em equipes e reorganizados em grupos de competidores.)

Tempo

30 a 60 minutos, dependendo da quantidade de conteúdo.

Materiais

- Cartões de papel.
- Canetas ou lápis.
- Algum objeto que possa ser pego facilmente (como uma garrafa vazia ou uma latinha de refrigerante) para cada mesa.
- Uma vasilha com fichas de pôquer (ou moedinhas) para cada mesa.
- Apito.

Fluxo

Crie perguntas. Organize os participantes em equipes de três a sete membros. Peça aos membros de cada equipe que preparem um conjunto de perguntas (e respostas) com base no conteúdo de um folheto ou uma apresentação anterior. Cada pergunta deve ser escrita em um lado de um cartão de papel, e a resposta deve ser escrita no outro. Incentive as equipes a criarem tantas perguntas quanto conseguirem, porque a equipe com mais perguntas, provavelmente, ganhará mais pontos durante a segunda fase do jogo. Estipule um limite de tempo apropriado para esta atividade de criar perguntas. Ao final deste tempo, recolha os cartões de pergunta e embaralhe o conjunto.

Organize a competição. Em cada mesa, peça aos participantes que contem 1, 2, 3, e assim por diante. Reúna os participantes com o mesmo número e distribua-os por diferentes mesas de "competição". Peça aos competidores que se sentem em torno das mesas sem folhetos ou anotações.

Monte as mesas de competição. Peça aos competidores em cada mesa que coloquem o objeto que você escolheu no meio da mesa e o ajustem de modo que ele esteja à mesma distância de todos. Coloque também uma vasilha com as fichas de pôquer em cada mesa.

Explique o procedimento de jogo. Você irá ler a pergunta do cartão de cima. O primeiro competidor a pegar o objeto no meio da mesa pode responder a pergunta. Se a resposta estiver correta, este jogador ganha uma ficha de pôquer.

Leia a primeira pergunta. Peça ao competidor que pegou o objeto no meio da mesa primeiro que responda a pergunta imediatamente. O competidor não precisa gritar a resposta, já que apenas os outros participantes da mesa precisam ouvir.

Anuncie a resposta certa. Dê um tempo apropriado. Apite para indicar o final do período de resposta. Leia a resposta certa. Peça aos competidores em cada mesa que decidam se a resposta da pessoa que pegou o objeto é a mesma (ou é suficientemente parecida) com a resposta que você leu.

Explique o procedimento de pontuação. Se a resposta estiver correta, peça ao competidor que respondeu a pergunta que tome uma ficha de pôquer da vasilha. Se a resposta não estiver correta, peça que esta pessoa devolva uma ficha à vasilha. Se o jogador que respondeu a pergunta não tiver qualquer ficha de pôquer (como no caso da primeira pergunta), não há penalidade pela resposta errada.

Continue o jogo. Leia uma pergunta de cada vez, evitando perguntas repetidas (escritas por membros de equipes diferentes). Faça uma pausa para as respostas e leia as respostas certas.

Conclua o jogo. Após 7 a 10 minutos, anuncie o final da competição. Peça aos competidores que voltem a suas equipes e juntem as fichas de pôquer. Identifique a equipe com mais fichas e a declare vencedora.

93
Primeiras Opções

Ao final de uma sessão de treinamento, é sempre uma boa idéia lembrar os participantes o quanto aprenderam e o quanto vivenciaram. Um modo enfadonho de fazer isto é revisar a sessão com *slides* de Power Point®. Primeiras Opções oferece uma alternativa muito mais interessante.

Objetivo

Revisar e relembrar tópicos e atividades.

Participantes

Mínimo: 5.

Máximo: Qualquer número.

Ideal: 10 a 20.
(Os participantes trabalham individualmente, em duplas e em equipes.)

Tempo

10 a 20 minutos.

Fluxo

A coisa mais importante. Peça aos participantes que pensem sobre tudo que aprenderam em sua sessão de treinamento. Peça, então, que identifiquem a coisa mais importante que aprenderam. Depois de uma pausa apropriada, convide voluntários para responder. Após cada resposta, peça ao participante que explique por que ele pensou que esta foi a coisa mais importante.

A atividade mais animada. Peça aos participantes que pensem sobre as atividades nas quais participaram. Peça que escolham a atividade mais animada. Depois de uma pausa apropriada, peça aos participantes que se levantem e encontrem um parceiro. Peça aos parceiros que dividam sua resposta com o outro. Caso os parceiros tenham escolhido a mesma atividade, peça-lhes que discutam as razões de sua escolha. Caso tenham escolhido atividades diferentes, peça-lhes que convençam o outro de mudar sua escolha.

Peça aos parceiros que apresentem suas respostas. Depois de uma pausa apropriada, peça aos participantes que se sentem. Escolha um participante aleatoriamente e peça que ele diga a atividade mais animada. Peça outras escolhas de outros participantes.

O tópico mais surpreendente. Para a próxima rodada, peça aos participantes que lembre vários tópicos e que escolham o mais surpreendente. Depois de uma pausa breve, peça a eles que se levantem, se organizem em grupos de quatro ou cinco e discutam suas respostas. Incentive cada equipe a chegar a um consenso. Após nova pausa, convide as equipes a anunciarem suas escolhas.

Conduza mais seleções de primeiras opções. Repita o processo com outros superlativos como os listados abaixo. Depois de pausas apropriadas, use alternadamente os relatórios individuais, de duplas ou de equipes.

O tópico *mais controverso.*

O conceito *mais complexo.*

A idéia *mais prática.*

A experiência *mais engraçada.*

94
Principais Pontos

Eis uma atividade de revisão final que é mais eficiente do que repassar *slides* de Power Point®.

Objetivo

Revisar e recordar tópicos e atividades.

Participantes

Mínimo: 5.

Máximo: Qualquer número.

Ideal: 10 a 20.
(Os participantes trabalham individualmente e em equipes.)

Tempo

20 a 30 minutos.

Materiais

- Cartões de idéias-chave (vários cartões de papel com as diferentes idéias-chave da sessão de treinamento).
- Cartões de papel em branco (quatro por participante).
- Canetas ou lápis.
- Papel de *flip-chart* (uma folha por equipe).
- Canetas para *flip-chart*.
- Fita crepe.

Fluxo

Prepare um conjunto inicial de cartões de idéias-chave. Antes da sessão, prepare um conjunto de cartões de idéias-chave, cada um com uma idéia-chave diferente da sessão de treinamento. Prepare pelo menos dois cartões para cada participante. Caso você não consiga criar um número suficiente de cartões, use duplicatas.

Instrua os participantes. Diga aos participantes: *"Gostaria de concluir a sessão de treinamento com uma atividade de revisão. Esta atividade deve nos ajudar a relembrar os principais pontos da sessão"*.

Peça aos participantes que escrevam cartões. Distribua quatro cartões de papel em branco a cada participante. Peça-lhes que escrevam uma idéia-chave da sessão de treinamento em cada um. Dê alguns exemplos de idéias ao grupo.

Redistribua os cartões. Depois de uns 3 minutos, recolha os cartões dos participantes. Adicione os cartões que você preparou à pilha. Misture bem os cartões e dê três a cada participante. Peça-lhes que estudem as frases e as organizem de acordo com sua preferência.

Substitua cartões. Organize os cartões de idéias-chave restantes em uma mesa grande em um lado da sala. Diga aos participantes que eles podem descartar cartões de suas mãos e pegar substitutos. Os participantes devem trabalhar em silêncio; eles não devem falar entre si durante esta fase do jogo. Ao final desta troca, cada participante deve ter três cartões que podem ou não incluir os cartões no grupo original.

Troque cartões. Instrua os participantes a trocarem cartões entre si para que suas mãos reflitam melhor suas opiniões pessoais. Nesta fase, qualquer participante pode trocar cartões com algum outro; todos os participantes devem trocar pelo menos um cartão.

Forme equipes. Peça aos participantes que comparem seus cartões entre si e formem equipes com pessoas que têm cartões com idéias-chave parecidas. Não há limite para o número de participantes, que podem se reunir em uma equipe, mas uma equipe não pode manter mais do que três cartões. Ela precisa descartar todos os outros cartões, e os três cartões que mantém devem ser aprovados por todos os membros.

Prepare um pôster. Distribua folhas de papel de *flip-chart* em branco e canetas para *flip-chart* a cada equipe. Peça às equipes que preparem um pôster gráfico que reflita os três cartões finais. Este pôster não deve incluir texto algum. Após 5 minutos, peça a cada equipe que leia seus três cartões, exiba seu pôster e explique o simbolismo.

95
Sussurros

Esta é uma atividade que ajuda os participantes a compararem anotações após uma sessão de treinamento, *workshop* ou conferência.

Objetivo

Refletir sobre a experiência de treinamento e compartilhar *insights* entre si.

Participantes

Mínimo: 3.

Máximo: Qualquer número.

Ideal: 10 a 30.
(Os participantes são divididos em grupos de 3 a 7 membros.)

Tempo

10 a 30 minutos, dependendo do número de perguntas.

Materiais

Um conjunto de perguntas de discussão preparado a partir da lista fornecida no final desta atividade.

Fluxo

Instrua os participantes. Peça-lhes que pensem sobre a sessão de treinamento a que assistiram. Explique que você irá fazer uma série de perguntas. Incentive os participantes a responderem de maneira honesta – e a preservarem o sigilo das respostas.

Inclua detalhes adicionais. Explique que cada participante irá tentar adivinhar as respostas de outro participante no grupo. Isto é feito para encorajar as pessoas a aprenderem mais sobre os outros e para expandir seus pontos de vista.

Incentive a reflexão. Peça que cada pessoa pare para pensar sobre a resposta para cada pergunta – sem falar alto.

Faça a primeira pergunta. Escolha a pergunta mais apropriada da lista. Faça esta pergunta e espere que os participantes tenham resposta.

Peça previsões. Instrua cada pessoa a se virar para o jogador à sua esquerda e sussurrar a previsão da resposta do jogador à direita.

Peça respostas. Diga aos participantes em cada grupo que se revezem para dar suas respostas pessoais à pergunta.

Pontue as previsões. Se a resposta de um participante for igual à previsão, peça ao "vidente" que se dê 1 ponto.

Continue o jogo. Faça uma pergunta de cada vez. Você pode fazer perguntas da lista ou improvisar perguntas espontâneas que sondem as respostas anteriores. Durante as rodadas finais do jogo, você pode convidar os participantes em cada grupo que se revezem para criar suas próprias perguntas.

Conclua o jogo. Pare o jogo quando tiver usado o tempo estipulado. Agradeça aos participantes por sua cooperação. Convide-os a continuarem a se fazer mais perguntas sobre o que aprenderam e a responderem suas próprias perguntas.

Perguntas de Discussão

1. Qual a melhor palavra para descrever sua reação geral à sessão de treinamento?
2. Que nota você daria à sessão de treinamento?
3. Para você, qual foi o destaque da sessão de treinamento?
4. Quem causou o maior impacto em você durante a sessão de treinamento?
5. Aproximadamente quantas idéias novas você teve durante a sessão de treinamento?
6. Qual foi uma das coisas novas que você aprendeu nesta sessão de treinamento?
7. Que idéia você planeja implantar imediatamente em seu trabalho?
8. Qual foi o evento mais animado durante a sessão de treinamento?
9. Qual foi o evento mais chato durante a sessão de treinamento?
10. Que conselho você tem para alguém que irá participar desta sessão de treinamento em breve?
11. Que conselho você tem para o treinador?
12. Que conselho você tem para os organizadores da conferência?
13. Como você irá se comportar de maneira diferente durante a conferência do ano que vem?
14. Como você irá se comportar de maneira diferente em seu trabalho devido à sua participação nesta conferência?
15. Que coisa sobre esta conferência você irá contar a seu melhor amigo?
16. Qual foi sua principal motivação para assistir a esta conferência?
17. Qual foi a principal motivação da maioria das pessoas que assistiram a esta conferência?

18. O que lhe ajudaria a implantar melhor as idéias novas desta conferência em seu trabalho?
19. Se você tivesse que justificar o custo de assistir a esta conferência ano que vem a seu chefe, o que você lhe diria?
20. Se você não puder assistir a esta conferência ano que vem, de que você vai sentir mais falta?
21. Como resultado de ter assistido a esta conferência, o que você irá parar de fazer em seu trabalho?
22. Que tipo de apoio você precisa para aplicar os novos princípios que aprendeu nesta conferência?
23. Se você fosse escrever uma reportagem sobre esta conferência, o que a manchete diria?
24. Como o custo da conferência se compara com os benefícios obtidos nela?
25. Qual foi a mensagem mais ameaçadora que você ouviu durante a conferência?
26. Qual o termo ou frase da moda que foi usado com mais freqüência nas sessões da conferência?
27. Se uma criança de 6 anos lhe perguntasse o que você aprendeu nesta conferência, o que você responderia?
28. Com que pessoa do seu trabalho você, provavelmente, irá falar sobre a conferência?
29. Quanto tempo você acha que irá levar para implantar as novas idéias que você aprendeu na conferência?
30. O que você fez de mais positivo durante a conferência?
31. O que você fez de mais negativo durante a conferência?
32. Qual a lição-chave que você vai levar?
33. Como a sua organização pode se beneficiar ao máximo por ter lhe enviado à conferência?
34. Quais são algumas das expectativas que a conferência não atendeu?
35. O que lhe deixou mais desconfortável durante a conferência?

PARTE XI
Encerramentos

96
Massagem Psíquica

É uma boa idéia concluir sua sessão de treinamento com bom astral. É exatamente isto que Massagem Psíquica faz.

Objetivo

Melhorar a auto-imagem dos participantes, identificando e apresentando suas qualidades positivas de maneira exagerada.

Participantes

Mínimo: 5.

Máximo: Qualquer número.

Ideal: 10 a 30.
(Os participantes são divididos em equipes de 3 a 5.)

Tempo

6 a 12 minutos.

Materiais

- Cronômetro.
- Apito.

Fluxo

Forme equipes. Organize os participantes em equipes de três a cinco membros cada. Peça a cada equipe que participe na atividade independentemente das outras.

Escolha a primeira "vítima". Peça a cada equipe que identifique o membro com o primeiro nome na ordem alfabética. Este participante é a primeira vítima. Peça à vítima que se vire de costas para o resto da equipe.

Dê instruções. Usando suas próprias palavras, explique as regras da atividade:

Os membros da equipe devem falar sobre a vítima pelas costas.

Eles devem falar alto o bastante para que a vítima possa ouvir tudo que dizem.

Eles têm exatamente 1 minuto para falar sobre a vítima.

Enfatize este ponto importante. Os membros da equipe só podem fazer comentários positivos e encorajadores sobre a vítima. Se os membros da equipe não conseguirem pensar em nada positivo sobre a vítima, eles devem fingir.

Comece a primeira rodada. Apite para anunciar o começo da primeira rodada. Inicie o cronômetro. Apite novamente depois de 1 minuto para concluir a primeira rodada.

Identifique a segunda vítima. Peça à vítima que se vire e fique de frente para os outros membros da equipe. A pessoa sentada à esquerda da vítima original se torna a próxima vítima. A próxima vítima se vira de costas para o resto da equipe.

Comece a próxima rodada. Quando você apitar, os membros da equipe começam a falar sobre a próxima vítima pelas costas, usando as mesmas regras.

Repita o processo. Continue a atividade até que todos sejam vitimados.

Como lidar com participantes extras. Caso uma ou duas equipes tenham participantes extras, traga-os à frente da sala, uma pessoa de cada vez. Peça à pessoa que se vire de costas para o resto dos participantes. Peça a todos os outros participantes que falem sobre esta pessoa, usando as mesmas regras de antes.

Conclua a sessão. Proclame que você, decididamente, tem um grupo de participantes especialmente talentoso.

97
Estórias de Sucesso

Você conclui seus *workshops* pedindo aos participantes que desenvolvam planos de ação detalhados? É uma excelente idéia na teoria, mas não funciona bem na prática, porque a maioria dos jogadores está muito ansiosa para ir para casa e pacientemente listar realizações, tarefas, recursos, prazos e outros detalhes. Prefiro um rápido exercício de planejamento de ações que está incorporado nesta atividade.

Objetivo

Criar visões pessoais da aplicação exitosa das habilidades e conhecimentos adquiridos no *workshop*.

Participantes

Mínimo: 6.

Máximo: Qualquer número.

Ideal: 10 a 30.

Tempo

1 a 15 minutos.

Fluxo

Forme trios. Peça aos participantes que se organizem em equipes de três a cinco. Peça aos membros das equipes que se sentem de frente uns para os outros.

Instrua os participantes. Informe que eles irão participar de uma representação. Depois que as reclamações acabarem, diga que cada participante irá representar a si mesmo. A única diferença é que a representação acontece no futuro, doze meses depois. Então, todos serão um ano mais velhos e mais sábios.

Delimite o cenário. Use esta sugestão de roteiro:

Vocês três se encontraram por acaso no aeroporto. Vocês têm uma escala longa e decidem ir até o bar e pôr o assunto em dia. Depois de algumas bebidas, um de vocês diz: "Vocês lembram aquele workshop *que a gente participou ano passado? Alguma vez vocês usaram aquelas coisas no trabalho?" Isto provoca uma onda de nostalgia e vocês tentam contar casos de sucesso uns melhores do que os outros.*

Ofereça os detalhes da representação. A representação irá terminar após 4 minutos. Os participantes não precisam se revezar. Eles podem falar entre si como em uma conversa normal em um bar.

Incentive uma imaginação exagerada. Explique que o principal objetivo dos participantes é enaltecer seu sucesso e atribuí-lo ao *workshop*. Eles têm a licença poética para exagerar o quanto sua fama e fortuna deram um salto exponencial. Todavia, incentive-os a relacionarem os resultados brilhantes a aspectos específicos do *workshop*.

Deixe-os quietos. Deixe os participantes representarem. Caminhe pelos trios, ouvindo as narrativas reluzentes, sem atrapalhar.

Conclua a sessão. Após 3 minutos, pare as representações. Convide voluntários a contarem os detalhes das maravilhosas estórias de sucesso que ouviram.

98
Paisagens Temporais

Ao final de meus *workshops* e sessões de treinamento, a maioria dos participantes está em um estado mental estranho (este é o termo técnico). Pedir que eles façam um plano de ação lógico e linear geralmente encontra muita resistência. Então, mudei para Paisagens Temporais, como uma atividade de planejamento imaginativa.

Objetivo

Visualizar o impacto em potencial de habilidades e conceitos recém-aprendidos em períodos de tempo diferentes.

Participantes

Mínimo: 6.

Máximo: Qualquer número.

Ideal: 10 a 20.
(Os participantes se organizam em duplas.)

Tempo

20 a 30 minutos.

Fluxo

Encontre um parceiro. Peça aos participantes que se organizem em duplas. Explique que cada dupla irá discutir várias perguntas e criar uma resposta conjunta.

Pense sobre o futuro distante. Faça a primeira pergunta:

Daqui a trinta anos, que resultados suas habilidades e seus conhecimentos recém-adquiridos terão produzido?

Incentive os participantes a imaginarem impactos abrangentes nos campos pessoal, profissional, organizacional, social e global.

Apresente um relatório. Depois de um intervalo de 2 minutos, peça um voluntário. Convide esta pessoa a relatar as conclusões a que chegou com seu parceiro. Aplauda este relatório e repita o processo com outro participante escolhido ao acaso.

Repita com contextos de tempo diferentes. Peça às duplas que imaginem outras respostas para esta pergunta:

Que resultados você gostaria de ter alcançado daqui a três anos, aplicando suas habilidades e seus conhecimentos recém-adquiridos?

Enfatize a diferença entre esta pergunta e a anterior. Depois de um intervalo de 2 minutos, peça apresentações de alguns voluntários.

Repita com novas perguntas. Use o mesmo processo com estas três perguntas:

O que você deve estar fazendo daqui a três meses para melhor usar suas habilidades e seus conhecimentos recém-adquiridos?

O que você deve estar fazendo daqui a três semanas para melhor usar suas habilidades e seus conhecimentos recém-adquiridos?

O que você deve estar fazendo daqui a três dias para melhor usar suas habilidades e seus conhecimentos recém-adquiridos?

Faça perguntas "aqui-agora". Peça aos participantes que trabalhem individualmente para criar respostas pessoais para a próxima pergunta:

O que você deve estar fazendo aqui, agora nos próximos 3 minutos, para garantir aplicações futuras eficientes das suas habilidades e dos seus conhecimentos recém-adquiridos?

Depois de uma pausa de 3 minutos, peça a alguns voluntários que dividam seus pensamentos.

99
Cartão-postal para um Amigo

Gosto de facilitar atividades finais que sirvam a mais de um objetivo. Cartão-postal para um Amigo serve a dois propósitos – e deixa os participantes para cima.

Objetivo

Revisar a sessão de treinamento e identificar os destaques pessoais.

Participantes

Mínimo: 5.

Máximo: Qualquer número.

Ideal: 10 a 20.

(Os participantes são organizados em equipes de 3 a 7 membros na parte final do jogo.)

Tempo

15 a 30 minutos.

Materiais

- Cartões-postais, de preferência um diferente por participante.
- Canetas ou lápis.
- *Flip-charts* (um para cada equipe).
- Canetas para *flip-chart*.
- Fita crepe.

Fluxo

Instrua os participantes. Apresente o seguinte cenário, usando suas próprias palavras:

Imagine que você está daqui a três meses no futuro, e que recebeu um e-mail *de uma amiga indicando que ela irá participar de uma sessão de treinamento. Ela está curiosa sobre suas experiências com a sessão e quer seu conselho sobre como aproveitá-lo melhor. Você está pronto para respondê-la, enviando um cartão-postal.*

Comece a atividade de escrever cartões-postais. Peça aos participantes que pensem sobre a sessão de treinamento e lembrem um ou dois destaques. Peça-lhes também que pensem sobre os dois conselhos que devem dar para sua amiga. Distribua um cartão-postal por participante e peça-lhes que escrevam uma mensagem curta e amigável, que incorpore os destaques e os conselhos. Anuncie um limite de tempo de 5 minutos.

Conclua a atividade de escrever cartões-postais. Peça aos participantes que terminaram antes dos outros que decorem seus postais. Quando todos tiverem completado a tarefa, recolha os postais e agradeça aos participantes.

Peça aos participantes que comparem mensagens. Organize os participantes em equipes de três a sete membros e peça-lhes que dividam o que escreveram nos cartões-postais.

Crie postais conjuntos. Peça a cada equipe que escreva uma mensagem em comum para um amigo imaginário, usando letras grandes em uma folha de *flip-chart* posicionada na horizontal (formato paisagem). Anuncie um limite de tempo de 5 minutos.

Exiba os postais conjuntos. Após uma pausa apropriada, peça às equipes que colem seus postais gigantes na parede da sala. Incentive os participantes a caminharem pela galeria de postais e lerem os produtos das outras equipes.

100
SPAM

Se você for um treinador, provavelmente sabe o que é uma *Folha de Sorrisos*. É um questionário curto usado imediatamente em uma sessão de treinamento para coletar as reações dos participantes sobre o evento. A Folha de Sorrisos, geralmente, se concentra no nível mais baixo da avaliação de treinamento e ignora os resultados de aprendizagem e a aplicação de novas habilidades e conhecimentos. Os participantes não levam estes questionários a sério porque, geralmente, estão cansados ao final do programa de treinamento e loucos para irem para casa.

Recentemente comecei a utilizar uma técnica de avaliação alternativa denominada SPAM, que é a sigla para *Socialized Procedure for Application Measurement* (Procedimento Socializado para Medidas de Aplicação). Ela exige o uso de comunicações via e-mail.

Objetivo

Pensar sobre aplicações de novas habilidades no trabalho e dividir idéias de aplicação com outros participantes.

Participantes

Mínimo: 10.

Máximo: Qualquer número.

Ideal: 10 a 30.
(Os participantes trabalham em duplas.)

Tempo

10 a 15 minutos durante a sessão e 10 a 15 minutos depois dela.

Materiais

- Cartões de visita (com o endereço de *e-mail* de cada participante) (se estes não estiverem disponíveis, peça aos participantes que escrevam seus nomes e endereços de *e-mail* em folhas de papel em branco).
- Canetas ou lápis.

Fluxo

Troque *e-mails* com o parceiro. Peça aos participantes que formem duplas e troquem seus cartões de *e-mail* com seus parceiros. Ressalte a importância de não perder o cartão com o endereço do parceiro.

Explique o procedimento de SPAM. Dê estas instruções (em suas próprias palavras):

Em algum momento na semana que vem, escreva um e-mail *para seu parceiro.*

Nesta mensagem, descreva como você planeja aplicar suas novas habilidades e conhecimentos no trabalho.

Se você já começou a aplicar as novas habilidades e conhecimentos, descreva resumidamente como o fez.

Adicione informações sobre suas experiências na sessão de treinamento. Especifique o que você gostou e não gostou durante a sessão.

Envie a mensagem de e-mail *a seu parceiro. Envie uma cópia para mim.*

Se você não tiver uma resposta do seu parceiro em uma semana, envie-lhe um gentil lembrete.

Conclua a sessão. Enfatize a importância desta atividade de acompanhamento. Agradeça a todos por sua participação durante a sessão.

Sobre o Autor

Sivasailam "Thiagi" Thiagarajan, Ph.D., é o *Cientista Maluco Residente* no Grupo Thiagi, uma organização dedicada a melhorar o desempenho humano de maneira eficiente e proveitosa. Thiagi começou a desenhar jogos quando tinha sete anos de idade, e jogos de treinamento quando tinha 24. Ele ganha a vida trabalhando como criador de jogos de treinamento em tempo integral há dez anos. Consultor internacional, Thiagi viveu em três países diferentes e já prestou consultoria em outros 21. Ele foi presidente da North American Simulation and Gaming Association (NASAGA) quatro vezes e presidente da International Society for Performance and Instruction (ISPI) duas vezes.

Dados Técnicos:

• Formato:	18 x 25 cm
• Mancha:	14,5 x 21,5 cm
• Fonte Títulos:	Humanst777BT
• Fonte Texto:	Palatino
• Corpo:	11
• Entrelinha:	13
• Total de Páginas:	392
• 1ª Edição:	2008
• 1ª Reimpressão:	2014